自主创新丛书
Indigenous Innovation Series

U0596714

BEHEMOTH
AMAZON RISING

权力与诱惑

亚马逊崛起

中国出版集团　东方出版中心

图书在版编目（CIP）数据

权力与诱惑: 亚马逊崛起 / (美) 罗宾·加斯特著; 金珺, 王黎萤, 李青译. —上海: 东方出版中心, 2023.6

　　ISBN 978-7-5473-2194-2

　　Ⅰ.①权… Ⅱ.①罗… ②金… ③王… ④李… Ⅲ.①电子商务−商业企业管理−研究−美国 Ⅳ.①F737.124.6

中国国家版本馆 CIP 数据核字(2023)第 127661 号

上海市版权局著作权合同登记: 图字 09-2021-0548 号

权力与诱惑： 亚马逊崛起

著　　者　罗宾·加斯特
译　　者　金珺、王黎萤、李青
译 校 者　金珺
责任编辑　沈旖婷、戴浴宇
装帧设计　钟　颖

出版发行　东方出版中心有限公司
地　　址　上海市仙霞路 345 号
邮政编码　200336
电　　话　021-62417400
印 刷 者　上海颛辉印刷厂有限公司

开　　本　890mm×1240mm　1/32
印　　张　11.375
字　　数　258 千字
版　　次　2023 年 8 月第 1 版
印　　次　2023 年 8 月第 1 次印刷
定　　价　68.00 元

自主创新丛书
编辑委员会

出版者的话

党的十八大明确提出："科技创新是提高社会生产力和综合国力的战略支撑，必须摆在国家发展全局的核心位置。"进入新发展阶段，面对中华民族伟大复兴战略全局和世界百年未有之大变局，面对日趋复杂激烈的"贸易战"和"技术战"，如何突破"卡脖子"技术，实现科技自立自强，已成为事关我国生存和发展的关键问题。

党的十九届五中全会通过的《中共中央关于制定国民经济和社会发展第十四个五年规划和二〇三五年远景目标的建议》进一步提出，"坚持创新在现代化建设全局中的核心地位，把科技自立自强作为国家发展的战略支撑"。

策划出版这套"自主创新丛书"，旨在为我国科技的自立自强和创新型国家建设提供强有力的智力支持和精神动力。丛书包括政策研究、理论研究、创新实务、创新普及四个系列，通过系统介绍经典和前沿的理论、方法、工具和优秀案例，为政府创新政策制定者和实施者、大学工程技术及科技与经济管理专业师生、科研院所研究人员、企业管理者和研发人员等广大读者提供权威的指南和实务参考。

我们认为，在经济全球化的背景下，我国的自主创新必须也必然是开放合作条件下的自主创新。丛书将在系统推出国内创新成果的同时，积极引进出版国际上经典和前沿的创新著作。

随着中国进入现代化建设新阶段，我国经济已进入高质量发展时期。改革开放四十多年的实践产生了一批具有中国特色的优秀创新管理理论成果，中国特色的创新制度体系和理论体系正逐步形成并在全球产生日益重要的影响。同时，越来越多的优秀创新型企业以其卓越的产品和服务向世界展示中国的崭新形象。认真而系统地组织和筛选优秀理论成果和实践案例，向世界讲好中国的创新故事，是我们的责任。

为确保丛书的出版水平，我们邀请了中国科学院科技战略咨询研究院研究员顾淑林，中国科学技术发展战略研究院院长、研究员胡志坚，浙江大学社会科学学部主任、教授吴晓波等国内从事创新政策、创新理论研究的知名学者以及优秀青年学者、企业家，组成了丛书编辑委员会，进行丛书的选题论证策划和学术把关，以期能够高质量地满足读者的需要。

作为中国出版的"国家队"——中国出版集团的一员，我们将竭尽所能高质量地做好丛书的编辑和出版工作。

期待丛书的出版能为我国的现代化建设和新时期高质量发展，为我国科技自立自强和创新型国家建设，起到助推的作用，竭尽一份绵薄之力。

东方出版中心

2021 年 3 月

目　录 |

第三部分 | 未来

第一章 |
前　言

> 你的利润就是我的机会。
>
> ——杰夫·贝索斯(Jeff Bezos)

亚马逊是我们这个时代最卓越和最重要的商业故事之一。脸书①拥有更多的会员,是我们的社交网络。苹果拥有迄今为止最漂亮的设计。而亚马逊从 1994 年成立的一家小型线上书店起家,如今已在美国经济之电商竞争洪流中站稳脚跟。它是一个零售商、一个商城、一个电子基础设施、一个出版商、一个广告渠道、一个分销商,并且日益成为零售业的仲裁者、就业的领跑者和私人税务机构。亚马逊从其市场上的每一笔交易中获得收益。

亚马逊的故事才刚刚开始。到 2018 年,亚马逊在美国的图书销售份额已超过 50%。它签署了数百个"专属品牌"协议,这是零售业的一项新战略举措。其占主导地位的高利润的互联网基础设施和服务业务增长了 35%。利润更高的广告业务增长了一倍多。它的视频工作室赢得了七项艾美奖。游戏玩家的推奇

---

① 译者注: Facebook 在 2021 年 10 月 28 日改名为 Meta。本书英文版本在脸书改名之前,因此本书仍然使用脸书这个公司名称。

公司①（Twitch）使用量达到 5 600 亿分钟，增长了 58%。包括广告收入在内，亚马逊现在收取了亚马逊商城（Amazon Marketplace）上卖家总收入的 36% ~ 40%。亚马逊拥有 1. 12 亿金牌会员（Amazon Prime）。它推出并加速了在食品杂货、医疗保健，甚至卫星领域的一系列重要的新举措。亚马逊在所有业务中都正在迅速实现自动化，并充分利用了人工智能和机器学习方面巨大且不断增长的能力。亚马逊能力变化的范围巨大、速度飞快。

亚马逊没有满足于在在线零售和云计算领域的主导地位。亚马逊自己将其使命描述为："成为全球最以客户为中心的公司，让客户能够在线查找和发现任何东西。"[1] 这一使命不设定任何限制：每个地方、每个行业和每项商业活动都有客户；每位客户都可以获得亚马逊的服务，所以亚马逊的扩张没有明显的终点和边界。其他公司受到行业领域范围的限制，并且（正确地）认为跨越产业边界是有风险的。很少有公司能做到跨越产业边界这一点。如果有公司做到了，通常是跨界到一个紧密关联的业务。而亚马逊根本不管这些界限。正如杰夫·贝索斯所说："你的利润就是我的机会。"每个职能部门经营的业务都有利润，因此都是潜在的目标。

在过去的 27 年里，亚马逊建立了五个协同联动的飞轮，以加速和维护其现有的商业利益，创建平台，并不断扩展到新的平台。这五大飞轮是：

- 物流配送系统。对于电子商务来说，亚马逊自身的物流配送系统通常比美国邮政总局（USPS）、联邦快递或美国联合包裹运送服务公司（UPS）更便宜、服务更好。现在亚马逊超过 60% 的自营包裹

---

① 推奇是一家以电子游戏和电子体育为主要内容的网站，是一个面向视频游戏的实时流媒体视频平台和电子商务平台，2020 年更名为亚马逊电子游戏公司（Amazon Gaming）。

都是由自己的物流配送系统运送的。

- 亚马逊金牌会员（Amazon Prime）。其会员制俱乐部是提高客户黏性的强力胶。1.12亿金牌会员会首选亚马逊搜索商品，之后大多数也会在此下单。
- 不计其数的商品类目。杰夫·贝索斯一直渴望拥有"万物商店"——销售已知世界中的每一件商品。得益于亚马逊商城这个第三方卖家平台，亚马逊的商品目录中有3.5亿件商品，是沃尔玛网站上商品数量的20多倍。
- 无休止的价格竞争。亚马逊像沃尔玛一样压榨其供应商，它利用对亚马逊商城平台准入的控制，强制低价。独立卖家除了遵守之外别无选择。
- 创新。亚马逊所做的一切，都是通过不断引入创新理念和技术来实现加速发展。亚马逊是一台创新机器。

每个飞轮都有四个核心助推器支持：1）亚马逊云科技（AWS）。亚马逊是世界上最大的云基础设施供应商，能够提供云技术支持。2）亚马逊的文化和组织有助于快速引入新服务和改进现有服务。3）亚马逊基本上可以无限地获得投资资金和已有的资产，比如亚马逊物流。亚马逊认为这些资金和资产更像是肌肉，需要不断被锻炼和增长，而不像需要仔细管理和维护的银行账户。4）消费者的信任。消费者愿意选择亚马逊所有服务。亚马逊是美国最受信任的公司之一。

每个飞轮都很重要，支撑它们的能力也很重要。正是它们之间的互动造就了亚马逊独特高效的生态系统，并给竞争对手带去了威胁。这种互动造就的生态系统不仅在亚马逊目前主导的领域，而且在它瞄准的其他领域给亚马逊带去了近乎无限的影响力。例如，亚马逊商城的平台销售其他卖家的商品。这一关键战略极大地增加了亚马逊平台上的商品数量，既吸引了客户，又使亚马逊的大规模物流基础设施成为可能（同时也为亚马逊带来了无风险的销售佣金）。在一定规模内，快速且免费的配送成为可能。这吸引了更多的顾客，从而又吸引了更多的卖家，提供了更多样的商品，而竞争促使价格下降，这又吸引了更多的顾客。所有的飞轮都加速了。亚马逊的非凡故事引发了我们很多思考：

- 亚马逊从何而来？它是如何快速成长为如此庞大的？
- 我们能从这段发展史中学到什么？我们能否总结出有关目标、战略、战术，尤其是企业文化的重要经验教训？
- 亚马逊将走向何方？十年后它会是什么样子？
- 我们该怎么做？亚马逊是威胁吗？我们是否只是简单地为它的成功鼓掌？是否有值得担心的地方？如果有，我们该怎么做？

本书分三个部分讨论这些问题。第一部分涵盖了基础信息：支撑亚马逊成功的核心要素——选择、定价、便利和信任——并补充了更深层次的解释，以展现亚马逊的创新能力是如何推动其非凡增长的。第二部分探讨亚马逊成功的影响力：它与品牌的关系、亚马逊资金的真实故事（包括它在零售业的巨额亏损）、亚马逊云科技（亚马逊庞大的云服务业务），以及亚马逊与其蓝领和白领之间复杂而模糊的关系。第三部分展望未来：亚马逊将何去何从？它很快将超过沃尔玛，成为美国最大的雇主。十年内，它的年收入可能达到2万亿美元甚至更多。它会不会像以前的零售业赢家一样最终倒闭？最后几章探讨了管理亚马逊的可行方法，并解释了如何确保我们将来接触到的亚马逊就是我们想要的亚马逊。

亚马逊改变了我们的购物方式和发现新产品的方式。客户喜欢它，它早已是万物商城。十年后，它是否会孤立地跋涉于在线零售之河中，为每一笔交易付出越来越沉重的代价？随着传统方式的改变，电子商务形式涌入新市场，亚马逊还会拥有那些客户吗？亚马逊的野心远远超出了零售业范围,扩展到医疗保健、金融、物流、娱乐、广告、出版、杂货、家庭安全和家庭自动化,以及通过卫星提供的互联网服务,当然还有建立在亚马逊云科技平台上的无限数字服务。

亚马逊提供了太多不同的方面,甚至是对立的观点,所以上述问题很难回答。亚马逊内部人士将其与美国海军陆战队等高度使命驱动的组织相类比。它们的共同特点是团结、任务聚焦、保密和孤立。正如亚马逊副总裁比尔·瓦斯(Bill Vass)曾经说:"这就像一种关于顾客的宗教信仰。"[2]众所周知,宗教提供慰藉和指引,但对宗教的沉迷也有反作用。

或许一个类比可以帮助我们更好理解亚马逊。进化选择了善于解读他人的人类。那么,深吸一口气,试着想象一下,如果亚马逊真的是一个人,它可能的样子是什么。如果亚马逊是一个人类,它会是……聪明的、灵活的、冷酷的、高效的、非道德的、敏捷的、执着的、守口如瓶的、务实的、创新的、吝啬的、鼓舞人心的、无情的、贪婪的、有效率的、廉价的、有远见的、颠覆性的、超级自信的、救世主般的。它将在战略游戏中击败深蓝①。它既没有朋友,也没有伙伴。它将是一个更完美的人,如同尼采的"超人"概念一般,完全剔除了连接和制约人类的情感层。亚马逊只关心自己和它的客户。当这被完全实现后,亚马逊的理想世界还会包含除了亚马逊、它的客户,以及为亚马逊服务的机器人之外的其他任何事物吗?

其他大型科技公司也是这样吗?有些时候是这样的,但它们最终展现的形象却是不同的。IBM 是保守的组织者,苹果是产品控的狂潮人,脸书是粗心但善于社交的程序员。但它们没有一个能像亚马逊那样,没有一个能像蜥蜴脑那样发出强烈的"危险"信号。

---

① Deep Blue,美国 IBM 公司生产的一台超级国际象棋计算机。

把亚马逊看作人类是一个隐喻，一种发散性思维，能帮助我们整合数据和证据去了解亚马逊。当我们探索亚马逊的生态系统，以及即将到来的亚马逊时代时，亚马逊如同生灵无处不在——在物流业、在其非凡的亚马逊商城、在书籍和电子产品等领域、在亚马逊的媒体帝国。

我们据此思考核心问题：亚马逊是不是正带领我们走向一方乐土，一个消费者主导的乌托邦，那里的价格更低、选择更好、更便利？在那里，我们只是向空气表达我们的愿望，第二天（或更早）商品就会奇迹般地出现在我们的门外。或者，我们是否正在（或许是不可逆转地）进入一个反乌托邦？在这个反乌托邦的世界里，通过无情的监控和逐秒的衡量标准，可替代且容易被抛弃的工人们在亚马逊的强迫性文化中辛勤劳作，为客户服务，而客户们则由于已被亚马逊触及了生活每个方面而被亚马逊更加紧紧地管理着。

本书最后一章提供了一个方案，既可以保留亚马逊的利益，又不会简单地放弃控制权，也不会让亚马逊继续一心朝着更便宜、更快的交付、更多的选择、更多的服务、更多的一切方向发展，而忽略了附带的损害。1964 年，巴里·戈德沃特（Barry Goldwater）曾说过"捍卫自由的极端主义绝非罪恶"，选民们对此却并不认同。如果亚马逊继续不惜一切代价，执着地扩张，以满足每个客户的所有想象的需求，那么消费者也会转而反对亚马逊。平衡这个庞然大物是我们可以而且必须做的事情。

尾　注

［ 1 ］ Jeff Bezos, Amazon letter to shareholders, 1999.

［ 2 ］ Jon Swartz, "How Amazon Created AWS and Changed Technology Forever," *Market Watch*, December 7, 2019.

第一部分

亚马逊业务

第二章 |
亚马逊与图书产业

亚马逊把消费定价做到极致，无人能及。亚马逊定价方法极其简单，就是以绝对超低的价格来创建自己的品牌。亚马逊的定价策略忽视了其所涉猎行业的总体利益。

亚马逊行事专注，且冷酷无情。

——图书销售商蒂姆·沃特斯通[1]

亚马逊首获成功的市场是图书市场。亚马逊领导者高瞻远瞩、运筹帷幄、战略得当，却对竞争对手冷酷无情，善于运用杠杆效应，排除万难，改写了图书行业的版图。1994 年，杰夫·贝索斯、玛丽安·贝索斯（Marianne Bezos）以及一群工作人员把一本本书从贝索斯的车库寄出。到 2020 年，亚马逊占据了美国纸质书籍市场的半壁江山，以及 83% 的电子书和绝大多数的有声读物的美国市场。亚马逊在图书领域的探索远未止步：它推出自主出版平台，直击传统出版模式。

从一家微型网上书店一跃成为行业巨头，亚马逊的蜕变归功于四个核心领域内系统性和长期性的战略投资：物流建设、亚马逊金牌会员制、定价策略和亚马逊商城。亚马逊坚持不懈、改革创新、大胆押注，这些是其竞争对手无法做到的。亚马逊巩固其霸主地位需要同时在多领域进行多次迭代创新，因此其发展路径不是线性的。亚马逊并不是先建设了物流，再专攻客户，然后扩展商城业务并专注定价。亚马逊几乎同时解决所有这些问题。

因此，亚马逊成功的核心领域不是一个个依次发展。它们就像金字塔基石紧密组合在一起。每一块基石本身坚不可摧，同时为下一块基石的垒砌夯实基础。它们共同促进亚马逊的发展，势不可挡，造就亚马逊今日的成就与能力。

亚马逊起步：网上书店

我们从亚马逊公司的创建讲起。杰夫·贝索斯计划开启网上业务时，他选择了图书作为亚马逊的第一个细分市场。这不是意外，也不是因为贝索斯喜欢书。这是因为图书是标准化产品，每一本书无论在哪里出售都是完全一样的，不需要像服装或珠宝那样进行个性化设计。此外，与奇形怪状的机器或笨重无比的健身椅等不同，书本重量轻，尺寸标准，容易运输。美国邮政总局也为印刷品邮件提供折扣服务。正如肖尔·凯芬（Shel Kaphen，亚马逊第一任首席技术官）所说，之所以选择图书，"完全是基于图书的产品属性"。[2]

亚马逊也能很轻易地获得图书。当时在美国只有两大图书批发商，英格拉姆公司（Ingram）和贝克泰勒公司（Baker & Taylor）。这两家公司均乐意以标准折扣价把图书卖给亚马逊这个网上书店新贵。亚马逊仅通过这两家批发商就可以获得美国所有的纸质书籍。亚马逊稍晚进入的玩具和电子产品行业，情况则截然不同。亚马逊在玩具和电子产品市场遇到了重重困难。

图书信息也是标准化的。包含图书目录和书本标识数据的"在版书目"（Books in Print）是在世界各地都可登录的图书信息电子查询系统,全球通用。因此,亚马逊不必开发新图书目录,也不需要说服客户使用新图书目录。当时亚马逊希望今后能主导"长尾"市场,即那些年代久远、存量较少、绝版的书籍市场[3],因此亚马逊最终选择使用贝克泰勒公司提供的一个质量稍差的但包含大量绝版书籍的目录版本。亚马逊服务的目标客户定位具体清晰,犹如唾手可得的果实。这些目标客户群体在实体书店里无法获得良好的服务体验,他们或离书店不近,或行动不便,或者想买的书缺货。这些图书服务缺口数以百万计。

当然,与线下书店相比,亚马逊拥有巨大的直接成本优势。当时的标准批发折扣约为五折——书店实际上只向出版商支付图书标价一半左右。书店获得的折扣就包括了书店的经营成本和利润。由于亚马逊没有实体书店的各种花销,它可以把大部分折扣让利于顾客。尽管线下书店也愿意为顾客订购书籍,但他们通常收取全额零售价再加上服务费。而亚马逊通常会给畅销书打六折,其余打九折。通常顾客支付运费后,一两周后收到图书。

所以亚马逊书店最初的商业模式很简单。它是一家仅在线上销售的传统书店,类似于老式的邮购。与老式邮购的区别在于,亚马逊通过线上下单。亚马逊作为中间商,收到一个个的顾客订单后,把订单发送给两家图书批发商的其中一家。图书批发商把订单图书发给亚马逊,亚马逊再通过美国邮政总局把书送到客户手中。其实,亚马逊一开始就着手探索如何更好地与客户建立联系的方法。它迅速组建了一个编辑小组,在网站首页及其他页面添加内容,向读者推荐图书,在线上努力营造读者身临书店的体验[4]。

第一种图书业务模式非常成功,亚马逊收入迅速增长,1996年初收入月增 30%～40%[5]。第一种商业模式的成功使得亚马逊在 1997

年顺利完成首次公开募股（IPO），公开上市。在这个阶段，亚马逊是一位价格接受者。它接受图书批发商强加的条款，使用美国邮政总局和美国联合包裹运送服务公司提供给企业的标准运输服务。当时亚马逊公司内部的订单下单与查询流程还相当原始。到了21世纪初，亚马逊的三个核心计划——物流、亚马逊金牌会员制（Amazon Prime）和亚马逊商城（Amazon Marketplace）——彻底改变了亚马逊（及其图书业务）的市场地位。

提升影响力的亚马逊物流

多年来，亚马逊一直努力解决配送问题。在亚马逊搬出车库，搬入西雅图的办公室之后很长的一段时间里，甚至在亚马逊买下位于西雅图市区南部一个破旧区域的第一个仓库之后，配送仍极有可能彻底扼杀亚马逊。亚马逊的圣诞节促销规模一年比一年大，发货运输压力也水涨船高。当时亚马逊的配送系统还不足以预测包裹送达客户的日期，无法有效跟踪运输事故，也无法应对圣诞节前的大规模抢购。失望的顾客可能不再回购。因此解决配送问题即能决定公司的发展。然而，要建立一个独立完整的配送系统，难度可想而知。

2001年，亚马逊面临两个选择：将物流外包给有能力的合作伙伴（联邦快递、美国联合包裹运送服务公司和美国邮政总局），或者建立自己的物流网络，包括软件、仓储、物流系统以及"最后一英里"的送达。最终亚马逊决定建立自己的物流网络。这个决策意义重大，充满风险，需要今后长期战略发展支撑。为了建立自己的物流网络，亚马逊必须在仓储和基础设施上投入巨资。这个资金需求足以吞噬亚马逊未来几年的利润。但亚马逊却义无反顾。它摒弃传统观念，展望与众不同的愿景,使物流成为亚马逊发展战略的关键。

这个故事在第四章"提升影响力的物流"中有详细的描述。简而言之,亚马逊在 20 多年发展过程中经历了四种物流模式。到 2020年,亚马逊自主的货运和空运业务将其遍布各地的专业化且日益自动化的仓库相互连接,形成了世界上最好的错综复杂的电子商务配送系统,而亚马逊"最后一英里"的配送能力不断提升,把仓库和客户连接在一起。亚马逊不断变革以缩短送货时间,提高效率,降低成本。图书销售关键在于便利。价格实惠确实占有优势,但更重要的是顾客能快速收到所购之书,最好在他们计划去书店之前就能收到所需图书。

金牌会员制及延伸:亚马逊的客户强力胶

亚马逊的使命是成为"全球最以客户为中心的公司"。在亚马逊之前,大型书店对他们的实际客户知之甚少。它们可能有会员积分卡优惠套餐,但甚少关注客户个体。当你走进一家连锁书店时,工作人员不会马上笑脸相迎,根据你喜欢《哈利·波特》而向你推荐《饥饿游戏》。书店可能推出员工精选系列,但这些是他们的选择,并非你的喜好。他们甚至不知道你买了《哈利·波特》,更不用说倾听你对它的评价。小书店确实了解他们的老顾客,但他们绝对不是亚马逊的竞争对手,他们更像是亚马逊与大型连锁书店大战中的附带牺牲品。

2013 年亚马逊收购了头部书评网站"读好书"(Goodreads)。当时,"读好书"网站拥有 2 000 万会员,亚马逊认为它对亚马逊极其有用。但是"读好书"很快被"亚马逊金牌会员制"取代。亚马逊金牌会员是亚马逊客户的买家俱乐部。目前,在美国亚马逊金牌会员的年费为119美元,会员可享受各种服务,如包邮、大量的折扣和优惠,以及免费观看高清视频和其他娱乐产品。亚马逊金牌会员制于2004年开始实施,2010年会员达到1 000万人,截至2019年6月,亚马逊金牌会员人数达到1.12亿(详见第三章中的"亚马逊金牌会员制")。[6]亚马逊金牌会员几乎无处不在。亚马逊金牌会员实行会员费预付制,他们买得越多,免运费所节省的运费金额就越高,因此亚马逊金牌会员制将客户黏着在亚马逊上,使他们更乐意在亚马逊搜索和购物,花更多的钱购买亚马逊产品。

在亚马逊与大型图书连锁店之间的商战中,亚马逊金牌会员制成为其横扫千军的有力武器,也成为亚马逊向出版社施压的关键筹码。包邮、免费娱乐产品,以及无数优惠让利活动使亚马逊金牌会员制令人无法抗拒。亚马逊金牌会员制成为了亚马逊和客户之间的超级黏合剂,所拥有的在线客户恰成了亚马逊真正的超级能量。

定价与影响力：挤压出版商

2001年亚马逊开始采用类似沃尔玛的"每日低价"策略。自此,虽然顾客不能确定亚马逊的价格是绝对最低价,但他们知道亚马逊的价格足够低,因此不值得再费时费力去其他网站搜索,尤其是寻找相对便宜的商品,如图书。亚马逊确保客户知道"低价"这一点:搜索结果和产品页面特意突出原价及折扣价。例如,在亚马逊平台上,《哈利·波特》精装本第一册的折扣是2.5折,像托马斯·皮克蒂的《21世纪资本论》这类图书,折扣是5.6折。[7]

大约从2004年开始,亚马逊图书开始利用其日益壮大的规模去挤压出版商利润。它让出版商减免其他实体书店强加给出版商的诸多成本，如显著位置上架费、高额退货费以及其他推广费用。亚马逊或许应该获得4.5折或4.2折，而不是五折这个标准批发折扣。亚马逊认为，从出版商处获得更高折扣所降低的商品成本，可以直接让利给客户。然后亚马逊就可以进一步降价，从而吸引更多的客户。

　　为了挤压出版商利润，亚马逊开始挑选出版商进行利润压榨。亚马逊的"瞪羚"计划（Gazelle Program）针对最依赖亚马逊去销售存书的中小出版商。他们遭到无情的压榨，不得不接受亚马逊提出的更高折扣和更长付款期限等条款。布拉德·斯通（Brad Stone）曾提到，杰夫·贝索斯本人提议亚马逊应该以"猎豹捕杀羚羊的方式"[8]对待这些出版商。一次拿下一家出版商无法获得群体反应（而且根据反垄断法，这可能是非法的）。

> 　　（兰迪）米勒[（Randy）Miller][9]自己承认，向图书出版商施压，要求他们给予亚马逊更优惠的经济条款时，就像虐待狂一样感到异常兴奋。根据欧洲出版商在亚马逊的图书销售额和亚马逊的利润率，他对这些出版商进行排名。接着，他和同事们以减少在网站上推广作为要挟，说服排名靠后的出版商修改协议，给亚马逊提供更优惠的条件。米勒说，他和同事们把这个项目称为"付费游戏"。
>
> 　　　　　　　　　　　　　　——布拉德·斯通（2014）

　　亚马逊不需要完全把出版商排除在亚马逊平台之外，仅仅把他们从引导销售的推荐和评论引擎剔除，通常就足以瓦解他们的抵制。据当时亚马逊图书资深买家克里斯·史密斯（Chris Smith）称，多数情况下30天内出版商就会同意亚马逊的新协议。推荐和评论引擎剔除可能会使出版商损失在亚马逊平台上40%的销售额，而亚马逊平台的销售已快速成为出版商主要收入来源。[10]随着"瞪羚"计划威慑四方，亚马逊趁热打铁，采用同种手段，指向更大的出版商。同样，亚马逊停止提供网站某些服务往往足以迫使对方做出让步。据乔治·帕克（George Packer）援引业内人士的话称，仅仅几年之后，就连兰登书屋（Random House）这样的大型出版社也向亚马逊提供4.7折的标准折扣。[11]

这些节省下来的费用大部分让利给直接受益的客户：图书价格，特别是精装书（传统出版商的旗舰产品）价格迅速下跌。这对书店打击不小，他们不得不跟着打折。在与博德（Borders）等大型连锁书店以及小型独立书店的竞争中，低廉的价格使亚马逊更势不可挡。亚马逊跟其他网店竞争时也极具价格优势。[12]

从长远的角度来看，亚马逊的强势要求损害了出版商和作家之间的关系。当公众为书籍支付高昂的价格时，出版商有钱去栽培新手作者，并提供可观的预付稿酬，让作家能享受有钱有闲生活①。当亚马逊要求更高的折扣时，这些钱就少了，出版商只能提供小额预付稿酬，并仅密切关注极有可能一举成名的作品。亚马逊自认为与传统出版商和书店截然不同。正如乔治·帕克所描述的那样，亚马逊高管认为出版商是"一败涂地的老古董，使用的是1968年设计的旋转拨号电话和库存系统，仓库里堆满了垃圾……纽约的出版业就像一个与世隔绝、镀金时代的文物，沿用殖民时期威廉斯堡的商业模式，勉强度日"。[13]

当时，亚马逊控制其网站上图书的最终价格：它以折扣价购进，然后按自己的喜好定价卖出。这实际上是传统的"批发模式"。最

---

① 原文为"著名的三杯马提尼午餐"，表示人们可以悠闲享受奢侈午餐的场景，他们有钱有闲，午餐可以享受三杯马提尼。

终,大出版商们重拳出击,把重心放在新类别——电子书上(见下文"肯多和电子书"一节)。2010 年,五大出版商推出"代理模式"。他们在苹果 iTunes 商店销售电子书,希望苹果 iTunes 商店能够与亚马逊抗衡,苹果只收取 30% 的佣金,因此出版商得以控制图书价格。这就是"代理模式"。

亚马逊对此进行了报复,删除了五大巨头之一麦克米伦(Macmillan)出版的所有图书的"购买按钮"。这使得麦克米伦的书不易找到,因此难以在亚马逊买到。反之这又引起客户抱怨和一些负面新闻。最终的结果是一场有利于亚马逊的平局。五大出版商中有四家坚持代理模式(尽管最大的企鹅兰登书屋仍采用批发模式),但出版商和苹果最终卷入了司法部的反垄断诉讼,他们被认为是合谋提价,并为此付出了沉重代价。[14] 这一事件表明,如果有必要,亚马逊可以与代理模式共存。这是出版商对亚马逊的最后一次严重回击。

随着时间的推移,亚马逊获得了更大的折扣和更高的佣金。现在亚马逊在美国纸质书籍、电子书和有声读物的销售中占据主导地位。它确实是图书业的巨无霸。

创　新

亚马逊以勇于创新而闻名于世,比如亚马逊网络服务,当然还有肯多(Kindle)(详见下面章节),但亚马逊早期的售书方面的创新之举或许更为重要。它很早就创建客户评论区,之后很快推出个性化自动推荐。这两个关键的创新改变了人们购买图书的方式,当然也改变了购买其他商品的方式。

客户点评和推荐

1999 年亚马逊推出了第一个推荐引擎，也就是亚马逊通过鉴别客户的购买模式和找到其他类似的客户，观察和总结他们的购买模式，形成一个算法。然后亚马逊运用这个算法向客户推荐其他类似客户已购买过的商品。类似的客户确实有相似的品位和需求，所以这一模式效果极好。作为图书发行商，亚马逊首次大规模地、成功地向每个客户推荐不同的图书。这些自动推荐非常奏效：有一个实验表明，自动推荐能使销售收入增长 8%～20%。[15] 因此，亚马逊不必按常规方法，将客户细分为足球妈妈、千禧一代和浪漫主义读者等群体。它将客户细分为一个独一无二的个体，每个个体有自己特定购买和浏览习惯。

自动推荐模式改变了图书的销售方式。由于员工时间有限且书店空间有限，书店只能推荐少量的图书。随着亚马逊客户基数的增长，其算法反而能更好地预测客户可能想要购买的商品。对于亚马逊来说，更多的客户意味着更多的数据，从而能作出更好的推荐，所以规模扩大对亚马逊而言是福，不是祸。如今，人们已经很难记得这一革命性的创举。在亚马逊推出自动推荐模式之前，没有一家大型零售商和书店提供过个性化的推荐。阅读爱好者依赖朋友的推荐，或报纸杂志上的评论，去寻找和发现自己喜欢的图书。

客户评论是亚马逊第二大面向客户的创新。这一创新甚至比自动推荐更为重要。最初，亚马逊的员工写书评，但这无法形成规模化。因此，亚马逊开放自己的网页，让客户发布自己对所购图书的评论。人们喜欢写评论，这就创造了一个独特的众包信息工具。出版商痛恨这一工具，因为这意味着出版商会收到很多对图书的负面评论,还破坏了出版商和《纽约书评》(*New York Review of Books*)等重要评论者之间的暧昧利益关系。后者对出版商而言是更糟糕的结果。

如今,客户评论推动着线上销售。最近的一项调查研究发现,80%的在线消费者在决定购买之前会阅读评论,良好的客户评论甚至能让卖家定价更高。[16]规模效应使亚马逊再次从客户评论这个创新措施中受益,而非受损。大量的评论能让大众更准确地识别商品情况,使商品变得更可靠,也让评论被认为更可靠。亚马逊比竞争对手早好多年就开始收集客户评论,而且它的评论规模也大得多,所以它的评论数量比竞争对手多得多。例如,截至2020年6月,《指环王》DVD在亚马逊网站上(Amazon.com)上有10 666条客户评论,而在沃尔玛网站(Walmart.com)上只有42条。尽管这些评论存在各种缺陷,但它们确实拉动了销售,而亚马逊网站兼有评论和销售功能。

肯多(Kindle)和电子书

在早期,出版商欢迎亚马逊,用它来抗衡要求高额折扣的大型连锁书店,如博德(Borders)和巴诺公司(Barnes & Noble)。当时出版商们还没有意识到,随着亚马逊的规模变大,效率变高,它将比任何一家连锁书店更强大,要求更苛刻。随着亚马逊客户数的增加和亚马逊金牌会员制的实施,情况发生了变化,随着肯多电子阅读器的推出,情况则发生了翻天覆地的变化。

迈克尔·哈特(Michael Hart)通常被认为是电子书之父。1971年,他启动了古登堡计划(Project Gutenberg),将公众读物免费转换为电子形式。最初的设计是在计算机上阅读电子书。实际上,首部独立电子文档阅读器是20世纪80年代中期由德州仪器公司为美国国防部制造的。到20世纪90年代末,火箭飞船(Rocketship)和赛博书

（Cyberbook）两家公司已经开始销售电子阅读器，但在 2001 年互联网泡沫破灭后，这两家公司都破产了。2004 年，索尼公司推出 Librie 电子阅读器，可以容纳 10 本书，但必须使用索尼的专利语言格式，并仅限日语读本。2006 年，索尼公司又推出了"读者"（Reader）阅读器，并首次与一家网上书店合作。索尼的读者阅读器在技术上更先进。它的许多硬件功能，如触摸屏，后来被亚马逊的肯多阅读器采用。但索尼从未解决过软件和内容方面的商业问题，于是在 2014 年索尼彻底退出电子阅读器市场。[17]巴诺公司（Barnes & Noble，B&N）随后开发了诺克阅读器（Nook）。埃文·施尼特曼（Evan Schnittman）指出，虽然巴诺认为这是一场设备大战，营销覆盖范围的广度将起决定性作用，但实际上这是一场内容和营销的比赛，设备只是吸引客户的门户工具，真正重要的是可读的内容。[18]

　　杰夫·贝索斯对肯多电子阅读器项目充满激情。2008 年，肯多电子阅读器还远未真正成功时，贝索斯回忆起在一次会议上，一位亚马逊高管曾问他准备在肯多电子阅读器上投入多少钱。他的回答是："倾尽所有。"[19]因为这个开发前路漫漫，异常艰辛，所以贝索斯的全力支持对肯多电子阅读器的开发很重要。没有证据表明亚马逊（或任何其他公司）能够成功地设计和制造这一设备。当时，亚马逊自己在硬件方面毫无经验。更糟糕的是，出版商似乎不太可能提供足够的数字图书内容，也不认为读者对电子书有真正的需求，也没有人会哀悼火箭飞船公司和其他电子书先驱者的失败。

　　最初几年，肯多电子阅读器的研发在位于帕洛·阿尔托（Palo Alto）的亚马逊 126 实验室里秘密进行。该实验室远离亚马逊西雅图园区。此隐秘项目的选址受克莱顿·克里斯坦森（Clayton Christensen）颠覆性创新研究的启发。克里斯坦森教授认为许多公司会陷入"创新者的窘境"，也就是现有成功产品的管理者往往把极具潜在竞争力的产品扼杀在摇篮里。只有当企业"建立自主机构,负责运用颠覆性技术创建新的独立的业务"时,创新才能取得成功[20]。亚马逊 126 实验室因此而诞生。[21]

肯多电子阅读器是亚马逊的第一个重大硬件项目。它的研发需要新的能力:工业设计、制造、生产和系统集成。它采用麻省理工学院(MIT)开发的一种新的阅读技术电子墨水技术(e-Ink)。亚马逊快速深入研究这项新技术,并得益于新兴的无线技术,解决了贝索斯近乎不可能的要求,即肯多电子阅读器可以通过免费的普及的无线网络连接来下载书籍。当时手机服务仍然很贵,无线局域网络(Wi-Fi)还远未普及。

贝索斯相信会有足够的需求,而且只要付出足够的努力和投资,设计和制造问题终会克服。因此,出版商成了关键的障碍,肯多电子阅读器面临着一个先有鸡还是先有蛋的问题。只有当肯多电子阅读器有足够多引人入胜的内容时,客户才会购买它,但出版商希望先看到销量,然后再花钱为肯多电子阅读器制作数字化图书。由于该项目在推出之前一直保密,在不展示实际设备甚至不完全描述其功能的情况下,亚马逊必须说服出版商为肯多电子阅读器提供数字化图书。这使得贝索斯所提出的亚马逊最畅销的 10 万本书在肯多电子阅读器上市前实现数字化的要求显得过于乐观。

2004 年至 2007 年间,亚马逊的一个研发团队不断督促、骚扰甚至胁迫出版商将内容数字化。这种手段并非首次使用。2001 年亚马逊提出"内容预览",也就是允许潜在客户在购买之前在线浏览部分图书内容时,该想法最初受到出版商抵制。因此亚马逊采用了类似的手段,开展了与图书出版商的"内容预览"之战。但为肯多电子阅读器提前创建内容显然更难。出版商可以看到潜在的好处,也就是一套全新的产品,以及一条通往客户的新途径,这将大大提高图书销量。但他们也看到了眼前的成本，也知道电子书以前失败过。他们还担心，电子书的销售可能会蚕食他们现有的严重依赖于昂贵精装书销售的商业模式。

因此，亚马逊极力游说。正如在与出版商之前的"内容预览"博弈中胜出一样，到 2007 年秋季，肯多电子阅读器目录中已有 9 万本书。2007 年 11 月 19 日是肯多电子阅读器发行日。最早版本的肯多电子阅读器售价 399 美元，内置无线连接，可存储 200 本书。令亚马逊及所有人惊讶的是：5 个半小时内 2.5 万台肯多电子阅读器就售罄了。

肯多电子阅读器是一项具有变革性的大众技术，是一种全新的阅读模式。即便肯多电子阅读器的笔记功能极其有限，即便它不太像一本书（第一款肯多阅读器约重 570 克），它为读者提供了难以置信的便利性和便携性，对许多读者来说，它的优势远远超过了它的局限性。

亚马逊已经同意了与出版商的常规条款——大约 50% 的折扣。出版商自认为可以期待利润率增加，因为数字图书的制造或运输成本为零，生产成本也不高，而且它们仍然以印刷图书相同的价格销售。实际上，客户还需为便利性支付额外费用。

但是贝索斯的做法让出版商目瞪口呆。从发布阶段开始，他就宣布所有肯多电子阅读器的电子图书都将定价为 9.99 美元。贝索斯曾提议以低于亚马逊的成本出售许多电子书，这会让亚马逊亏本，但它立即推出了这款更便宜的电子书版本，与精装书展开正面竞争。出版商的商业模式受到严峻挑战。[22]

贝索斯精打细算，对出版商的无情打击再次突出了其客户优先的原则。如果电子书的生产成本更低，那么顾客应该首先获益。但超低的价格也让亚马逊受益匪浅。低价催生了电子书市场，亚马逊迅速降低了肯多电子阅读器售价,这进一步推高了电子书需求(亚马逊在爱科智能音箱等其他硬件产品上忠实地遵循了这一模式)。低价进一步影响了客户对定价的预期,而亚马逊绝对能满足这种预期。跳楼价也大大降低了电子书对潜在竞争对手进入市场的吸引力:为什么要花大量的研发经费来追赶,结果却进入了一个产品已经亏本销售的市场? 最终,只有巴诺和索尼做出回应,推出竞争产品。索尼从来没有成功解决内容的问题,而巴诺则起步为时已晚。

对出版商来说,9.99 美元一本电子书就像一把匕首刺中其竞争核心。亚马逊曾劝说他们未来是数字图书的天下,然而现在他们惊恐地意识到,未来扼住了他们的喉咙。如果电子书以这个价格成功,那么电子书将蚕食他们的核心业务——精装书的销售。出版商试图迫使亚马逊放弃定价控制,取得了一些成功。不过,出版商对电子书的恐惧有点过早了。早期肯多电子阅读器卖得热火朝天,但电子书在出版商销售的所有书籍中所占的份额日趋稳定(除了某些题材的书籍,如言情小说、科幻小说和刑侦小说,以及自出版的书籍),最近甚至有所下降。起初,数字阅读似乎会淹没印刷业,但这还未发生。即使坚定的数字信仰者也接受了纸质书将继续存在的事实。正如作者巴里·艾斯勒(Barry Eisler)所观察到的,"电子书不会完全取代纸质书,但将取代纸质书的市场地位。只要人们愿意购买纸质书,它将继续作为一个利基市场而存在,就像蜡烛、帆船一样"。[23]事实证明,仍然有很多人想要纸质书(和蜡烛)。

与亚马逊的许多技术一样,肯多电子阅读器也从迭代中获益。2009 年推出的肯多二代(Kindle 2)取得很大的进步,更轻,容量更大,背光更好。2014 年推出的肯多纸质版(Kindle Paperwhite)进一步提高了观读效果,随后亚马逊在 2018 年推出了防水版,针对喜欢沐浴时阅读的人群。在这两个版本之间,还有几个做出细微改进的版本。[24]科技不断进步,但肯多电子阅读器的硬件却越来越不重要。用埃文·施尼特曼的话说,肯多电子阅读器是电子书的"关键助推器",[25]但现在电子书可以在许多设备上阅读,尤其是智能手机上,肯多电子阅读器本身就变得不那么重要了。

电子书的创新并不是随硬件而结束。2014年亚马逊推出的肯多无限(Kindle Unlimited)为数字阅读引入了订阅模式。和传统的图书馆订阅一样,每月收费9.99美元,会员每次最多可以下载10本肯多无限图书。这种"随便读"模式对于如饥似渴的读者简直如获至宝。作者的报酬是按阅读的页数来计算的。自2016年以来这个费用变化不大,目前每页大约0.5美分。到2020年8月,亚马逊每月向作者支付的总金额达到3 200万美元。[26]

如今,亚马逊几乎垄断了电子书的销售。虽然在2012年左右,其他多个品牌的电子阅读器相继上市,但"图书统计数据"(BookStat)的报告显示,亚马逊仍占有电子书市场83%的份额。[27]目前电子书在某些领域占据主导地位:"现在几乎90%的言情小说的购买都是在线进行的,大部分是以电子书形式,而且大部分是售价在3~5美元范围内的自出版的图书。"[28]肯多电子书并未取代纸质书,但足以影响出版商的定价。亚马逊还进行了一些互补投资来提高肯多的价值。收购"爱听宝"(Audible)是亚马逊一项深谋远虑的战略决策。这个收购让亚马逊现在几乎完全拥有蓬勃发展的有声读物市场。因为客户可以在肯多上阅读电子书,并在爱听宝上同步听书,所以爱听宝的销售也提高了亚马逊电子书的价值。

电子书是亚马逊的战略资产。随着对图书销售的控制不断加强,亚马逊与出版商的关系也发生了变化。肯多发展的故事展示了亚马逊如何有效地利用新技术和对客户路径的控制来操纵出版商。出版商除了徒劳地向代理模式转变,根本无法影响或回应亚马逊战略。尽管亚马逊电子书的定价出人意料,但最初的主要出版商没有一个离开肯多平台,也没有出版商把书从亚马逊撤走。这表明即使在 2009 年,亚马逊也已经强大到让出版商无法与之正面对抗。

亚马逊和(自)出版

亚马逊与出版商之间一直不断地碰撞摩擦。亚马逊是出版商们在美国主要的图书销售渠道,它一如既往地压低价格,谋求更划算的交易。出版商已接受这个现状,与亚马逊的斗争也已成了出版商的家常便饭。亚马逊对待他们就像对待其他产品的供应商一样——尽一切可能压榨他们,收取他们原本用于他处的广告费用(见第九章)。这使得出版商的利润率更低,因此他们缩小图书品类,专注于更商业化的图书。随着丰厚的利润蒸发殆尽,过去略有收益的图书今天可能不会再出版。

但定价压力对于出版商而言仅是一个开始。出版商面临的生存威胁是,亚马逊将用一个自出版平台取代出版商,彻底解除他们的中间人地位,将他们从图书生产中淘汰。过去,找不到代理商和出版商的作者有时只好自己出版著作。所谓的"虚荣出版社"服务于这些绝望的人们,他们相信自己的观点异常重要,不会让出版书籍的阻碍挡住他们的去路。但是,在支付了数千美元获得出版特权开始推销他们的书籍时,这些作者发现他们孤立无援,吸引的读者寥寥无几。这主要原因在于他们与主要的发行渠道书店形同陌路。相比之下,传统出版商为作者提供一条龙服务:他们提供编辑、设计、营销方案,并且打通书店和图书俱乐部等主要销售渠道。出版商为此拿到书籍销售的大部分收入,而作者通常最多获得零售价 10%~15% 的版税。

在那个传统的图书出版世界里，出版商是把关人。作者必须获得出版商的许可才能进入出版书籍的黄金花园。为了引起出版商的注意，作者通常必须先找到代理商。成功地做到这一点之后，代理商将想方设法找到一个愿意成交的出版商。一旦选定，出版商可能给作者预付版税，以便他们能维持生活，完成书稿，并负责其余的工作，包括设计、印刷、发行图书，部署营销计划，安排作家出场和签售。然而，正如名扬天下的作家安东尼·霍洛维茨（Anthony Horowitz）指出："在我写作生涯初期，当我的确需要他们负责营销、预付稿酬的时候，他们却姗姗来迟。"[29]

传统的模式自诩为读者把关，但实际上，这种模式是由书店的需求驱动的。实体书店的书架空间有限，必须保证所售之书是人们欲购之书。在亚马逊出现之前，要进行出版前筛选工作，控制流通书本的总量。代理商们处于筛选漏斗过程的开端，只接受作者们推荐过来的较小比例的书籍。他们再推荐给出版商，出版商会购买一部分书稿。出版后，出版商们通过在《纽约书评》和《纽约时报》等声名显赫的杂志和报纸上发表书评、作家巡回讲座等方式扩大书本知名度。专业评论有助于引导消费，稳定销量。根据书评和作者的知名度，以及出版商与连锁书店的直接关系，选定的书籍最终出现在书店里。在书店里，出版商还需要花高价购买正门入口的绝佳位置来展示图书。

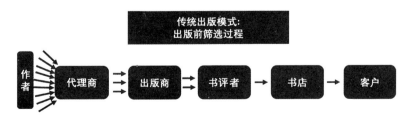

图 1　传统出版模式

在传统模式下,出版商完全掌控了进入图书出版这个金色花园的大门。他们管理大部分资金,把握控制权,使得作家虽然对书籍封面、排版设计、营销力度等常有怨言[30],却无能为力。成功的作家待遇稍佳,或能另择出版商。但是,自20世纪90年代起,出版界版图渐成时,以上选择也荡然无存了。作品销售不佳的作者,即使是已功成名就的作家,也会即刻被无情抛弃。当然,出版商为作品增加价值,并支付费用,包括图书印刷、前期制作(如编辑、封面设计、校对)、推广营销(如公关、图书巡展、书店摆放)、法律审查以及预付稿酬等。出版商一般希望零售利润达到10%左右。

亚马逊瞄准出版行业的这些门槛和守门人位置,大刀阔斧推进各项举措。它以典型互联网模式推出新型出版平台(用于自出版)、新式发行渠道(亚马逊网站)、新颖的图书替代品(电子书)。这些都大幅提高了作者收入的比例。

2009年亚马逊创建自出版部门,命名为"肯多直通出版"(KDP),承诺将作者从出版商的关系链和利益链中解放出来。在亚马逊新型发行模式下,所有的图书把关均在出版之后。出版之前不用层层筛选——任何人都可以通过"肯多直通出版"出版图书。图书出版后,通过亚马逊网站进行分流,引导顾客搜寻图书。客户点评和亚马逊自动推荐是关键环节,可协助客户在亚马逊日益庞大的书目中找到所需之书。

因为网上书架空间无限,不需要限制图书出版和发行数量。因此,亚马逊为作家提供了一条全新的市场之路,完全绕过了传统出版业。诚然,自费出版和自我营销异常辛苦,自费出版的作家若想通过书店推广销售,困难重重,几乎难以实现。而且入驻书店对所有的作家都非易事,况且他们的图书也无法在书店长久陈列。再者说亚马逊的图书销量已占到美国图书发行量的一半。

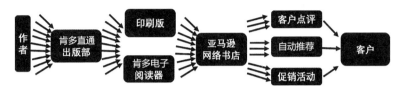

图 2　亚马逊自出版模式

　　亚马逊为肯多电子书提供 70% 的版税,为平装书提供扣除印刷成本后 60% 的版税,而不是传统出版商提供的零售价格的 15%。一本 15 美元的纸质书,假设每本书的印刷成本为 3 美元,通过传统出版商销售 2 000 本书,作者可获得 15% 的版税,即 4 500 美元,而通过亚马逊销售,作者将获得 14 400 美元。换言之,一家传统出版商必须再卖出近 4 400 本书,也就是 6 400 本图书,才能让作者的收入超过亚马逊平台销售 2 000 本给作者的版税收入。

　　这并非纸上谈兵。作家康莱斯(Konrath)曾提道:"阿歇特(Hachette)出版了我的小说《恐惧》,但他们拒绝出版另两本小说,我自出版了那两本小说。两年内阿歇特出版的《恐惧》一书帮我赚了 6 万美元。另两部他们没出版但由我自出版的小说,让我在一年内就赚了 17 万美元。"[31]这就是为什么康莱斯试图买回《恐惧》的版权,但没成功。

　　除了发行迅速和版税更高之外,亚马逊还在其他方面帮助自出版的作家。除了如版面设计和封面设计等有偿使用的纸质书出版工具外,亚马逊为纸质书的出版提供免费工具,也为书稿转换成肯多电子书格式等提供免费工具。亚马逊出版迅速,出版时间为几天而不是几年,支付作者稿酬也迅速。亚马逊按需印刷摒除未售图书及其退回的昂贵成本。它按成本价给作者提供印刷作品,一本 250 页的平装书每本大约 3.5 美元。这对有自己销售渠道的自出版者来说非常重要,他们得以保留扣除印刷成本后的所有收入。亚马逊提供进入肯多和肯多无限市场的机会。亚马逊同时帮助作者获得书号(ISBN)。如果作者直接出资请亚马逊进行图书销售,亚马逊还提供最好的算法来辅助图书在线销售和广告服务。社交媒体的兴起也有利于亚马逊的自出版。如果作家动力十足,那么出版商传统营销渠道就变得微不足道并可绕过。其实,现在出版商决定是否出版一本书,部分原因取决于该作家社交媒体的影响力。因此越过出版商,直接利用社交媒体也不无可能。亚马逊还利用其庞大的客户群体进行电子邮件营销。早在 2014 年,亚马逊"先睹为快"(First Reads)简讯就有 700 万订阅用户。杰夫瑞·崔腾保格(Jeffrey Trachtenberg)称:"2017 年 1 月 2 日,亚马逊'先睹为快'向会员电邮推送亚马逊出版公司(Amazon Publishing)最新发行的六本图书。到傍晚时分,这六本书蹿升为亚马逊肯多畅销电子书排行榜前六名。"[32] 这种营销影响力即便是最大的传统出版社也是无法比拟的。

随着出版商集中精力销售畅销书,肯多和亚马逊正悄悄地把其余图书市场收入囊中。肯多已主导几类销售量大的题材的图书,如言情小说和科幻小说。正如业界巨头迈克·沙兹金(Mike Shatzkin)所言:"目前亚马逊出版公司发行的电子书中有一小部分书一周的销量比《纽约时报》(NYT)和《今日美国》(USA Today)畅销书排行榜上的大多数图书多得多。"[33] 在短短几年时间里,人们对自出版图书的偏见已大大减弱。自出版的图书正在进入主流,比如《羊毛战记》(Wool)。这本书现在由西蒙舒斯特公司(Simon & Schuster)发行。该公司为这本书的非独家版权支付了 50 万美元。[34] 对一个雄心勃勃的作家来说,这在以前简直就是天方夜谭。正如该书作者休·豪伊(Hugh Howey)所说:"出版不再局限于顶级作家,很多作家通过自出版获得可观收入。"[35]

当然,传统出版方式仍然是许多作者的首选。设计一本看起来很专业的书并非易事。图书编辑成本高、难度大、为作品找到最佳销售渠道又极具挑战,还要提高作品口碑并扩大宣传。这些都是许多作家最不愿做的事情。出版商承包所有这些琐事,这是他们的竞争优势。超过一半的电子书作者收入不到 500 美元,[36]相比之下,传统出版的全职作家的收入中位数是 12 400 美元。当然,这也完全不够作家的生活成本。[37]但是,电子书销量每增加一个百分点,纸质书每下降一个百分点,给作者所带来的收入增加都使自出版比传统出版模式更加令人怦然心动。如巴里·艾斯勒(Barry Eisler)指出:"在数字发行领域,传统出版商没有任何价值。零价值! 毫无用处。自出版的作家独立工作,其在数字领域的发行量可以与一家价值数百万美元的纽约出版巨头相媲美。"[38]作家协会的非严谨的科学调查研究发现,大约一半的受访者只在专业出版社出版,四分之一完全自出版,其余的两者都有。[39]

通过几十种版权标记,亚马逊每年发行一千多种图书。它是美国最大的翻译图书出版商,也是美国十大出版商之一。它主攻图书定价 5~6 美元的廉价小说,对图书价格下行持续施压。[40]作为出版商,它还未改变很多,但亚马逊极具潜力,其基于 KDP 的自出版业务与众不同,体现了更加民主的出版形式。正如杰夫·贝索斯所说:"看看肯多畅销电子书排行榜,再与《纽约时报》畅销书排行榜进行比较——哪一个更为包罗万象? 肯多电子书排行榜上挤满来自小型出版社和自出版作家的图书,而《纽约时报》则被功成名就、早有建树的作家长期霸榜。"[41]这就是为什么 2019 年出版了 1 900 万本书,而

20 世纪 90 年代末的平均年出版量只有 50 万本。[42]

从主导地位中获利

目前亚马逊在图书行业一家独大。作为一个分销渠道,特别是作为出版平台和出版商,亚马逊正蚕食每一图书类别,只是对不同图书类别影响不同。整体而言,亚马逊在图书行业全方位获益。它正从构建图书行业的主导地位过渡到实现营收最大化,在保持甚至扩大其在图书行业的主导地位的同时获取更多的收益。它有各种各样的盈利机制,主要包括以下几种:

- **中间商利润。**亚马逊依然低买高卖。在图书领域它没有公开自己的销售额,但我们知道它可以获得标价四至五折的折扣或 30% 的佣金,具体取决于销售模式。因此,它的价格可以远远低于标价,但仍然赚钱。这似乎仍然是亚马逊在图书业务的主要赚钱模式,但非唯一收入来源。

- **生产利润。**在有些领域亚马逊既是制造商又是分销商,亚马逊也会获得制造利润。以书的印刷业务为例。由于亚马逊主要为自出版服务以及印刷亚马逊公司版权书目服务,印刷册数多,而且在全国各地都设有印刷厂,这使得即使亚马逊收取较低的印刷价格,依然赚钱。也许因为本地的按需印刷交付时间快,会影响搜索结果,因此其他出版商也越来越关注是否委托亚马逊印刷图书。

- **广告。**亚马逊的广告收入增长迅速。[43]对于出版商而言,毕竟客户来自亚马逊,因此在亚马逊做广告理所当然,而且广告费用会影响其在亚马逊平台的搜索结果的排名,尽管亚马逊一再否认这一点。

- **第三方销售佣金。**在亚马逊商城上出售二手书需付 15%的佣金。自从在 2008 年收购了当时最大二手书籍网络交易平台爱彼书（Abebooks）后，亚马逊已经成为美国最大的二手书销售平台。

- **拥有海量数据。**时任麦克米伦（Macmillan）首席执行官的约翰·萨金特（John Sargent）称，销售图书只是亚马逊获取客户数据最简单的途径："我以为他（贝索斯）只是开一家书店，我真傻！图书是他获取姓名和数据的途径。图书是他赢得客户的策略。"[44] 亚马逊可不是仅靠卖书挣钱，它是放长线，钓大鱼。

- **对销售的影响力。**亚马逊对图书销量的影响举足轻重。它有自己的促销活动：如电子邮件广告、"亚马逊先睹为快"、为亚马逊金牌会员提供免费图书等。它创建了自己的畅销书排名标准，标准指标包括肯多无限上的阅读页数等。只要亚马逊愿意，它显然可以撬起其平台的销量。

亚马逊在生产领域和分销环节上都能创造利润。一如当初涉足图书领域之时所做的，它主要依赖自营买卖和挤压出版商利润，或倾向打造销售平台。短短几年，亚马逊广告已经成为每个出版商必购的产品。只要亚马逊想要，它一定不择手段。

为什么亚马逊称霸图书产业？

1995 年，亚马逊仅仅是一个体重 90 磅的弱小之辈，是致力于特定利基市场的一个微型中间商。如今，它已经成长为一个体重 800磅的庞然大物。亚马逊红运当头，致力于改革创新，聚焦客户，它的愿景清晰，多种战略组合出击，从而改变了图书产业。它勇于冒险，比如创造肯多电子书阅读器，以及 2004 年前后向出版商施压事件。

现在趋势已日益明朗：

- **亚马逊实体书市场份额增长迅速**，2019 年约上升 3 个百分点，至 55%。竞争对手走向失败：巴诺的收入从 2012 年的 54 亿美元跌至 2019 年的 35 亿美元。[45]

- **电子书行业正在增长**，主要体现在某些体裁以及自出版的电子书。传统出版商的电子书销量略有下降，但自出版的电子书正在蓬勃发展，亚马逊基本上坐拥此领域。

- **亚马逊在图书交易各环节获取收益**。亚马逊在各个领域的收益均有提高：比如，与出版商五五分成模式早就淘汰，目前畅销书的折扣约为 4.2 折。[46]

- **图书的平均价格已经暴跌**。因此，2011 年至 2019 年间，虽然每户家庭平均每年的图书支出下降 38%，[47]但是销售的图书册数仅下降了 7%。[48]

- **亚马逊不断拓展新的收入来源**。随着亚马逊网站上广告投放位置日趋重要，以前投放在其他地方的广告资金也被吸引到亚马逊平台，甚至吸引了传统出版商。

- **亚马逊手握所有筹码**。2019 年，出版商的收入约为 260 亿美元，[49]亚马逊公布总收入为 2 810 亿美元。因此，亚马逊是出版商的主要销售渠道，但图书只是亚马逊众多业务之一，因此出版商手里几乎毫无筹码。新冠病毒疫情期间，图书作为非必需品，在送货服务上不受重视。只要亚马逊发话，出版商唯有服从。

- **亚马逊促进自出版的发展**。这主要通过四种方式：提供自出版工具，消除出书的神秘感，将控制权交还给作者；提供在线销售平台，打破了出版商对发行渠道的控制；创建电子书市场，改变了图书的经济价值；给作者提供更高的版税报酬。正如巴里·艾斯勒所说："自出版和亚马逊出版公司给纽约五大出版巨头带来史无前例的竞争。这个行业暮气沉沉，急待改头换面。这个死气沉沉、墨守成规、狼狈为奸的产业亟须来一场大变革。现在太棒了，它正在经历这场震动！"[50]

- **传统出版商缩小产品种类，合并抗衡。** 迈克·莎士金（Mike Shatzkin）曾提到，几年后可能仅存一家大型出版商，将所有其他出版商收购一空，将他们的重版书目收入囊中。例如 2020 年企鹅兰登书屋宣布收购仅存的竞争对手之一——西蒙舒斯特公司（Simon & Schuster）。莎士金还指出，如今出版商最新出版的商业图书的利润微乎其微，甚至毫无利润。[51]

- **传统出版商越加依赖亚马逊。** 亚马逊销售比重不断上升。截至目前，亚马逊的销售渠道独霸市场，连最大的连锁书店也望尘莫及。同时，它推动图书出版的关键变革，从大众商业图书转向专业及其他利基出版物。以前这部分是专业出版商的专利，但通过建立庞大的图书开放市场，亚马逊已经让专业出版为过去主要从事普通商业图书的大型出版商带去可观利润。[52]

因此，作为出版行业守门员的出版商深陷困境。以前由于出版公司资源稀缺，书店货架空间有限，出版商的斡旋能力尤显重要。然而现在那些守门员面临出版资源充沛、出版电子书毫不费力、通过KDP 出版纸质书也并非难事的情况。亚马逊已用电子目录的无限容量取代书店货架的有限空间。实际上，印刷数量少的书的长尾潜力无穷无尽，在一个按需印刷和电子书的世界里，书籍永远不会绝版。相反，面对众多选择，稀缺的是读者和注意力：网游？视频通话（Facetime）？脸书？推特？狂刷电视剧？畅听百万歌曲中的任何一首？学习烹饪、瑜伽或法语？应对这种竞争，出版商毫无经验。

一旦买书演变成按订单印刷、送货到个人，而不是将读者吸引到书店购买，传统的发行系统瞬间被亚马逊强大的物流和低价碾压。

亚马逊从一开始就拥有电子书发行渠道。亚马逊的金牌会员制也影响颇大,因为这些会员正是阅读书籍的高收入顾客群体。出版商只能背水一战,争夺代理模式。但是不管代理模式还是批发模式,亚马逊都独领风骚。即使是苹果公司也不是其电子书领域的主要竞争者。肯多改变了出版业的游戏规则,打开了自出版快速崛起的大门,亚马逊领先的按需印刷模式更是加速其发展。自出版与按需印刷是亚马逊下的两大豪赌,是其勇于探索无人涉足的领域的又一见证。

亚马逊现已逐步实现对图书贸易的全链控制:出版、印刷、销售、发行以及客服。亚马逊提供一条龙服务。当然,有些作家——包括大多数畅销书作家——依然选择传统出版商。但每一封来自传统出版商的拒绝信都会把一位作者推向自出版。出版商蓦然发现,随着亚马逊不断加强控制,亚马逊获得了更多的盈利,而留给他们的图书利润越来越少。亚马逊是主要分销渠道,出版商必须向亚马逊支付日益高涨的费用。因此,在其所控制的领域,如电子书和有声书,亚马逊所向披靡;在不受其控制的领域,亚马逊也胜券在握。

最后一点,亚马逊对市场的掌控是永久性的。除非出于某种原因亚马逊决定退出此项业务,否则目前局面不可逆转。那些构成图书业务的各个板块,就像乐高积木一样环环相扣,全被亚马逊死死掌控,不可瓦解。在图书行业中,没有任何竞争对手有足够规模与其抗衡。自从亚马逊横空出世,再无强劲对手踏足图书行业。

尾　注

［ 1 ］Tim Worstall,"Amazon Is Killing the Book Business,"*Forbes*,
　　April 7,2012.

[2] Quoted in George Packer, "Cheap Words," *New Yorker*, February 10, 2014.

[3] Mike Shatzkin, CEO Idea Log, interview, October 5, 2020.

[4] The editorial and content group was gradually pushed out as Amazon's book-related algorithms improved, and especially once Amazon could effectively recommend books automatically using the purchase history of the customer and other similar customers.

[5] Brad Stone, *The Everything Store: Jeff Bezos and the Age of Amazon*, Transworld, 2013.

[6] Consumer Intelligence Research Partner estimates.

[7] Amazon. com accessed September 30, 2019.

[8] Stone, *The Everything Store: Jeff Bezos and the Age of Amazon*. Though Amazon argues that Bezos was joking at the time.

[9] Randy Miller, previously a founder of Amazon's jewelry business, ran vendor relations for Amazon Europe.

[10] Stone, *The Everything Store: Jeff Bezos and the Age of Amazon*.

[11] Packer, "Cheap Words."

[12] Borders did not help itself by agreeing that Amazon should operate its online web store.

[13] Packer, "Cheap Words."

[14] Apple paid $450 million and the publishers $166 million in fines.

[15] Thiago Belluf, Leopoldo Xavier, and Ricardo Giglio, "Case Study on the Business Value Impact of Personalized Recommendations on a Large Online Retailer," in *Proceedings of the Sixth ACM Conference on Recommender Systems*, RecSys' 12, ACM, New York, NY, USA, 2012, 277 – 280.

[16] Laurie Fullerton, "Online Reviews Impact Purchasing Decisions for over 93% of Consumers, Report Suggests," *The Drum*, March 27, 2017.

[17] "It's Official — the Sony Reader Is Kaput," *The Digital Reader* (blog), August 1, 2014.

[18] Evan Schnittman, interview, November 2, 2020.

[19] "Bezos On Innovation," Bloomberg. com, April 17, 2008.

[20] Clayton M. Christensen, *The Innovator's Dilemma: The Revolutionary Book That Will Change the Way You Do Business*, Harper Collins, 2003.

[21] The following section describing the birth of the Kindle draws on Brad Stone *The Everything Store*, as well as other sources.

[22] Jeff Bezos, Amazon shareholder letter, 2007.

[23] Barry Eisler, "The Digital Truths Traditional Publishers Don't Want to Hear," *The Guardian*, April 29, 2013, sec. Books.

[24] Chris Hall, "Amazon Kindle: A Brief 10-Year History from the Original Kindle to the New Kindle Oasis," *Pocket-Lint* (blog), July 10, 2018.

[25] Evan Schnittman, interview, November 2, 2020.

[26] "Up to Date List of KDP Global Fund Payouts," Written Word Media, September 16, 2020.

[27] Mike Shatzkin, "A Changing Book Business: It All Seems to Be Flowing Downhill to Amazon," *The Idea Logical Company* (blog), January 22, 2018.

[28] Shatzkin, "A Changing Book Business: It All Seems to Be Flowing Downhill to Amazon."

［29］Anthony Horowitz，"Anthony Horowitz：Do We Still Need Publishers?，" *The Guardian*，February 27，2012，sec. Books.

［30］Horowitz，"Anthony Horowitz：Do We Still Need Publishers?"

［31］Jack Konrath，"A Newbie's Guide to Publishing：Eisler & Konrath Vs. Hachette，" *A Newbie's Guide to Publishing*（blog），December 7，2011.

［32］Jeffrey A. Trachtenberg，"'They Own the System'：Amazon Rewrites Book Industry by Marching Into Publishing — WSJ，" *Wall Street Journal*，January 16，2019.

［33］Shatzkin，"A Changing Book Business：It All Seems to Be Flowing Downhill to Amazon."

［34］As of July 25，2019.

［35］Hugh Howey，"Hugh Howey：Self-Publishing Is the Future and Great for Writers，" *Salon*，April 4，2013.

［36］Alison Flood，"Stop the Press：Half of Self-Published Authors Earn Less than $500，" *The Guardian*，May 24，2012，sec. Books.

［37］Porter Anderson，"New，Larger Authors Guild Survey：Falling Incomes for Writers，" *Publishing Perspectives*，January 9，2019.

［38］Konrath，"A Newbie's Guide to Publishing：Eisler & Konrath Vs. Hachette."

［39］Anderson，"New，Larger Authors Guild Survey：Falling Incomes for Writers."

［40］Jane Friedman，"Amazon's Importance to US Book Sales Keeps Increasing-for Better or Worse，" *Hot Sheet*（blog），September 23，2020.

［41］Jeff Bezos，Amazon shareholder letter，2011.

［42］Mike Shatzkin, interview, October 12, 2020.

［43］Amazon does not break out either advertising sales or advertising rofits and margins.

［44］Packer, "Cheap Words."

［45］Barnes and Noble annual reports.

［46］Packer, "Cheap Words."

［47］Bureau of Labor Statistics, Consumer Expenditure Survey 2019.

［48］Pew Research Center Survey, September 2019.

［49］Association of American Publishers, StatShot Annual Report for Calendar Year 2018, 6/21/2019.

［50］Kristen Tsetsi, "5 On: Barry Eisler," *Jane Friedman* (blog), February 24, 2016.

［51］Mike Shatzkin, interview. October 5, 2020.

［52］Mike Shatzkin, interview. October 5, 2020.

第三章 |
会员制时代： 亚马逊与客户的黏着剂

> 我想画一条护城河,保护我们最优质的客户群体。
>
> 对待最优质的客户,我们绝不马虎。
>
> ——杰夫·贝索斯[1]

在支撑亚马逊霸主地位的五大支柱中,亚马逊金牌会员制位居首位,其重要性与亚马逊难以置信的物流能力、"万物商店"、残酷竞争的定价以及创新机器不相上下。正是亚马逊金牌会员制吸引客户开始在亚马逊网站(Amazon. com)上搜索商品,并下单购物。金牌会员在亚马逊的消费是非会员的两倍多,这一差距正在迅速扩大。[2]同时,亚马逊金牌会员的人口结构中,高收入家庭比例大大增加。但金牌会员制的贡献远不止此。亚马逊不断诱惑其金牌会员,使得会员就像一位表面上出手阔绰的家伙为证明自己而不断给他的女朋友买礼物:鲜花、珠宝、度假,甚至汽车。

什么是亚马逊金牌会员制? 亚马逊金牌会员制始于2005年,是一个付费会员俱乐部,目前年费119美元。会员可以享受极速免费送货、娱乐项目以及某些商品的会员价。通常情况下,一个家庭会共享一个会员账号。尽管有些人几个家庭一起共享,其他家庭(例如,金牌会员的成年子女）享用会员优惠却不用付会员费。亚马逊金牌会员制是迄今为止美国历史上最成功的零售买家俱乐部。截至 2020 年 1 月，在一个只有 1.25 亿个家庭的国家里，它拥有 1.12 亿位美国会员。[3]

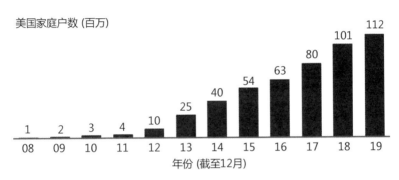

图 3　亚马逊金牌会员制发展时间线

资料来源：消费者数据调研公司（CIRP）

为什么亚马逊金牌会员制会成功？

其他会员买家俱乐部也有取得成功的，如好市多和山姆会员店。但亚马逊现在已经超过了拥有 9 400 万会员的好市多。正如保罗·拉福森（Paul Rafelson）所说的："它就像一家有无限货架空间的好市多。"[4] 金牌会员制也更倾向于服务较高收入的家庭，他们控制着美国 75% 的家庭财富。作为零售客户，他们更具有价值。[5] 尽管如此，金牌会员制只是在 2005 年才开始创建，为什么美国家庭会如此迅速地改变他们的消费习惯呢？原因有四：免费送货、附加娱乐、会员价格和客户信任。

免费送货

据调查显示，仅约一半的亚马逊金牌会员曾经使用过除免费送货以外的其他会员服务，但在疫情期间该数据正迅速上升。65%的金牌会员表示，免费两日内送货是他们最看重的功能，此服务对年轻一代的会员来说更显弥足珍贵。[6]

金牌会员制的灵感源自运输。2004 年末，亚马逊业已提供"超级省钱送货服务"（Super Saver Shipping），对运输时间长的货品收取较低的运费。亚马逊员工查理·沃德（Charlie Ward）建议，对价格不敏感的客户可能愿意为更快的快递速度而付更高的价钱。[7]贝索斯立即采纳此建议，在亚马逊快速实施。该建议于 2004 年 10 月提出，2005 年 2 月就开始付诸推广。在短短 5 个月的时间内，亚马逊就能齐心协力，完成规模宏大、改变行业的创举。亚马逊的这一举动值得人们深思。

最初，金牌会员制的福利仅为会员一人独享。会员预付 79 美元年费，即可享受免费两日内送达以及所有订单免费退货的服务。当时，亚马逊的两日内送达的运费为 9.48 美元，所以只要一年内购物九次，客户就能收回年费成本。这一绝妙的想法迅速刺激消费。正如亚马逊所料，79 美元足以让客户将年费视为一笔投资，但还未贵到把客户吓跑。因为提前预付了会员费，所以只要有可能，会员们立马就有上亚马逊购物的冲动。尤其与那些仍然收取运费的商家相比，会员们感觉买得越多，省得越多。

这 79 美元的会员费却让亚马逊的财务部门心急如焚。如果所有优质客户都注册会员并最大程度享用这项服务，亚马逊将陷入非常昂贵的财务陷阱。先后担任亚马逊全球媒体事务的前副总裁和亚马逊金牌会员事务副总裁的格雷格·格里利（Greg Greeley）指出：
"有时人们往往没注意到他们在下一个多维度的超级赌注。仅仅因
为要兑现对客户的承诺，我们有必要扩大规模吗？他们会喜欢我们
的服务吗？如果他们对此情有独钟，最终我们将如何支付所需的费
用？"[8]但是，正如时任亚马逊订购系统部主任的维杰·拉文德兰
（Vijay Ravindran）所言："其实与 79 美元无关，重要的是改变消费者
的心理，让他们不去其他平台购物。"[9]

　　金牌会员制就是一场豪赌，但仍然算不上"搭进整个公司"的赌
博。实际上，这正是亚马逊所喜欢的规模庞大但仍可控的赌博。哪
怕最坏的情况发生，会员制失败，亚马逊也可以重返先前模式。如果
它迅速风靡，亚马逊可以提高价格。不过不管怎样，失败仅意味着财
务受损、声誉破坏，仅此而已。

　　新冠疫情之前亚马逊在全美各地提供免费两日内送达的送货服
务。但在大多数城镇，对大多数商品，亚马逊能免费一日内送达。
2019 年秋，亚马逊双倍下注：它宣布一日内送达运费低至一美元（原
价为 35 美元）。此举意在给沃尔玛施压，同时也将矛头直指迅速扩
展的一美元廉价店。这已经超出了亚马逊物流的运营范围，是为了
抢占市场份额。对大多数竞争对手来说，要做到与亚马逊一样免费
送货，费用过于昂贵，无疑自毁前程。

　　一日内送达（次日达）并非亚马逊最快的运送服务。在许多大都
市地区的符合条件的邮政编码区域内，亚马逊免费当日送达也已推
出。虽然当日达所送的商品种类有限，但也已然为数不少。正如先
前的物流改革，一旦疫情过后，当日送达终将成为亚马逊一项新的业
务标准。亚马逊董事会成员约翰·多尔（John Doerr）表示，当日送达
一直是他们孜孜以求的终极目标。[10]收购全食超市（Whole Foods）
后，亚马逊力图充分挖掘其潜力和优势，向金牌会员提供 2 小时免费

送达和 1 小时路边自提服务。跟其他方面的改革一样，亚马逊不断改进，反复试验，精益求精，提升竞争门槛，惠及客户。亚马逊刚起步时，客户需要支付运费，几周后才能取到书。如今客户可专享金牌会员的免费运送服务，通常在一两天或更短时间内收到货品。

　　亚马逊金牌会员制初期发展缓慢，直到 2011 年底，亚马逊金牌会员人数才达到 400 万。这对亚马逊以及它早期投资的项目来说是一件幸事。但 2011 年成为了一个引爆点。接下来每两年亚马逊金牌会员人数至少翻一番，到 2014 年底达到 4 000 万，而到 2017 年底，会员人数再次翻了一番，达到 8 000 万（见图 3）。2011 年究竟发生了什么？亚马逊在那一年正式进军娱乐产业。

游戏娱乐

　　免费送货刺激会员数量的增加。但留住会员的秘密武器之一是额外提供免费娱乐产品和特价商品。这一点子独树一帜，绝妙无比。在亚马逊推出这两项措施之前，零售界业内人士从未想到建立一个娱乐部门，专门取悦会员，而不关注创收。

　　亚马逊金牌会员影音（Amazon Prime Video）是一项针对金牌会员的免费视频播放服务。该平台有亚马逊公司制作的电影和电视剧，包括获奖的《海边的曼彻斯特》（*Manchester by the Sea*）和《了不起的麦瑟尔夫人》（*The Marvelous Mrs. Maisel*），以及从其他公司购买的海量影视作品，如电视剧《美国人》（*The Americans*）等。平台收录的电影数目庞大，截至 2019 年已有 14 000 部，比网飞公司（Netflix）多出四倍以上。尽管观看电视节目的话，网飞和葫芦（Hulu）可能更好，但是仅 2018 年亚马逊平台上增加的电影数量就比网飞公司电影目录的总和还要多。[11] 亚马逊金牌影音会员的年费为 108 美元，比网飞便宜,而且每年只需多交 11 美元,即可成为亚马逊金牌会员。这是一则简单的数学运算,除非你从不在亚马逊平台购物,只想观看影音视频,否则成为亚马逊金牌会员合算很多。

亚马逊金牌影音业务费用支出并不低廉。到 2019 年,亚马逊每年约在视频和音乐的内容及服务上投入 70 亿美元,投资数额巨大,充满风险。2011 年亚马逊影音工作室刚开张时,没有丝毫证据显示亚马逊慧眼独具,擅于发现王牌节目,也无人预料到亚马逊能够成功制作出如《高堡奇人》(*The Man in the High Castle*)这样优秀的作品,选中其他公司制作的热播电视剧《伦敦生活》(*Fleabag*)。事实证明,亚马逊善于制作和挑选影视作品,它确实推出几部收视率超高的节目,虽然数量不如有些公司多,但是命中率不错。亚马逊的娱乐平台极具魅力。在新冠疫情暴发之前,大约一半的亚马逊金牌会员观看平台上的视频。[12]

有线电视网络公司,以及流媒体服务公司,如网飞、葫芦、迪斯尼和油管频道等,是亚马逊影音的主要竞争对手。通常我们认为成为竞争对手的前提是竞争者必须同属一个行业,然而事实并非如此。这些公司都通过播放娱乐影视节目来谋取盈利,亚马逊金牌影音并不属于这个行业。亚马逊金牌影音的目的是吸引客户成为会员,并留住他们。亚马逊金牌影音衡量成功的标准是“首次观看影视作品的成本”,也就是制作总成本除以注册金牌会员后首先观看此剧的人数。例如,内部资料显示,2017 年风靡一时的电视剧《高堡奇人》第一季在美国拥有 800 万观众。它的制作和营销成本为 7 200 万美元,它吸引了全球 115 万观众注册成为亚马逊金牌用户,这才是重点。吸引这些新会员的人均成本为 63 美元,而他们在亚马逊平台每年平均购物支出可以达到 1 400 美元,并且之后大部分成为亚马逊终身金牌会员。当然,节目效果因作品而异。例如《好女孩的反抗》(*Good*

Girls Revolt）就一败涂地，其首次观看的成本相当于人均会员成本1 500美元。[13]正如杰夫·贝索斯所说："我敢肯定，通过提高电动工具和婴儿湿巾的销量，来支付有望获得金球奖的影视作品，这一方法是我们首创的。"观看影视节目的金牌会员续费比率更高，同样，免费试用期内收看影视作品的客户也比不看视频的客户注册成为金牌会员的比率更高。[14]

金牌会员影音（Prime Video）是亚马逊提供给金牌会员最大的娱乐福利，但并非唯一福利。美国和波多黎各的亚马逊金牌会员可以在会员音乐平台（Prime Music）随意浏览成百上千个无广告的播放列表，收听200多万首歌曲。虽然思播公司（Spotify）和苹果公司（Apple）可供选择的歌曲更多，但是金牌会员（只要交一笔小小的月费）也可以升级到会员音乐随心听（Prime Music Unlimited），收听5 000万首歌曲。[15]亚马逊正奋力追赶，它有5 500万音乐用户，接近苹果的用户数量6 000万。2019年额外付费会员增长了50%，会费比思播或苹果便宜20%。[16]2014年，亚马逊收购了推奇（Twitch），2020年更名为亚马逊电子游戏公司（Amazon Gaming）。到2020年3月，该网站平均每天浏览量为4 300万小时，在新冠疫情期间观看数据急剧上升，这得益于网站直播多场线上音乐会和主持视频直播，如关注"黑命贵"示威游行活动等。推奇占据市场电子游戏观看时间的65%。油管虽位居第二，但数据与之相距甚远。

娱乐平台也为亚马逊带来了一些额外的收入。亚马逊代理订购服务（例如HBO）；会员可以单独购买某几集电视剧，以及一些不在免费播放列表里的电影或电视连续剧。这种免费模型加超额促销在其他领域也有应用。会员可以每月免费借阅一本肯多（Kindle）电子图书，但也可以从亚马逊庞大的图书目录中选购一本，抑或在爱听宝（Audible，另一家亚马逊公司）听书，也可以注册订阅肯多无限

（Kindle Unlimited），尽情阅读。

正如亚马逊的许多商业策略一样，金牌会员的免费娱乐项目也附有多个目标：吸引客户成为付费会员（免费观看影视作品）；吸引会员留在亚马逊生态系统内，从而在亚马逊平台购买更多产品；构筑一条极其重要的护城河，对抗大型零售竞争对手，使其对这些让人心驰神往的娱乐福利毫无还手之力。沃尔玛的线下品牌屋度（Vudu），的确提供了一些免费的带广告的视频，但大部分视频都需按作品付费。沃尔玛的屋度跟亚马逊相比完全不是一个重量级别的竞争对手。

会员价格

2001 年开始亚马逊推出每日低价。近 40% 的金牌会员表示，价格是做出购买决定的最重要的因素。[17]这是为什么亚马逊和其他零售商一样，常年不断地为金牌会员提供各种特价商品和促销产品。2015 年它开始实施金牌会员日（Prime Day），是金牌会员享受折扣价格的日子。这不仅成为现有亚马逊金牌会员在亚马逊平台长长久久购物的理由，还刺激新客户注册成为金牌会员，以便购买物美价廉的会员日促销品。

除 2020 年因新冠疫情暴发暂停以外，亚马逊金牌会员日于每年6 月或 7 月举行。金牌会员独享 100 多万种热门商品的促销价格；许多亚马逊自主品牌产品也大幅降价，包括肯多电子阅读器（Kindles）、爱科音响（Echoes）、火警平板电脑（Fire tablets）等等。2019 年亚马逊金牌会员日销售时间比前几年更长一些，推出了更多折扣商品，包括霸占头条的泰勒·斯威夫特（Taylor Swift）免费音乐会。这些措施使亚马逊金牌会员数量又创新高。亚马逊会员日迅速成为零售业界头等大事。卖家想方设法，制定各种策略，从中获益；竞争对手被迫出招应对，许多客户铆足了劲，准备大肆采购；普华永道公司（PWC）的一项调查发现，超过一半的亚马逊买家会等待会员日进行购物，[18]因此，2019 年亚马逊会员日活动期间有 1 亿多名金牌会员购买了商品，也就不足为奇了。[19]

　　除了会员日，亚马逊其他会员活动源源不断，贯穿全年。参与优惠活动的货物品种越来越多，折扣力度越来越大。限时优惠活动（Lightning Deals）推出时，会员享有提前购买权；在全食超市（Whole Foods）购物，会员可以享受折上折，除了会员折扣外，同时享有特价商品的折扣；金牌会员可试穿金牌会员衣柜（Prime Wardrobe）中海量的服饰，而仅需为选中的商品买单；针对家庭日常需求的商品，亚马逊家庭（Amazon Family）推出各种优惠活动和折扣价格，例如尿布和婴儿食品折扣高达 20%；只有金牌会员才能使用艾莉莎智能语音（Alexa）进行语音下单。在 2020 年新冠疫情发生后的六个月时间里，大约 12% 的亚马逊购物者使用语音购物，这个数字正飞速增长。[20]

信任

　　通过推陈出新的运输方式、免费退货、特价促销等手段，亚马逊反复向金牌会员确保，他们将享受皇家般的待遇。金牌会员制是亚马逊昭告公众的一项声明，也就是向客户承诺，对金牌会员视若珍宝，百般宠爱。同时，金牌会员制也是客户的一项声明，表明他们对亚马逊的信任。成为金牌成员，客户即向亚马逊保证今后将长期在该平台购物。因为金牌会员提前付了款，并清楚享受的回报价值比付出的会员费成本更高，所以他们对亚马逊忠心耿耿。信任直接刺激购买欲望,如"亚马逊推荐""最畅销商品"等标签对客户影响甚大(见第五章)。跟其他商店相比,金牌会员更愿意尝试在亚马逊上购买他们前所未闻的品牌产品。

亚马逊的使命是成为一家全球最以客户为中心的公司。创立初期,亚马逊公司处理退货和投诉的能力就遥遥领先。早年无理由退货堪称一绝。网络购物需要建立对商家的信任,而免费退货,操作简单,是赢得客户信任的最佳方式。这一点显而易见,但当时却并未引起众多竞争对手的注意。时过境迁,现在退货也不全是免费了。许多退货需要送到某个回收点,而不是通过 UPS 退货。随着时间的推移,由于亚马逊试图降低运营成本,尤其是物流成本,它可能逐渐失去部分客户的信任。

会员制的影响力

与亚马逊许多举足轻重的措施一样,金牌会员制醉翁之意不在酒,它的目标不仅局限于会员和客户。坐拥成百上千万金牌会员,亚马逊商城的魅力对卖家势不可挡。商城巨贾麦克·摩森·哈特(Michael Molson Hart)指出,尽管他曾经入驻所有其他主要销售平台,但亚马逊平台的销售额仍占公司营收总额的 97%。会员制牢牢吸引着客户,想要获得这些客户,卖家别无选择,只能使用亚马逊的平台,甘愿受亚马逊无情的压榨(见第五章)。

类似情况不胜枚举。亚马逊利用金牌会员制强行向卖家提出形形色色的额外要求。你可以不使用亚马逊物流,在亚马逊平台上进行销售。对众多卖家来说,其入驻亚马逊平台的目的是让他们的货品能打上"金牌会员"勋章,获得金牌会员的光顾。如果入驻卖家想要实现这个目的,那么必须满足亚马逊极其严苛的运输要求,就是 2 日内送达、1 日内送达或是价格低廉的当日送达。对速度的极致追求直接迫使卖家使用亚马逊物流(FBA)。这就助力提升了亚马逊物流渠道的使用率,加强了亚马逊对供应链的直接控制(见第四章)。

为什么会员制是亚马逊的超能力?

从客户的角度来看,亚马逊金牌会员制提供了三大好处：免费送货、大量会员价活动、免费娱乐项目。其中,折扣活动最缺乏新意,不具吸引力。虽然目前暂无可能,但是沃尔玛或塔吉特(Target)或许可以在某些系列商品的定价上与亚马逊一比高下(见第六章)。虽说就这些超市可否始终保持低价,与体量巨大的亚马逊商城进行角逐,要另当别论,但也不无可能。

亚马逊金牌会员制的免费送货和免费娱乐项目这两个好处更具有挑战性。沃尔玛几乎不可能调动现有设施,打造一套全新物流通道,运送个人包裹,来与亚马逊抗衡。沃尔玛收购杰特(Jet)已宣告失败。沃尔玛与新伙伴小博发(Shopify①)的合作表明,沃尔玛希望将一部分物流外包出去。此外,沃尔玛还重金押注路边提货服务。

然而,沃尔玛和其他零售商并未进军娱乐领域。与亚马逊的会员影视(Prime Video)、会员音乐(Prime Music)以及亚马逊游戏(Amazon Gaming)相比,他们完全不是一个体量级别。关键问题不是

---

① 小博发(Shopify)是一站式 SaaS 模式的电商服务平台,为电商卖家提供搭建网店的技术和模板,管理全渠道的营销、售卖、支付、物流等服务。

沃尔玛需要向娱乐行业砸钱进去，而是它根本无从下手。要达到亚马逊级别的"免费"娱乐水平，对沃尔玛来说无异于天方夜谭。同样，那些能够在娱乐领域与亚马逊一争高下的公司却未开展零售配送业务。迪士尼、网飞、家庭影院电视网（HBO）以及其他公司提供的产品及服务可能比亚马逊会员影视更好，也可能没有更好，但它们的目标和需求与亚马逊会员影音截然不同。

亚马逊在娱乐行业的大获成功让沃尔玛高管如芒在背，坐立不安。沃尔玛无法削减或根除亚马逊这一战略优势给零售行业带来的影响。网飞等公司知道亚马逊会员影音根本不必考虑盈利，其收视率主要是由娱乐业务以外的因素共同推动的。正因如此，与亚马逊会员影音展开竞争，网飞的高管们如坐针毡。

免费物流、会员价格、娱乐项目三大战术相互交融，共同建构成亚马逊独一无二的战略平台。亚马逊金牌会员制将各个元素紧密结合，使亚马逊笑傲江湖，立于不败之地。这就是为什么它像强力胶，将顾客与亚马逊永久地粘连在一起；它又是一项超级武器，没有一个竞争对手能同时在三个维度与其一决胜负。2020 年亚马逊第三财季报告中，对上述一点有直观评论：

> ……续费率上升，参与度增加。人们购买的频率提高，种类增多，对数字福利的使用率有所扩大。因此，金牌会员制确实带动了各个会员项目之间的关联度。我们喜欢这种日趋紧密的联系，预计这种趋势将带来持续深远的价值。

金牌会员制的强力胶效应日益显现，甚至连先前坚决抵制的美国家庭也加入了进来。随着金牌会员人数以及客单价的增长，卖家的选择空间不断缩小。入驻亚马逊商城将更成为卖家的必选项。然而，市场只容许一个亚马逊金牌会员生存的空间。尽管沃尔玛推出升级版(Walmart+)，但多数客户已经在亚马逊平台享受免费送货服务，他们不会为第二次免费送货服务而在沃尔玛购物。除非沃尔玛或塔吉特联合其他商业伙伴，赠送免费观看网飞或迪斯尼＋(Disney+)影音节目的福利，否则亚马逊的影音优势将持续发威。不难预料，亚马逊将继续探寻各种各样的奇思妙想，绑定客户，驻留在他们的生态圈，同时也顺理成章地绑定卖家。65%的金牌会员表示对亚马逊提供的金融业务感兴趣，[21]那开设金牌会员的免费金融业务？提供会员医疗保健服务？目前这些设想已在亚马逊的员工中展开测试。

　　亚马逊让其会员时时感到与众不同。尽管会员付了年费，等于为运费买过单，但是他们感觉这些服务全部免费似的——跟免费运输的错觉一样，他们觉得影音视频免费，会员衣柜免费。每次他们走进全食超市，看见那些蓝色促销海报宣告此折扣仅限亚马逊会员，他们顿时感受到特殊的对待。顾客以实际行动给予报答。亚马逊是美国最值得信赖的品牌。2018年会员年费提价对会员人数增长没有丝毫负面影响。据普菲特威尔咨询公司(Profitwell)估计，高收入消费者愿意平均为会员年费支付184美元，中等收入家庭可承受的价格为138美元。[22]

　　亚马逊不断提醒其会员，他们已经加入世界上最优质的客户俱乐部。不仅如此，亚马逊金牌会员制还不停引诱我们，甚至那些害怕亚马逊，厌恶亚马逊的野心，不满亚马逊对待员工方式的民众也觉得难以抗拒。在新冠疫情肆虐期间，我们对亚马逊更加依赖，更加感激，与其感情更加深厚。然而，与大多数成功的追求者不同，亚马逊永远处于诱惑模式，商品更新换代、福利层出不穷、愿望源源不断；它从来不会骄傲自满，总是孜孜不倦、马不停蹄、花样百出，展示它对客户无尽的爱意。

尾　　注

[1] Jason Del Rey, "The Making of Amazon Prime, the Internet's Most Successful and Devastating Membership Program," *Vox*, May 3, 2019.

[2] According to Consumer Intelligence Research Partners surveys. 3.

[3] Consumer Intelligence Research Partners surveys.

[4] Paul Rafelson, Online Merchants Guild, interview, July 1, 2020.

[5] Gerard Du Toit, and Aaron Cheris, "Can Amazon Take Customer Loyalty to the Bank?," *Bain* (blog), September 18, 2018.

[6] Orca Pacific 2020 Amazon Prime member survey.

[7] Stone, *The Everything Store: Jeff Bezos and the Age of Amazon*, 37.

[8] Rey, "The Making of Amazon Prime, the Internet's Most Successful and Devastating Membership Program."

[9] Stone, *The Everything Store: Jeff Bezos and the Age of Amazon*, 38.

[10] Stone, *The Everything Store: Jeff Bezos and the Age of Amazon*.

[11] Travis Clark, "We Compared Netflix, Hulu, Amazon, and HBO to Find the Best Service for Every Kind of Viewer," *Business Insider*, September 6, 2019.

[12] Tim Mulligan, "The Significance behind The Amazon Prime Video Membership Numbers," *MIDiA Research* (blog), February 16, 2017.

[13] Jeffrey Dastin, "Exclusive: Amazon's Internal Numbers on Prime Video, Revealed," Reuters, March 15, 2018.

[14] Dastin, "Exclusive: Amazon's Internal Numbers on Prime Video, Revealed."

[15] That costs $7. 99/month ($9. 99 for non-Prime members).

[16] Anna Nicolaou, "Amazon Music Subscriber Numbers Close in on Apple," *Financial Times*, January 22, 2020.

[17] Orca Pacific 2020 Amazon Prime member survey.

[18] PricewaterhouseCoopers, "Prime Day 2019: Expanding the Reach of Amazon Prime Membership," *PwC* (blog).

[19] "Alexa, How Was Prime Day? Prime Day 2019 Surpassed Black Friday and Cyber Monday Combined," Amazon. com, Inc. — Press Room, November 12, 2019.

[20] "2019 Amazon Shopper Survey," *Tinuiti* (blog), 2019.

[21] Michael Grothaus, "65% of Amazon Prime Members Would Bank with the Company," *Fast Company*, September 18, 2018.

[22] Patrick Campbell, "Pricing Perfection? Tearing Down Amazon Prime's Pricing," April 9, 2020.

第四章 |
提升影响力的物流

> 我们很难想象十年后,顾客会想要更高的价格、更少的选择或更慢的交货。
>
> ——杰夫·贝索斯

众所周知,杰夫·贝索斯在自家车库创建了亚马逊。最初,雇员屈指可数,他们徒步到邮局把书寄给客户;25 年后,亚马逊的电子商务交付系统在美国首屈一指。一位亚马逊的资深卖家,斯科特·尼达姆(Scott Needham)认为,亚马逊交付系统与同类公司的服务相比,更加物美价廉。[1]它的物流网络庞大,遍及世界各地,集仓库、配销中心、中转站、储物柜以及其他设施于一体。如今,其网络看起来更像联邦快递,而非在线书店。

在过去 25 年里,亚马逊的"控制区域",即它所掌控的配送网络的网点,已从一个小小的车库发展成一体化物流供应链:包括远至中国的供应链,亚马逊仓储中心接单发货,送货到门口或家里。它依次引入四个独具特色的物流系统,成功实现闭环控制。亚马逊的物流发展故事体现了它几十年来专心致志地追求长远目标,婉拒华尔街和商业大师的高见,最终大展宏图的历程,也树立了亚马逊孜孜不懈地追求效率的企业形象,并提供了效率让企业脱颖而出的案例。

物　流　1.0

亚马逊书店创立于 1995 年末。当时，杰夫·贝索斯和他的几名员工正在四处奔波，亲手打包由英格拉姆（Ingram）和贝克泰勒（Baker & Taylor）两大图书经销商提供的图书。然后由贝索斯本人或同事开车去邮局寄送。那时亚马逊几乎没有控制任何一条配送链，也根本没有库存。

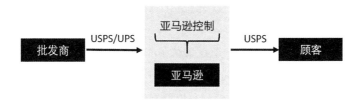

图 4　大约 1997 年时的亚马逊物流 1.0

但随着亚马逊按最高达到每月增长 40% 的速度不断发展壮大，这种物流 1.0 的简单模式很快就面临崩溃的危险。[2] 几个月的时间里，亚马逊搬到了位于西雅图的第一个办公室，一个约 19 平方米的房间，这也成为亚马逊第一个专用仓库。大约一年后，亚马逊迁至一个更大的仓库，在那里办公的是一支兼收并蓄的临时队伍。"我印象最深的就是马不停蹄地跑。数不清的纸箱和包装材料四处飞扬。"一位资深员工克里斯·史密斯如此描述当时情形。[3] 到 1997 年初，亚马逊大约有 40 人在仓库工作。不久之后，仓库搬到了西雅图南部更大的约 86 771 平方米的专用大楼。1997 年，面积更大的第二个仓库在德国纽卡斯尔开张。

　　虽然仓库的扩大发挥了作用,但是在 1997 年和 1998 年的节日季期间,亚马逊的分销网络仍然濒临崩溃。订单纷至沓来,仓库处理跟不上速度。为了及时处理订单,公司采取了紧急措施,所有人都参与打包发货。亚马逊迫切需要一个解决方案,因此它聘请了前沃尔玛分销主管吉姆·莱特(Jim Wright)来建立一个新的物流系统。

物　流　2.0

　　亚马逊新的物流解决方案参考沃尔玛模式。沃尔玛拥有零售业最好的分销系统,其精心布局的庞大仓库网络覆盖美国。所以前沃尔玛分销主管莱特开始着手增加仓库容量。首先因为拉斯维加斯芬利土地辽阔,劳动力充足,成本低廉,亚马逊在那里建立一个全新的、面积更大的仓库。继亚马逊收购了英国和德国的主要在线书店之后,莱特为亚马逊在美国购买了四个仓库,一个在堪萨斯州,两个在肯塔基州,一个在乔治亚州,随后又在欧洲购买了三个仓库。到 2000年节日旺季时,亚马逊新仓库已完成装修并投入使用。

　　亚马逊新仓库不仅面积更大、设备更新,还有其他与众不同的地方。它们自动化程度更高,使用最先进的分类机器——分拣机(Crisplants),能够对客户订单进行自动分类,以便包装和装运。但以分拣机为中心的处理方式有一致命弱点,那就是分拣机按周期分拣,每个周期同时处理 2100 个订单,也称“一波”。一波处理完以后,开始另一波分拣。即使在机器运行顺利的时候,分拣机效率也不高。有些订单虽然完成得比其他订单早,但只能等待下一波再一起处理。这一点难以避免,因此,这就浪费了很多工人的时间。如果一个订单被误放,那么整个周期必须停止,直到错误被修正。[4]

在此期间仓库还增设了聚光灯和其他自动化工具，用以帮助工人准确地挑选货品。这些设备使用跟额外的特别针对日益壮大的季节性工人队伍的培训一样，都能降低错误率。尽管如此，仓库之间的协调，包括订单流的管理，仍然是全凭经验。经理们每天早上互相致电来衡量仓库容量，并据此指导工作。大约到 2002 年时，分布在全美各地的四个仓库的亚马逊物流系统以自动分拣系统为中心开展工作。亚马逊使用第三方物流，主要是美国联合包裹服务公司（UPS）和美国邮政（USPS）将货物最终运送给客户。亚马逊仓库使用的软件是由第三方公司提供的基于沃尔玛送货系统的亚马逊版本。

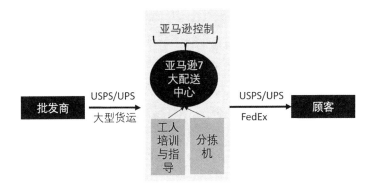

图 5   大约 2002 年的亚马逊物流 2.0

布鲁斯·琼斯（时任亚马逊供应链主管）指出："如果你一单货发五千卷厕纸，使用类似沃尔玛的系统很合适。但它不太适合个人客户的小订单。"[5]贝索斯要求的系统远远不止能处理书籍，它必须能够处理一切。吉姆·莱特说："亚马逊物流系统需要能处理除了航空母舰之外的一切东西。"[6]

直到 2002 年，亚马逊物流的发展仍徘徊在岔路口，还没有明确方向。亚马逊物流平台尽管有所改善，但仍跟不上订单迅速的增长速度。摆在亚马逊面前的其中一个选择十分明确：亚马逊可以退出分销业务,将配送外包给第三方物流公司。这样可以省去很多麻烦,也可以避免多年的巨额投资。同时,这个选择相对安全。管理学理论反对企业集团化,认为管理者应该明确企业核心业务,并将其余职能外包。这正是华尔街想要的,逆行者必遭惩罚。几乎没有人认为物流是亚马逊的核心业务。

但外包也会带来战略成本,就是亚马逊将永远无法控制其分销系统。由于各零售企业都使用相同的外包供应商(UPS、USPS、FedEx),亚马逊将无法借助分销手段在竞争对手面前占据决定性优势。它将永远是别人分销网络的客户。

由于亚马逊在 1999 年和 2000 年成功地开拓了金融市场,因此在 21 世纪初期互联网泡沫破裂时,亚马逊仍然账上有充足资金。在此基础上,亚马逊物流选择了另一条路,也就是全力以赴开发物流。

物　流　3.0

1999 年,亚马逊聘请了吉姆·威尔克(Jim Wilke)接替莱特成为亚马逊下一任物流负责人。威尔克认为,最好把亚马逊的分销系统理解为一个工厂:"我们基本上是在组装和完成客户订单。与零售业相比,仓库的作用更接近于制造业和装配业。"[7]因此,威尔克灵活运用从美国制造业中学到的经验。威廉·戴明(William Deming)的精益生产理论以及日本汽车制造商对精益生产理论的实践与改进,在工业界掀起改革浪潮。[8]丰田的"精益生产"系统建立了一个基于详细指标的组织严密的环境,依靠流水线上的工人保持质量。[9]

威尔克把精益生产应用到亚马逊物流上。他将新的衡量指标引入仓库（现在称为订单履行中心或 FC）。其中一些是相当基本的——发货的订单数量、单位包装和发货成本、未发货的订单、打卡和积压而未交付的订货——但它们最终使管理层能够了解系统、跟踪包裹并识别薄弱点。这些工具更加严格地控制了订单流和仓库活动。吞吐量和生产率均稳步增长。

一个完全由亚马逊控制的物流网络是亚马逊的公司愿景，但它需要很多新的组成部分。首先，亚马逊致力于编写自己的软件和管理自己的信息技术系统。在接下来的几年里，它为新的订单和交付系统提供了技术支撑，最终彻底淘汰了第三方软件。其次，它用自动化程度较低的系统取代了分拣机。本质上，它用人和软件取代了硬件。在过去，工人们在条形码阅读器和新的本土化软件等自动化支持的指导下工作，现在把装满拣选物品的塑料大包直接带到包装站，完全不需要集中分拣机。第三，新物流系统包括快速扩张的仓库网络。更多的仓库会给更多客户带去便利，从而帮助亚马逊加快了交货速度，降低了成本。这些仓库使亚马逊为金牌会员为期两天的免费送货服务成为可能。亚马逊的新算法优化了每种商品的包装和送货方式。更好的软件意味着更低的成本。威尔克声称，每件商品的运费每年下降两位数。

亚马逊并非一夜之间突然精通物流。它也历经挣扎，缓慢进步，日积月累，逐渐学会了如何高效地管理仓库，并摸索出如何把掌握的知识应用到整个物流网络以及仓库管理中。亚马逊公司的软件也逐渐得以优化。更多的货物被合理安排装运在一个箱子里。运输和仓储时间缩短了，例如位于美国内华达州的费恩利仓库的周转时间从 1999 年的 3 天减少到了 2003 年初的 4 小时左右。另外，单个包裹的跟踪也得到了改善。

亚马逊也增加了物流投资。到 2010 年底，亚马逊已经从最初的 4 个仓库变成了 15 个,仓库面积也从 20 万平方米增加到 85 万平方米。[10]一些仓库是专门化的仓库,例如,凤凰城的一个大仓库只储存服装和鞋子。亚马逊的主要仓储中心在肯塔基州、内华达州和亚利桑那州。

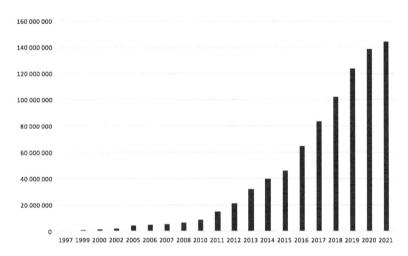

图 6　亚马逊美国仓库面积(平方英尺)

资料来源:数据来自 MWPVL 公司,经由作者统计,2020 年和 2021 年的数据为预估数据(1 平方英尺≈0.092 903 平方米)

2007 年,亚马逊推出了亚马逊物流(Fulfillment by Amazon),向亚马逊商城里的第三方卖家开放其物流系统。随着商城销量的增长,对物流服务的需求也迅速增加,于是亚马逊物流服务有着更多稳定的来自亚马逊商城的订单,到 2009 年来自亚马逊商城的物流订单约为商城平台销售总额 30%,[11]因此亚马逊有能力为亚马逊物流追加投资,也确实这么做了。

到 2010 年,亚马逊新建物流体系的框架清晰可见(见图 7)。亚马逊新建的仓库更多,自主开发的软件效果更好,大大提升了工作效率,这意味着亚马逊物流的运输更快捷、价格更便宜、跟踪商品和生产情况的能力更强。各项指标和数据均表明了亚马逊物流的发展。接下来的十年犹如漫漫的长征之路，该系统将不断地迭代、调整、改进，持续更新设备、引进新技术、改进老技术。亚马逊宣称，仅 2013 当年，已对亚马逊软件进行了 280 次重大的改进。[12]

图 7　2010 年的亚马逊物流 3.0

没有了分拣机(Crisplant)，亚马逊仓库需要招聘更多的工人，人均工作量更大。亚马逊接二连三遭受媒体批评，揭露其仓库恶劣的工作环境(见第十一章)。宽容的批评家把这些负面报道称之为亚马逊扩张时期成长的烦恼，而非宽容的，或者说更精辟的批评则认为这体现了亚马逊的快速扩展是建立在对收入低微的员工的无情剥削之上。尽管如此，亚马逊对物流的控制到仓库货运点为止。亚马逊仍然依赖合作伙伴送货上门，完成所谓的"最后一英里"。

挤压美国联合包裹服务公司(UPS)

2001 年底之前，亚马逊仍然被动接受托运商的报价，当时其常用承运商为联合包裹服务公司(UPS)和美国邮政(USPS)(只有一小部分包裹使用联邦快递)。但随着其规模和影响力的扩大,选择快递公司的范围也随之增广。亚马逊炮制老办法,耐心潜伏打好基础,为最大的潜在杠杆效应做好充足准备。在 2002 年初,亚马逊开始与联邦快递(FedEx)和美国邮政(USPS)加强合作,为迎战美国联合包裹服务公司做好准备。

亚马逊与其主要承运商美国联合包裹服务公司的合同于 2002 年 9 月 1 日到期,续约谈判于那年夏季开始进行。亚马逊要求获得更优惠的折扣以及更有利的合作条款,否则将终止合作。当联合包裹服务公司不同意该要求时,亚马逊就关上合作大门,中断合作。据布鲁斯·琼斯说:"在 12 个小时内,美国联合包裹服务公司业务开始暴跌,在亚马逊平台的揽件数从每天数百万件跌到了一天几件。"[13]亚马逊当时声称,如果不与美国联合包裹服务公司合作,它也能顺利开展物流。它的新合作伙伴联邦快递和老搭档美国邮政足以应对运量。这似乎令人难以置信。美国邮政零星几个航运中心可能无法有效处理突如其来的 1 200 万个包裹。美国联合包裹服务公司对此颇为震惊,它不相信亚马逊会"扣下扳机"。当它真的行动时,美国联合包裹服务公司几乎立即举手投降。

这是亚马逊物流发展史上的重要时刻,也是亚马逊公司扩张史上浓墨重彩的一章。它向世人展示,规模即是影响力,影响力可以转化为金钱。当更加低廉的价格吸引顾客大肆消费时,金钱对影响力与规模的作用愈加凸显。亚马逊的加速飞轮出现了,它首先体现在物流业务方面,但这一经验很快推广到其他地方部门,如大战图书出版商。当亚马逊的销售总额不到 40 亿美元时,已能力挫销售额高达 310 亿美元的美国联合包裹服务公司。从此以后,它不再被动接受提议的价格,它已今非昔比,影响力倍增,时而主动出击。如今,亚马逊的规模是当初的 70 倍,比美国联合包裹服务公司 UPS 规模还大 3 倍以上。

物　流　4.0

很快,十年过去了。到 2020 年初,亚马逊物流网络共有 825 个订单履行中心(FC)、分拣中心、机场枢纽和其他网点。全球物流空间达 22.11 平方千米,其中不包括科尔百货公司和全食超市新建的取件和存储点等其他网点面积。这些网点中,422 个位于美国,总面积达 144.00 平方千米[14]。图 8 为当前的亚马逊物流 4.0 模式。

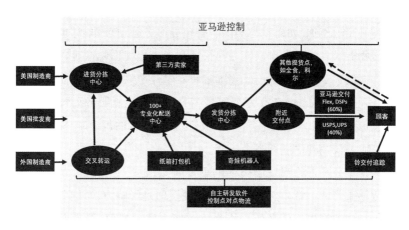

图 8　当前的亚马逊物流 4.0 模式

亚马逊的事业蒸蒸日上。现在亚马逊拥有比沃尔玛更多的仓库和存储空间。[15]亚马逊计划在 2020 年新增 17 个仓库,并且将在之后几年内增加更多仓库。

但是,对亚马逊而言,物流网络上仓库和网点爆炸式的增长只是其发展过程的冰山一角。亚马逊物流 4.0 模式颠覆了整个交付链。该系统精妙复杂、功能强大、交付速度更快捷、运营成本更低廉。整个供应链逐步被亚马逊收入囊中、直接控制。

进货设施和进货分拣中心

亚马逊的大部分实体零售库存来自国外。早在 2013 年,亚马逊已考虑建立一个全球配送网络,直接管理来自中国和印度工厂的货物。到 2018 年,通过港口交货或直接从中国工厂提货,亚马逊龙舟计划已经从中国运走 5 300 个集装箱的货物。自 2018 年第四季度向美国卖家开放后,亚马逊公司的龙舟计划物流业务蓬勃发展。[16]

当货物抵达美国港口时,货物按规定路线分别送往各个进货交叉转运中心。目前美国有 10 个交叉转运中心[17],这些转运中心专门接收进口的集装箱,然后分类运送到进货分拣中心。分拣中心对货物进行分类,再运送至分类更细的订单履行中心。在同一家仓库管理家具、大型电视机以及书籍、回形针等大小不一的货品,并非易事。而管理其他货品如鞋、服装、食品等需要额外注意。

表 1　亚马逊的分销设施

设 施 类 型	当前可用 (个)	未来设施 (个)	有效空间 (平方米)	未来 (平方米)
订单履行中心、补给中心、退货中心	160	48	11 056 355	2 618 664
食品储藏室/新鲜食品配送中心	20	0	284 229	

设 施 类 型	当前可用 （个）	未来设施 （个）	有效空间 （平方米）	未来 （平方米）
全食超市，食品杂货配送中心	12	0	96 977	
会员即时配送站	53	0	180 114	
进货分拣中心	10	0	549 461	
出货分拣中心	47	2	1 477 836	42 376
交付站	158	12	1 341 139	245 691
机场枢纽	6	5	67 118	337 517
美国总计	466	67	15 053 229	3 244 248

资料来源：MWPVL

订单履行中心（FC）内部

除了维护机器设备、排除故障以及日常管理之外，亚马逊仓库内还有五个重要的一线工种：

- 拆卸工（把进货托盘拆分成单个货品）
- 装载工（把商品安放到隔层储物架里）
- 分拣员（挑选已订购的物品）
- 包装工（包装所选物品）
- 装运工（将包装完毕的货品搬上停在出货点的货车上）

这些职位占了大部分就业岗位。一个大型的订单履行中心可能有4 000名员工，全年无休，工人们24 小时三班倒。在过去，工人们常常走遍整个大楼挑选货物，把它们放进称为"托特包"的塑料桶中，并将这些货物送至分拣机或包装站。如今在像巴尔的摩这样更现代化的仓库里,机器人把货物送到工人手里。装载工人站在原地不动,提取传送带传送过来的托特包,从托特包里取出各件物品,放进织物隔层架的隔间里,然后由奇娃(Kiva)机器人(类似于大型扫地机器人Roombas)从装载站运走。隔层架一装满货品,机器人就将其送到禁止工人通行的区域。机器人把装满货品的隔层架运送到分拣员面前,分拣员站在原地工作,从中拣出订单货品放入托特包里,随后通过传送带将它们送到包装站,包装工人装箱打包,准备贴标签。截至2018 年,在亚马逊遍布全球的约 175 家大型仓库中,机器人密集型仓库有 50 家,巴尔的摩的仓库便是其中之一。

不断增加的自动化也正发生在生产线上。例如,如今运输标签完全由机器贴在包装上,员工只处理被额外的自动交叉核对拒绝的包装。机器、扫描仪和软件决定哪些货物可以组合发货;隔层架上的隔间里灯光闪烁,指引着分拣员和装载工找到正确的包裹。如今连装货点都大不相同。每个装货点都有严格的时间表,不允许卡车司机早到或晚到。在每个装货点,货物由人工装货到卡车上,但是订单履行中心装载点不再为直接给客户送货的小货车服务了。[18]

分拣中心

出库货物从履行中心流向出站分拣中心(OSC)。如果亚马逊不使用自己的配送网络,该中心可以按邮政编码对交付的货物进行分类,将大批货物移交美国邮政。从出库分拣中心发出的货物,或者被运到交付网点或交由美国邮政或美国联合包裹服务公司最终配送,或者由亚马逊庞大的长途货车车队和快速增长的空运业务将货物运至亚马逊美国网络的其他地方。例如,华盛顿州肯特市的分拣中心的工作人员把包裹分别发送给位于西雅图、斯波坎和波特兰的邮局。这使亚马逊离客户的距离更近了一步，并大大降低了成本。据德意志银行（Deutsche Bank）称："亚马逊按邮政编码对货物进行分类，将包装货物并置于托盘上，再将托盘送到当地邮局进行投递。本质上，亚马逊为美国邮政完成了50%以上的工作，因而向美国邮政署支付的每单包裹的运费也相应降低了。"[19]如果预先分拣的包裹在早上7点之前到达美国邮政地方分局，通常当天就能交付给客户。分拣中心可以缩短一天的交货时间，因此它很大程度上决定了第二天或当天交货。此外，它们还增加了周日送货的选择，并从承运商手中夺回了更多控制权。[20]

中间一英里——亚马逊运输服务（ATS）

除将货物运送至最终的客户外，网络节点之间的货物运输，有时被称为"中间一英里"。亚马逊对此进行了大量投资，成功地扩大了控制范围。随着2015年推出亚马逊运输服务，亚马逊到2019年底已经控制了其三分之二的"中间一英里"运输量。[21]

除了公司雇佣的卡车司机外，它还部署了亚马逊接力（Amazon Relay），一个货物和运输公司之间的对接平台，调动全国卡车运输公司，为己所用。在美国，拥有不到20辆卡车的小型运输公司约为120万家。亚马逊接力为他们提供1至5周的合同，填补了即时一次性协议的定点装载和长期合同之间的空白。在该接力平台上，接力用户可以发布需要工作或能提供闲置卡车的信息，接力平台则保证根据合同按时付款，解决了小型运输公司难以解决的顽疾，并允许运输公司提前几个月对外预约运输量。接力平台承接整车、不足一车、箱式托运等项目。其系统完全自动化，[22]平台每周发布新需求，先到先得。[23]亚马逊接力平台声称:"在过去一年中,有超过一万家运输公司在平台承接过一车货,其中55%属于拥有不到10辆卡车的小型运输公司。"运单榜每周发出5万多车运单,而在节日旺季,运单更多。接力平台还让表现最好的运输公司(根据亚马逊自己未公布的定义)提前进入运单榜,使其更有可能满足亚马逊的需求和标准。总的来说,接力平台将亚马逊自身的需求和更广阔的卡车运输市场相结合,亚马逊无须与长期合同捆绑就可以实现运输量,正如下文所述的联邦快递和DSP的"最后一英里"运输。诚然,亚马逊接力平台让运输市场更有效率,它也很可能对卡车司机的收入进一步施加下行压力,使得卡车司机的收入在过去十年一直在下降。[24]

基于其庞大的运输枢纽网络与以及预测软件,亚马逊致力于缩短交货时间。但亚马逊还需进一步提升货物运转速度,因此它一直在扩大其航空运输业务。它在美国肯塔基的辛辛那提投资15亿美元兴建一座大型设施,同时对其他几个机场进行扩建,最终亚马逊的机场设施网络总体上比联邦快递中心辐射式体系辐射面更广、机制更灵活。[25]亚马逊最近租赁了20架波音737飞机,改装用以货运,到2021年达到70架,与敦豪运(DHL)的数量大致相同,而到21世纪20年代末预计将有200架飞机。[26]亚马逊空运在国际上也越来越活跃,在2020年它宣布在德国莱比锡建立首个欧洲航空枢纽。

亚马逊的这些扩张并非为了与联邦快递一比高下。事实上,亚马逊空运部与联邦快递两者相差甚远。亚马逊空运目前调整为支持2天而不是隔夜送达,超过80%的航班在早上6点到晚上11点之间起飞。[27]他们的安排与亚马逊的物流枢纽网络无缝对接,构建了一个空运和陆运一体化的物流系统,确保绝大多数美国客户在一天之内收到货物,同时避开大型客运机场。例如,亚马逊服务纽约的机场是距离纽约市约90分钟车程的宾夕法尼亚州阿伦顿市的小型机场。

亚马逊美国主要航空合作伙伴包括阿特拉斯航空公司、国际航空运输公司、南方航空公司、ABX 航空公司和太阳国航空公司。同时亚马逊想方设法，激励各家航空公司相互竞争，坐收渔翁之利。[28]

　　总而言之，亚马逊同时提高海、陆、空货运能力，三驾马车并驾齐驱，但具体发展方式各不相同。它搭建各种货物运输平台，有时通过短期的合同，如接力平台，有时则通过长期的合同，如与航空公司签署航空货运合同，并鼓励承运商争夺运单。这为亚马逊带来巨大的灵活性、更低的成本，同时为它未来积极地发展成为真正的第三方承运商铺平道路。

最后一英里配送：弗莱克（Flex）和 DSP

　　地方配送中心是给顾客送货的司机的集散地。2020 年 9 月，亚马逊宣布计划在郊区再建设 1 000～1 500 个配送中心。[29]值得强调的是其涉及的规模非同寻常。沃尔玛在美国也仅约有 4 700 家门店。如果亚马逊能够建成这些郊区配送中心，最后一英里的平均距离将大幅缩短，配送问题就变得相当容易。

　　以往亚马逊依赖美国邮政将大批量商品最终交到客户手里，但这一点已经发生翻天覆地的变化。2015 年，亚马逊创建弗莱克（Flex），使用合同司机来运送包裹，这其实是改良版的"亚马逊优步"。合同司机下载应用程序，经过安全和背景验证后，注册"时间段"：通常 3 个小时一组，在此期间，他们从配送中心或仓库提取包裹，交付给客户。弗莱克（Flex）的薪酬极具竞争力——大多数司机的工资为每小时 18 美元，在某些情况下高达 25 美元。这比优步的总工资要低一点，但税后的实得工资可能更高。[30]弗莱克（Flex）司机可能有上万个——亚马逊没有告知具体数量。一位为亚马逊诉讼辩护的经济学家计算,2016年10月至2017年3月期间,仅在加利福尼亚州就有11 262位弗莱克(Flex)个体司机。[31]弗莱克(Flex)现在已经扩展到杂货配送。弗莱克(Flex)司机面临着许多与其他零工经济司机相同的问题：客户问题、路线要求过高、将无法交付的货物送回配送中心的额外成本、使用自己的汽车的自付费用、没有工伤保险、没有社保等。亚马逊似乎很少努力帮助司机摆脱困境,例如,它没有提供清晰的送货记录来帮助处理停车罚单。[32]

为了规避与临时工作相关的法律要求,亚马逊将弗莱克(Flex)系统设计成了一个兼职工作,将工作时长限制在每周30小时。弗莱克(Flex)在任何特定的市场和时间都控制着司机的供应,因此它可以以自己喜欢的价格平衡供需：“亚马逊打开了防洪闸门,让数百名新司机涌入波士顿3个配送中心。现在,各时间段的任务从充裕变为稀缺。以前有时好几天都没有司机接单。现在,任何任务任何时间段都被秒杀。”[33]谁有影响力,再明显不过了。亚马逊可以随心所欲屏蔽个别司机,控制工资和工作时间段。因此弗莱克(Flex)推行临时工工作规则,就是一切须经亚马逊同意,对工作要求严苛,容不得丝毫马虎。弗莱克(Flex)也具有高度决策自主性。司机可能会被雇佣,为亚马逊工作一段时间,然后被炒鱿鱼,其间根本无须与亚马逊经理亲自交谈。

由于认为美国联合包裹服务公司和联邦快递这两家公司的送货服务经常失败,尤其是在假期购物旺季,而亚马逊无法控制这些情况,所以亚马逊从未对美国联合包裹服务公司和联邦快递的送货服务特别满意。因此亚马逊开始签约一批快递公司,提供最后一英里的快递服务,以取代联合包裹服务公司和联邦快递,并逐渐将快递业务转移到这一网络中。物流分析师迪恩·玛楚巴(Dean Maciuba)将这种做法称为承运商DSP－1,以区别于随后更具组织性和更受亚马逊控制的方法——DSP－2。[34]在过去两三年里，亚马逊终止了 DSP－1 合作模式，挑选了 800 多个承运商，建立新型网络，称之为 DSP－2。这些承运商均为独立公司，与亚马逊签订合同运送包裹。但最关键的是，它们通常只为亚马逊服务，而且大多是在亚马逊的大力支持下得以发展，因此跟 DSP－1 合作模式不同。DSP－2 合作模式一般不与其他客户签订独立合同。一家典型的 DSP－2 公司拥有 20~40 辆货车，40~100 名司机。[35]亚马逊网页显示，DSP－2 的创业启动资金"低至"1 万美元，[36]而年收入预计为 100 万至 450 万美元，年利润为 7.5 万至 30 万美元。[37]新的 DSP－2 公司老板获得三周的培训，以及一周在西雅图的培训和两周的实地培训。

此外，亚马逊还提供其他方面的帮助。DSP－2 主要特色是亚马逊是他们的唯一客户，进行深度合作，因此 DSP－2 无须任何营销成本。随着车主经验的增加，亚马逊为 DSP－2 车辆增加路线。工资不仅计件，而且还包括指定路线的数量及路线长度，以及每辆车每月支付的固定费用。[38]当然 DSP－2 完全由亚马逊掌控。亚马逊的经理有权给不同 DSP 车辆切换路线，而它们之间的竞争导致他们不惜以安全为代价，永远追逐低成本和提高生产率。正如一家快递公司的老板所说："我们总是如履薄冰。你不想激怒分发路线的人，因为如果你惹恼了他，他就不会把你想要的路线数量分配给你。"这些担心不无道理。正如一位前亚马逊物流经理所说："亚马逊拥有所有的权力，送货服务商根本不敢违抗。我若周五决定更换一家公司，周一他们就会出局。"[39]为了确保竞争，亚马逊在大多数地区与多个 DSP－2 签订了合同。最近它公开与几家大型 DSP－2 解除合约，大概是为了鼓励其他公司"更努力、更持久、更聪明"地工作。有些公司在多个州有超过 1 000 名司机在为其工作。

DSP－2 还受益于亚马逊的巨大规模。例如，一旦通过亚马逊的无敌舰队租赁计划,DSP－2为亚马逊冠名的车辆^[40]在保养、保险、燃料、制服、手持设备、招聘工具、税收和会计、健康福利和员工服务以及法律支持等提供折扣和交易。他们还使用亚马逊的兔子(Rabbit)软件,以便亚马逊可以跟踪他们的表现,以及个体司机的表现。所有这些支持都是有价值的。

DSP－2为亚马逊解决了数个问题,例如若需求不振,可以减少工作量;使用专有软件和工具对包裹进行端到端跟踪,亚马逊可以深度控制包裹的最终交付;创造"最后一英里"的运输中的内部竞争,例如,法庭证词显示,在奥斯汀有17家DSP公司为一个配送中心服务;^[41]合同每年更新(或不更新),但在任何情况下DSP－2公司都很容易被解雇;而且他们可能比直接雇佣司机更便宜,甚至可能比弗莱克(Flex)还便宜。亚马逊使用其自由终止合同权利来确保DSP承运商对其言听计从。在之前提到过的诉讼证词中,亚马逊团队负责人承认终止与一家DSP承运商,斯库比兹公司(Scoobeez)的合作,是因为该公司与亚马逊有多个法律纠纷而不是因为它表现不佳。

DSP－2系统明确地将亚马逊与要求更快/更便宜的交付的不良后果脱离开来。新媒体巴兹飞(Buzzfeed)和"为了人民"(Pro Publica)的一篇重要报告描述了亚马逊对运输司机更快速度和更高效率的不断要求如何超出了司机的安全范围。该报告认为:"亚马逊的负责人忽视了一点,即该公司在回避像联合包裹服务公司UPS这样的传统运输服务商大规模给司机提供培训和监管时,其快速增长的交付网络正在超负荷运行。"该报告提供了令人信服的证据,表明亚马逊将速度和成本放在其运输的安全之上。亚马逊向DSP的转变,部分是为了规避一些亚马逊的不良宣传和可能的法律诉讼。与亚马逊的许多其他业务一样,尽管众所周知亚马逊会跟踪事故率以及许多其他DSP指标,亚马逊拒绝提供能够回答这些批评的数据。

它以误导性的数据、冷漠的否认和未经证实的说法公开回应批评。[42]

"最后一英里"创新

实际上为客户交付的"最后一英里"是非常昂贵的。因此削减成本是当务之急。弗莱克（Flex）和 DSP 帮助亚马逊在内部实现了大量的"最后一英里"交付，亚马逊不断创新，进一步降低成本和提高效率。创新包括：

- **亚马逊快递柜**。让客户在方便的地点取货。在马里兰州的一个区域内，在西夫韦（Safeway）、许多 7 – 11 便利店、全食超市（Whole Foods）、百什瑞市场（Bestway market）、药房、其他便利店、亚马逊订单履行中心和一家购物中心均设有快递柜。商品存放快递柜可以节省亚马逊的送货费用，而且还可以解决包裹被盗的严重问题。快递柜还可以降低退货成本，亚马逊也在鼓励顾客使用快递柜。

- **科尔百货（Kohl）的退货处**。最近亚马逊与科尔百货合作，因此退货商品可以放到科尔的商店中。同样，客户正在为亚马逊节省上门取退货的成本，同时为科尔百货公司带来更多的流量——这一双赢局面可能会得到拓展。

- **路边提货**。2020 年 10 月，亚马逊宣布将在全食超市门店提供 1 小时路边提货服务，条件是订单金额为 35 美元及以上。这可能只是应对与沃尔玛和塔吉特（Target）路边项目的竞争，但这也是为了减少"最后一英里"的送货成本的一项选择。

- **顾客行为修正与激励**。现在亚马逊向客户支付少量费用，鼓励他们接受"慢快递"。它还鼓励客户在特定日期（亚马逊日）的集体运输——表面上是出于方便或环保的原因，但也节省了资金。

- **预订**。如果客户预订定期配送的消费品,亚马逊会提供小折扣(通常为 5%)。这不仅把顾客和亚马逊紧密联系在一起,预订也让送货变得具有可预测性:例如,亚马逊可以组织每周一包尿布的长期订单的配送。

亚马逊与美国邮政(USPS)

最初,亚马逊的所有发货都使用美国邮政。随着亚马逊的发展,它增加了联合包裹服务公司(UPS)的配送合作,且少量业务发包给联邦快递业务。到 2017 年,美国邮政承运了约 60% 的亚马逊包裹,联合包裹服务公司为 25%,而亚马逊自己则略低于 15%。因为美国邮政同意在星期天送货,而联邦快递和联合包裹服务公司无法做到,所以美国邮政对亚马逊特别重要。此外,美国邮政在美国各地普遍存在,而且其价格极具竞争力。

自 2017 年以来,情况发生了巨大变化。亚马逊已经将三分之一的包裹配送业务从美国邮政转向了自己的新兴配送系统。现在亚马逊配送了一半以上的自己的包裹,而美国邮政只占三分之一,联合包裹服务公司的份额下降到 16% 左右(见图 9)。这意味着,在许多地区,与美国邮政相比,亚马逊目前的分销系统更高效,因此更便宜更快捷。[43]

内部配送之所以便宜,部分原因是亚马逊只是在美国可以高效送货的路线上送货,其余的则由美国邮政和联合包裹公司承运。避免普遍配送是关键:农村和郊区的配送成本很高,因此将这些路线交给美国邮政和联合包裹公司意味着亚马逊平均每件商品的自配送成本要低得多(尽管美国邮政在配送成本较高时收取的费用会更高)。当然,内部配送也绕开了加入工会的工人,避免了支付强制执

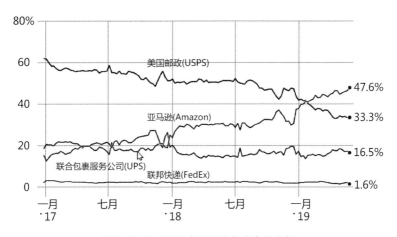

图9   2017—2019 年亚马逊包裹交付份额

资料来源：乐天情报；图表：Axios 视觉效果

行的养老金。

尽管如此，亚马逊推动运输和订单履行的发展是很昂贵的。2018 年，亚马逊一天的运输成本约为 8 亿美元。[44]自 2009 年以来，运输和订单履行成本一直逐步上涨，从 2009 年收入的 15.5%上涨到 2019 年的 29%（见第九章）。这些数字不包括当天送达的额外费用。[45]

亚马逊的未来物流网络：物流 5.0？

亚马逊电子商务配送网络堪称全美最高效的系统。在大多数情况下，尤其在大都市地区，运送大部分包裹，效率最高。但亚马逊的发展证明，过去只是序幕，焕然一新的物流 5.0 系统即将闪亮登场，其主要特点包括：

- **端到端的物流掌控**。亚马逊企图掌握货物在物流链每一节点间的运送情况。虽然有时亚马逊也愿意跟其他货运公司甚至国际货运公司合作，例如其在中国的运送业务快速增长，但是亚马逊渴望自己有能力运输所有货物。[46]正如迪恩·玛楚巴（Dean Maciuba）所言："亚马逊主导了所有顾客所需所有品类产品的市场配送。它无须依赖任何外部公司，完全可以自行解决。"[47]

- **物流急剧扩张能力**。亚马逊首席财务官布莱恩·奥尔萨夫斯基（Brian Olsavsky）预计，亚马逊仓储面积在 2019 年增长了 15% 的基础上，2020 年将再增长 50%[48]。在新冠疫情全球大爆发期间，亚马逊销售记录屡创新高，此举乃应对巨大市场需求而做出的努力。加拿大皇家银行（RBC）声称，亚马逊 2020 年计划拓展的物流能力比前三年的总和还要多。[49]在一年内，它的长途货车数量翻了一番，达到 2 万辆。[50]

- **让物流盈利**。与亚马逊云科技（AWS）和亚马逊商城一样，亚马逊将会把部分物流网络出租给其他人。目前，大量的包裹配送业务由亚马逊管理和运营。2019 年开始，亚马逊开放了货运代理平台，提供全套代理服务，销售亚马逊自己的货车和第三方物流公司的运输空间，价格比当前市场低 26%~33%。[51]亚马逊正在为中国出口业务建立货运代理业务。而且亚马逊目前正在测试全范围的包裹配送：亚马逊运输公司洛杉矶网点（以及英国的网点）是一项针对亚马逊公司以外的企业对企业（B2B）的货物交付系统。现有亚马逊可以为在英国的连锁超市莫里森公司的购物配送。显而易见，亚马逊狠狠压低联合包裹服务公司（UPS）以及联邦快递公司（FedEx）的价格，使自己的服务极具吸引力。[52]所有这些手段都有助于使目前作为成本中心的物流具备盈利能力。

- **自动化**。自动化显然率先在仓库得以实现。亚马逊预计其仓库最晚在"十年后"实现完全自动化,但部分自动化的速度远超预期。京东物流(JD Logistics)在上海的一个全自动仓库,仅有 4 位工作人员,每天可处理 20 万件包裹;相比之下,亚马逊位于巴尔的摩(Baltimore)的仓库有 4 000 名员工,每天处理约 60 万件包裹。[53]2019年,亚马逊宣布与贝邮(Balyo)达成协议,使用其自动叉车,[54]并将引入大量的机器人到分拣中心。[55]

- **新型配送工具**。更快速、更便宜、更便捷是亚马逊努力奋斗的目标,这些正在稳步改善,日益精进。亚马逊不断探索新型的配送方式,例如,快递柜的兴起以及采纳亚马逊的关键安全技术送货到客户车库的新举措。[56]亚马逊在车辆和基础设施方面投入了巨额资金。最近,亚马逊订购了 2 万辆梅赛德斯‑斯普林特(Mercedes Sprint)小型货车加入车队,并预定 10 万辆里维安(Rivian)电动小型货车,这些将在 2021 年至 2030 年间交付使用。这样,亚马逊的车辆总数与联邦快递的 8.5 万辆,以及美国邮政的 12.3 万辆相比,毫不逊色。这批里维安电动小型货车专门为亚马逊物流而设计,独特的配送车门、单速变速箱等人性化创新设计均可提高效率,降低成本。[57]

- **强力推进的 B2B 业务**。亚马逊针对企业客户(B2B)的销售额增长迅速。据加拿大皇家银行(RBC)估计,到 2023 年,亚马逊对企业客户业务将达 310 亿美元,[58]而这些销售额的增长与亚马逊配送网络的拓展相吻合,因为对企业客户的业务销售和提货地点通常相对集中,与居民区送货相比,物流成本较低。[59]亚马逊对企业客户的业务似乎正成为一个独立的细分市场,亚马逊为企业会员提供的服务和收取的会员年费与金牌会员各不相同。亚马逊对企业客户的业务物流具有选择性,仅针对已经开展送货服务的地区,以及送货成本低廉的区域。

- **配送网点密度的增加**。亚马逊把当日交付作为标准,并奋力靠近此目标时,亚马逊金牌会员即时配送中心(Prime Now hubs)模式行之有效。2014 年,亚马逊开始创建一批规模较小的都市配送仓库,用于发展两小时亚马逊金牌会员即时配送网络。这些配送中心分散在大城市各个区域,通常存储着该地区最畅销的商品(例如,炎热地区畅销的瓶装水)。配送中心只存放大约 1.5 万种货品,若在这些品类中选购,亚马逊金牌会员下单后最快 60 分钟内可以收到货。随着亚马逊需求预测能力越来越强,它可以在更加接近客户的地方建立配送中心,从而提高配送效率。亚马逊宣布未来几年将在大城市郊区建立一个由 1 000 个到 1 500 个配送中心组成的庞大的新型配送中心网络。[60]这大约是亚马逊在美国现有仓库数量的 10 倍。模仿沃尔玛利用自己的实体店作为送货中心,亚马逊把配送中心建立在郊外关键商业区附近,从而缩短送货时间。马克·伍尔夫拉特(Marc Wulfraat)的公司持续关注亚马逊的物流能力,他指出:"短短几年,亚马逊就建立了自己的'联合包裹服务部'。亚马逊在全国范围内不断扩张,随着它的发展,它对联合包裹服务公司的依赖也将消失殆尽。"他相信 2020 年亚马逊物流能运送 67% 的包裹,其配送能力将快速增长到 85%。[61]想一想它在 2016 年的节日配送能力仅 8%![62]

- **无人机和自动驾驶**。亚马逊的无人机送货项目始于 2013 年,目前还处于试点阶段。亚马逊 2020 年在田纳西州和肯塔基州部署和试运行机器送货服务。亚马逊正在开发机载和地面无人机,继先前对欧若拉数据库(Aurora)的投资后,最近收购了自动驾驶汽车公司佐科斯(Zoox)。[63]一些观察家预计,无人机将很快推出,[64]送货机器人已经在中国部分区域运行。[65]这种模式与优步(Uber)有异曲同工之处,就是利用投资者的资金或其他方面的利润来压低价格,削弱竞争对手,从而控制市场,然后等待(并投资)自动化来解决你的盈利差额。然而，现在仍有许多问题需要解决；无人机不会很快、大批量地出现送货到客户。

- **勇于探索**。亚马逊敢于尝试各种各样的奇思妙想。目前的试验包括与百货公司合作、远程控制送货上门、快递柜、公寓大楼的配送点以及大量的无人机送货实验。[66] 在印度，亚马逊正在探索一种全新的经营模式，通过卖家弗莱克（Seller Flex）形式，跟现有卖家共享仓库。[67] 许多试验会失败，但一旦有成功的，就将大大助力亚马逊现有的物流版图发展。

所有这些活动都服务于亚马逊的核心要求：贯穿从仓库到分拣中心到最后一公里交付，通过日趋成熟、专业化、自动化的仓库管理网络，系统地打造廉价的物流链，实现端对端的控制。这些物流链包括其在中国的海洋货运代理业务，到美国境内的长途陆运，或快速增长的空运。亚马逊认为全盘掌控是为客户提供的最好的服务，可以直接让消费者受益，当然也让亚马逊受益，但可能不会让所有人受益。2019 年 12 月，刚好在假日季高峰期，亚马逊宣布，由于联邦快递陆运能力问题，亚马逊商城里的卖家不得继续与其合作。亚马逊的担忧可能合情合理，禁令也仅一个月有效，但它伤害了联邦快递以及习惯使用联邦快递发货的卖家。这才是亚马逊威震四海的能力所在，一家独大，权限滔天。

物流作为影响力的启示

在美国建立最快捷、最低廉的包裹配送系统能让亚马逊及其客户直接受益，这一点显而易见，但代价高昂。2019 年，亚马逊在配送系统和履行订单方面投入 380 亿美元，占总收入 29%。而在 2014

年,这个比例仅为22%。[68]这一巨额支出使得当日配送成为可能,两天配送成为标准,在特定大都市地区,日用品及其他各种商品两小时送达得以实现。

但亚马逊的物流能力还有其他作用:

- **降低成本和商品售价**。每日低价是亚马逊的运营模式,降低运费可直接减少商品送达客户的最终成本。

- **便捷**。理想情况下,亚马逊甚至希望在你下单之前,就能送达商品。预订能实现这一点。次优是当日送达。亚马逊认为更快的配送速度是其核心竞争优势。

- **选择**。物流是吸引商城卖家的重要因素。亚马逊运输商品的物流报价合理,令人难以抗拒,所以出色的物流使卖家汇聚一堂。

- **金牌会员制的保障**。亚马逊金牌会员制犹如强力胶水,把客户紧紧捆绑在亚马逊怀里。"快速免费送货和退货服务"推动顾客入会的积极性,因此亚马逊配送速度越快,会员制吸引客户入会的数量就越多。

- **打压竞争对手**。物流越出色,表明亚马逊快捷低廉的优势空间更大。当日送达犹如一柄利刃,抵在其他零售商的咽喉。亚马逊每次调整交货时间,都逼得竞争对手做出回应——他们没有亚马逊的基础设施,付出惨重的代价。像沃尔玛和塔吉特这样大型的竞争对手或许可以比拼,但其他对手根本毫无抗击之力。将一日配送定为行业标准巩固了亚马逊的垄断地位。

- **压榨卖家**。亚马逊严苛的交货时间限制倒逼卖家采用亚马逊物流来完成订单,使卖家进一步落入亚马逊的掌控之中。在新冠疫情暴发期间,亚马逊突然决定减少,甚至完全停止商城卖家非必需品的运送。这一举措突显了商家们脆弱性。

如果没有电子商务物流网络的垄断地位,亚马逊将沦落为一家普通的规模庞大的电子零售商，淹没在芸芸众生之中。物流网络为亚马逊电子商务帝国筑起一堵巨大的城墙，挖出一条护城河，搭起一组组飞扶壁（flying buttresses），气势恢宏，与之正面竞争所需的投资不可估量，即使是最大的竞争对手恐怕也无法企及。沃尔玛正放弃与亚马逊线上零售的竞争，转而利用沃尔玛现有门店，建构混合营销模式。凯西·罗伯森（Cathy Roberson）说："多渠道营销模式是零售商承认他们无法与亚马逊在线零售匹敌的另一种方式。"[69]

这一切是如何发生的？部分原因与温水煮青蛙同理。有些竞争对手直到水开始沸腾时才意识到亚马逊在做什么，采取行动为时已晚。其他竞争对手，比如沃尔玛，则被他们现有的成功业务模式拖累。沃尔玛以实体店为主，当亚马逊还仅仅是沃尔玛业务的一个零头时，沃尔玛认为完全重组其物流网络似乎蠢不可及。而现在则为时已晚。当然最重要的是，亚马逊的投入空前绝后。2019年杰夫·贝索斯曾说过："自2011年以来，我们在全球范围内投资1 500多亿美元铺设订单履行网络、提高运输能力、改善技术基础设施，如亚马逊云科技数据中心。"虽然亚马逊云服务很贵，但其中大部分投资肯定用在物流方面，这也恰恰说明了为什么加拿大电子商务公司小博发（Shopify）的配送能力永远无法与亚马逊匹敌。对于物流，与亚马逊相比，因为沃尔玛既无胆量，也没资源，更没有耐心这么做，所以沃尔玛也无能为力。

亚马逊会为其他企业提供一条龙承运服务吗？可能不会。它也许会在具有战略意义的地方提供服务。例如，在中国制造商和美国消费者之间建立一条统一的通道，在运输能力富足地方承接部分业务，或提高承运容量，扩建运输网络。像美国邮政或美国联合包裹服务公司那样，为任何地方任何人服务，不是亚马逊战略目标。相反，这将成为战略重担，迫使亚马逊在无利可图的地方扩大产能。

物流曾被认为是商业管理中枯燥乏味的部分，平庸的工商管理硕士生才进入物流行业，过着懊悔不已的生活。现在物流行业比较吸引人了。亚马逊决定打造自己的物流网络意义重大。亚马逊数十年来成百上千亿美元的投资、对效率孜孜不倦的追求、全方位提升改善物流——种种努力，造就了今日的亚马逊，同时也预示着亚马逊明日会更加辉煌。

尾　声

亚马逊物流网络的效率简直就是一个奇迹。但它以相当成本支出为代价，成本不只是来自亚马逊，这可能也会造成严重后果。亚马逊不断将流量从如 UPS 和 USPS 的外部供应商转移到自己的物流网络中，该物流系统缺失了这些外部物流公司所提供的相关培训和安全保障，也失去了用它们来分担巨额责任的风险。

相反，亚马逊建立自己的网络，半独立承包商制度。这种模式遍及整个亚马逊网络，包括亚马逊陆运服务部（DSP）、亚马逊无人机送货服务（Amazon Prime Air）、仓库（详见第十一章）。可以说，亚马逊完全合法地将各种服务转移给承包商，而实际上却保持着对其网络的严格控制。它这样做一是为了增加灵活性，避免对雇员的法律保护；二是为了逃避潜在的法律责任。其副作用，也就是经济学中的负外部性由他人承担，那些没有受雇于亚马逊但必须在零工经济中工作的司机便首当其冲，分担相关的风险，获得较低的回报。

我们不知道其中的水到底有多深，但似乎问题比较严重。亚马逊当然可以提供相关数据，推翻这一观点。但数据也可能恰恰表明亚马逊陆运服务部的事故率与联邦包裹服务公司或美国邮政署相似。飞行员声称他们工作过度劳累，飞机维修不达标；货车司机指责他们被亚马逊兔子软件操控，不得不延长工作时间，收入降低。对以上这些控诉亚马逊都可以进行反驳，但它并未采取任何行动。

尾　注

［1］ Scott Needham, CEO BuyBoxer, interview, August 7, 2020.

［2］ Much of the early history draws on Stone, *The Everything Store: Jeff Bezos and the Age of Amazon.*

［3］ Stone, *The Everything Store: Jeff Bezos and the Age of Amazon.* p. 49.

［4］ Saul Hansell, "TECHNOLOGY; Amazon Ships to a Sorting Machine's Beat," *The New York Times*, January 21, 2002, sec. Business.

［5］ Stone, *The Everything Store: Jeff Bezos and the Age of Amazon.*

［6］ Stone, *The Everything Store: Jeff Bezos and the Age of Amazon.* p. 72.

［7］ Stone, *The Everything Store: Jeff Bezos and the Age of Amazon.*

［8］ James P. Womack, and Daniel T. Jones, *The Machine That Changed the World: The Story of Lean Production Toyota's Secret Weapon in the Global Car Wars That Is Now Revolutionizing World Industry*, Scribner, New York, 1990.

［9］ See for example, John Nicholas, Lean Production for Competitive Advantage：A Comprehensive Guide to Lean Methodologies and Management Practices（CRC Press, 2015）.

[10] Marc Wulfraat, "Amazon Distribution Network Strategy," *MWPVL International* (blog), 2020.

[11] Jeff Bezos, Amazon shareholder letter, 2009.

[12] Jeff Bezos, Amazon shareholder letter, 2013.

[13] Stone, *The Everything Store: Jeff Bezos and the Age of Amazon*, p. 181.

[14] MWPVL International. http://www. mwpvl. com/html/amazon _ com. html Accessed August 1, 2019.

[15] Estimated at 173 centers and 126 million square feet in 2017. MWPVL International. http://www. mwpvl. com/html/walmart _. html Accessed August 1, 2019.

[16] Elisabeth Weise, "Amazon Pushing Hard into Ocean Shipping, Making It Easier for Chinese Goods to Get to You," *USA TODAY*, January 18, 2019.

[17] MWVLP. http://www. mwpvl. com/html/amazon _ com. html Accessed August 1, 2019.

[18] Noam Scheiber, "Inside an Amazon Warehouse, Robots' Ways Rub Off on Humans," *The New York Times*, July 3, 2019, sec. Business.

[19] "Breaking Through the Noise on AMZN, USPS & FDX/UPS," Deutche Bank, April 24, 2018.

[20] Marc Wulfraat, "Amazon Building New Sortation Network," *Supply Chain Digest* (blog), July 23, 2014.

[21] Trung T. Phan, "The next Frontier in Amazon's Empire," *The Hustle*, November 12, 2020.

[22] Amazon. See www. relay. amazon. com.

[23] Amazon, "Book Work in Advance and Get Guaranteed Revenue for Trucks Provided through Amazon Relay," *Amazon Relay* (blog).

[24] Amazon, "Amazon Relay Load Board Connects Small Trucking Businesses to Our Network," *Amazon Relay* (blog).

[25] Chris Wetterich, "Here's What Amazon's Air Hub at CVG Will Look like," *Cincinnati Business Courier*, May 15, 2019.

[26] Joseph P. Schwieterman, and Jacob Walls, "Insights into Amazon Air: 2020's Transportation Juggernaut," *Chaddick Policy Briefs*, n. d. , 17.

[27] Joseph Schwieterman, interview, May 28, 2020.

[28] Schwieterman, and Walls, "Insights into Amazon Air: 2020's Transportation Juggernaut. "

[29] Brandy Betz, "Amazon Plans 1, 000 Delivery Hubs in Smaller Towns," *Seeking Alpha*, 23: 19 400AD.

[30] On Uber pay, see Lawrence Mishel, "Uber and the Labor Market: Uber Drivers' Compensation, Wages, and the Scale of Uber and the Gig Economy," EPI, May 15, 2018.

[31] Alana Semuels, "I Delivered Packages for Amazon and It Was a Nightmare," *The Atlantic*, June 25, 2018.

[32] Hamilton Nolan, "'We Are Treated Like Animals,' Say Amazon Flex Drivers," *Splinter News*, April 18, 2019.

[33] bombsawayboy, " R/AmazonFlexDrivers — AMAZON FLEX STRIKE," reddit, June 2019.

[34] Dean Macuiba, interview, July 7, 2020.

[35] See Amazon's guide to starting a logistics business. https://logistics. amazon. com/marketing/getting-started. Accessed August

1，2019.

［36］https：//logistics. amazon. com/marketing/faq Accessed August 1，
2019.

［37］Amazon，"Own Your Own Success — Brochure," https：//
d3a8hw3k243rpe. cloudfront. net/staticassets/Download_Brochure.
pdf Accessed August 1，2019.

［38］Amazon，"Own Your Own Success — Brochure," https：//
d3a8hw3k243rpe. cloudfront. net/staticassets/Download_Brochure.
pdf Accessed August 1，2019.

［39］Hayley Peterson，"'Amazon Has All the Power'：How Amazon
Controls Legions of Delivery Drivers without Paying Their Wages
and Benefits," *Business Insider*，October 4，2018.

［40］Ken Bensinger，"James Wilson Partial Deposition Hillair Scoobeez
vs Amazon," *BuzzFeed*，January 28，2020.

［41］Bensinger，"James Wilson Partial Deposition Hillair Scoobeez vs
Amazon. "

［42］Ken Bensinger et al. ，"Amazon's Race To Build A Fast Delivery
Network：'The Human Cost Of This Is Too Much'," *BuzzFeed*
News，April 24，2019.

［43］Breaking Through the Noise on AMZN，USPS & FDX/UPS.

［44］Eugene Kim，"Amazon to Spend ＄800 Million This Quarter to
Make Free One-Day Shipping the Default for Prime Members,"
CNBC，April 25，2019.

［45］Amazon annual reports.

［46］Weise，"Amazon Pushing Hard into Ocean Shipping，Making It
Easier for Chinese Goods to Get to You. "

［47］Dean Maciuba, interview, July 7, 2002.

［48］Kaziukenas, "Amazon Racing to Remove the Fulfillment Bottleneck."

［49］Matt Leonard, "RBC: Amazon Logistics' Planned 2020 Growth Exceeds Previous 3 Years Combined," *Supply Chain Dive*, September 21, 2020.

［50］Mike Hockett, "Amazon Doubles Truck Fleet to 20,000 in One Year," Thomas Insights (blog), December 17, 2019.

［51］John Paul Hampstead, "Breaking: Amazon's Digital Freight Brokerage Platform Goes Live," *FreightWaves*, April 26, 2019.

［52］Eugene Kim, "Amazon Is Offering 50 Percent Cheaper Shippingthan UPS for Some Sellers," *CNBC*, November 9, 2018.

［53］Vishnu Rajamainckam, "JD. com Opens Automated Warehouse That Employs Four People but Fulfills 200,000 Packages Daily," *FreightWaves*, June 25, 2018.

［54］Rick LeBlanc, "Pallet Enterprise: Amazon's Relentless Focus on Customers and What That Means for Pallets Going Forward," *Pallet Enterprise*, March 7, 2019.

［55］Kevin Harrigan, "Amazon's New Sorting Robot 'Highway,'" *Electronics 360*, June 28, 2019.

［56］"Amazon In-Garage Delivery Expands to Millions More Prime Members in Over 4,000 Cities," *Business Wire*, November 12, 2020.

［57］Mark Matousek, "Amazon Driver Reveals How Rivian Van Could Solve Big Headaches," *Business Insider*, September 19, 2020.

［58］Michael Sheetz, "There's a Unit inside Amazon That Will Be a $31

Billion Business in Four Years, RBC Says," *CNBC*, December 6, 2019.

[59] Dean Macuiba, interview, July 7, 2020.

[60] Betz, "Amazon Plans 1,000 Delivery Hubs in Smaller Towns."

[61] Spencer Soper, "Amazon Plans to Put 1, 000 Warehouses in Suburban Neighborhoods," *Bloomberg. com*, September 16, 2020.

[62] Alex Pellas, "Amazon Logistics Has Arrived... Early," *Rakuten Intelligence* (blog), July 2, 2019.

[63] Darrell Etherington, "Amazon to Acquire Autonomous Driving Startup Zoox," *TechCrunch*.

[64] Farhad Manjoo, "Think Amazon's Drone Delivery Idea Is a Gimmick? Think Again (Published 2016)," *The New York Times*, August 10, 2016, sec. Technology.

[65] Minghe Hu, "Meet 'Competent Donkey' — a Last-Mile Delivery Robot from Alibaba," *South China Morning Post*, September 17, 2020, sec. Tech.

[66] Eytan Buchman, "The Rise of Amazon Logistics," *Transport Topics*, August 20, 2018.

[67] Buy Box Experts, "What Is Amazon's Seller Flex? Why Should Brands Care?," *Buy Box Experts* (blog), November 27, 2017.

[68] Amazon Annual Reports.

[69] Cathy Roberson, President Logistics Trends and Insights, interview, June 16, 2020.

第五章 |
亚马逊商城： 亚马逊作为平台

　　许多卖家入驻亚马逊是为他们的零售业务物色新的销售渠道，或是快速开创公司新业务。但他们转眼发现亚马逊已成为他们的广告公司、网络门店、存储仓库以及物流承运商。对一些公司来说，亚马逊还是他们的银行以及销售税缴纳的中介机构。亚马逊制定规章制度，并强制所有卖家遵循。

——乔希·季耶扎（Josh Dzieza）

　　分成制历史悠久，特别是在苏格兰、爱尔兰、许多非洲被殖民地区，以及南北战争后美国大部分南方地带。这些地区以新型制度取代奴隶制，地主和佃农（没有自己土地的农民）各得其利。地主主导，通过与佃农签署的合同、开设的种植园商店、所控制的能将原棉变为可销售的半成品的机械，以及地主对地方政府和执法部门的影响力，把佃农捆绑在土地上。美国内战后的重建过程中，奴隶制度虽被消除，但是赋予自由的承诺很快被无情抛弃。在某种程度上，就像被取而代之的奴隶种植庄园一样，地主严格监督佃农。佃农需要土地来维持生计，别无选择；地主需要佃农取代流失的奴隶，因而分成制得以延续。

　　亚马逊商城就像现代分成制，虽然暴力程度不尽相同，但是暴利模式相近。亚马逊拥有"土地"，即平台，然后招募"卖家"，收取提成。卖家若想在平台上卖货，必须接受亚马逊制定的提成比例（费用），遵守亚马逊的规则。卖家完全遵照亚马逊的命令在"土地"上耕耘，其受剥削程度尤甚于重建时期的佃农。佃农至少名义上受到法律保护，而亚马逊却可以随心所欲改变交易条款。

亚马逊平台上有 200 多万活跃的独立卖家，多数卖家认为亚马逊的条款可以接受。平台相当于一个微型企业的世界：大约四分之三的企业有四名或更少的员工；只有 4% 的企业有一百或一百人以上的员工。[1] 从亚马逊的角度来看，其商城模式极其成功。它可能是亚马逊零售业务的未来。2019 年，它占亚马逊在线平台总商品销量（总销售额）的 58%，且每年增长 2%～3%。

在战略上，亚马逊商城是亚马逊的业务核心。它创造的营业收入比其他任何部门（包括亚马逊网络服务）都多；它可以无限扩展；它协助亚马逊实现了一个建立"万物商店"的主要梦想。然而，亚马逊商城对亚马逊传统在线零售业务也构成威胁，甚至是生死存亡的威胁。商城的成功给平台创造了一个达尔文式恶性竞争环境，亚马逊自营店与其他卖家一样，也面临着激烈的竞争。亚马逊自营店犹如一条巨型电子商务鲸鱼，被成千上万条鲨鱼围困，每一条鲨鱼都虎视眈眈，有望成为其分类市场的优势捕食者。出乎意料的是，从其零售业务亏损严重、亏损额不断上涨情况表明亚马逊自营店无法应对此类挑战（见第九章）。这很可能是亚马逊从零售业务转向发展商城平台的主要原因之一。

亚马逊商城的成功可能给亚马逊造成第二个更为致命的威胁。亚马逊商城被称为粪池，假货滥竽充数，骗子层出不穷，他们利用各种花招诡计，进行招摇撞骗。良心商家们不仅要面对这些恶行不断的攻击，还面临着亚马逊所施加滥用抵制手段带来的巨大压力。如果情况持续恶化，卖家忍无可忍则会逃跑。亚马逊一旦失了民心，一切即将土崩瓦解。欧盟 2020 年 11 月发布的一篇调查报告显示，商城里的不法行为一直是监管者关注的核心问题。

起　源

1995 年亚马逊开始营业时，亚马逊商城尚未创建。亚马逊最大的竞争对手是易趣（eBay），易趣营收额更高，卖家更多。当时拍卖模式似乎有望成为电子商务的主流，但是因为亚马逊的两个在线试营商店，士多（zStores）和亚马逊拍卖行（Amazon Auctions）不在亚马逊主页上，顾客找不到它们，所以这两家商店都一败涂地。[2]亚马逊不得不另辟蹊径。

于是亚马逊做了一件令人难以置信的事。它以同等条件向第三方卖家开放网站。若第三方卖家提供的价格更优惠，就能击败亚马逊自营店的报价。至少理论上如此，通常实践中也确实如此。开放平台使杰夫·贝索斯建立"万物商店"终成可能：尽管亚马逊自营店不能向你出售一切货品，因为没有一家零售商能够存储世上所有物品。但如果亚马逊能够吸引足够多卖家使用它的平台，也许你仍然可以通过亚马逊购买任何物品。

1997 年，亚马逊就提出与其他零售商共享平台，这一创意非同寻常，极具颠覆性。当然，充满竞争商家的集市已经存在了几个世纪，世界各地都有露天市场或类似的集市，更不用说购物中心了。但集市不会让店主与其他卖家直接竞争。亚马逊商城却会这样做。

在美国，零售商场是从曾经聚集在商业区的小店演变而来，从百货公司到购物中心，再到超市和大卖场。大卖场跟其他机构共享部分空间。许多大卖场里设有银行网点、星巴克或眼镜店。但是没有一家商店会欢迎竞争。梅西百货(Macy's)不会邀请布鲁明代尔百货公司(Bloomingdale)的部分品牌入驻,家得宝(Home Depot)也不会为劳氏公司(Lowe's)的商品提供空间。但亚马逊商城却可以。

这些第三方("3P")卖家迫使亚马逊自营零售运营("第一方",即"1P")的每种零售单品每天与其展开竞争,这使亚马逊日趋完善。第三方卖家极大地扩充了亚马逊的产品目录,却不会给亚马逊增加成本和风险。亚马逊收入可观,从他们并未参与的交易中获利颇丰(见第九章)。

商城运作方式

2010 年,商城商品约占亚马逊平台商品总量(GMV)的 30%;到 2019 年,经过一段稳定增长的时期,这个比重达到 58%(见图 10)。[3] 按照这个发展速度,2030 年后,商城商品将约占亚马逊平台零售商品总额 80%。商城的注册流程高度自动化。商品上架标准程序制作简单,亚马逊提供大量在线培训和视频教程。商城里有大约 90 万活跃的美国卖家,[4] 其中一些经营良好;据亚马逊数据显示,2019 年卖家的平均总销售额为 16 万美元,3 700 多家卖家的销售额超过 100 万美元。[5] 在过去几年中国卖家迅速崛起。上述活跃的卖家中约 40% 位于中国。[6]

卖家加入商城主要是因为可以接触到美国最大的在线客户群,特别是亚马逊金牌会员。对于新手卖家来说,商场易于使用:它大大降低了启动成本和营销成本,为零售业务运营细节如库存管理、订单处理、货品运输、退货及客户服务、支付事宜提供全面解决方案。

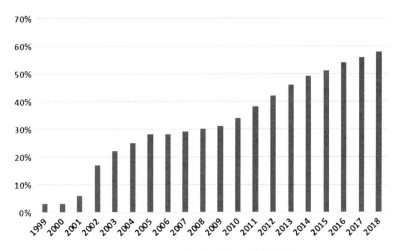

图 10　亚马逊零售平台上第三方销售份额

资料来源：杰夫·贝索斯《致亚马逊股东之信》，2018 年

格罗维斯托营销咨询公司（Grovisto）的首席执行官基兰·帕蒂尔（Kiran Patil）曾说过："当你在亚马逊上销售产品时，你不必建立公司网站、维护网站、开通网关支付，确保所有货品发货到位。这些挑战全都不存在。因此，对于任何一个新手卖家来说，亚马逊就像圣地麦加，你只需上传产品目录，确保商家发货，并投放广告即可。而且每次点击的购买转化率也要高得多。如果你幸运的话，你网站上的点击购买转化率一开始就可能有 1%。"[7]一位资深卖家（兼评论家）杰森·博尔斯（Jason Boyce）表示转化率甚至比 1% 高："我经常看到亚马逊的转化率最低 10%，最高达 50%，平均约 20%。该网站有一大批极具购买意向者。"[8]

一旦一个新品发布，刺激销售急剧上升的因素之一是：赢得"黄金购物车"（Buy Box）。在亚马逊网站上每一次搜索都会转到搜索结果页面，展示一系列符合购买要求的商品，但只有一个是默认选项。

一键购买让顾客只需点击一次就可以购买商品——所有烦琐的地址和信用卡信息都已经存档了。在"搜索结果"页面上，只需单击"购买框"中的商品，即可购买。在某些卖家形形色色的商品类别中，80%~90%的销售额由"黄金购物车"贡献。[9]一旦赢得"黄金购物车"，亚马逊大量订单就可能接踵而至。这就是为什么咨询顾问、视频和油管频道（YouTube）没完没了地吆喝帮助卖家做到上述一点。相反，淹没在搜索结果第四页的商品甚至不如行尸走肉。亚马逊商城对于一些商家是狂欢盛宴，对另一些无异于饥荒连连。

　　一旦卖家收到订单，他们可以选择自己发货，也可以让亚马逊代为发货。小额卖家通常自己发货。他们控制销售流程，决定送货日期，从运费上小赚一笔。例如，二手书销售商通常自己发货；拥有自己物流的大公司也是如此，至少在某些区域如此。

　　亚马逊允许卖家自行完成销售流程，但是卖家将为此付出代价。亚马逊1.12亿美国金牌会员贡献平台绝大部分销售额。若要售货给会员们，卖家必须达到亚马逊平台1~2日送货期限的要求。对于规模较大的卖家来说，成为"会员的卖家"是保证销售额的关键——否则销售量将急剧下降。因此，这些卖家面临的选择非常明确：提高自己的物流管理能力，达到亚马逊的水平，或者把物流外包给亚马逊。随着亚马逊平台送货时间缩短，卖家的压力也日益增加，使用"亚马逊物流"（Fulfillment By Amazon，FBA），由亚马逊自营物流完成送货的动力逐步增加。通过"亚马逊物流"，亚马逊可以完成商品交易的整个过程。它不仅提供货物存储，还提供包装、标签、运输，甚至客户服务。卖家只需要保证在亚马逊仓库里有足够的库存即可。超过85%的美国亚马逊顶级卖家有一半以上的商品只使用"亚马逊物流"，高于三年前的56%。[10]2019年，非德威泽公司（Feedvisor）估计，一半的卖家只使用"亚马逊物流"，另外四分之一的卖家至少有一段时间使用"亚马逊物流"。[11]亚马逊最近宣布,从 2021 年 2 月起,第三方卖家必须明确符合亚马逊的送货标准,包括 1 天、2 天送货和周六送货,才能保住亚马逊会员徽章(Prime badge)。[12]

卖家坚信,使用"亚马逊物流"对神秘的"黄金购物车法则"产生影响,这不无道理。"亚马逊物流"确保客户获得可靠的体验,这显然是决定谁赢得"黄金购物车"的因素之一。亚马逊商城顾问帕特·帕翠尔(Pat Petriell)认为:"'亚马逊物流'是卖家用来帮助他们赢得梦寐以求的'黄金购物车'最有效的手段。"[13]尽管亚马逊在正式声明中提到,采用"亚马逊物流"与否,并非决定是否赢得"黄金购物车"的直接因素。但良好的运输和客服记录显然很重要。而"亚马逊物流"(至少对于亚马逊来说)便是最佳选择。[14]更具体来讲,杰森·博尔斯(Jason Boyce)提道:"与使用其他物流公司从自己仓库发货相比,采用'亚马逊物流',获得亚马逊会员徽章,卖家平均单位销售量会提升 30%。"[15]

除了有助于提升销售额,"亚马逊物流"也是卖家生存的保障。对不履行交货承诺的卖家,亚马逊的容忍度几乎为零,延迟交付或错误交付的卖家可能会被暂停营业甚至被踢出平台。卖家的这些行为会直接影响客户,而亚马逊则将全力支持其客户。物流追踪记录是一项关键的客服指标,若未能做好这一点,卖家可能在平台做不了生意。使用"亚马逊物流"则可完全消除此风险。一旦使用亚马逊物流,延迟交货就是亚马逊失职,而非商家责任。

"亚马逊物流"并非免费。亚马逊收取配送费和仓储费,附加服务需要额外付费,[16]例如标签费用为 0.30 美元。亚马逊还可以处理平台以外的订单,比如卖家自己网站的订单。卖方也可以增加紧急交货;让亚马逊处理退货,清除未能售出的库存,或者将其退还回给他们;甚至可以让亚马逊准备出口所需的文件。亚马逊的目标是以可接受的价格提供统包服务,这正是"亚马逊物流"所起的作用。第九章的分析表明,总体而言,通过"亚马逊物流",亚马逊平台在运输和订单履行方面收支平衡。对许多卖家来说,使用"亚马逊物流"比他们亲自运输更便宜,更快捷。

亚马逊商城是一个复杂的生态系统。平台提供工具,帮助卖家提高销售量,增加营业额。因此,有些商品打上"亚马逊推荐"(Amazon's Choice)或"热销产品"(Best Sellers)的标签,[17]这些都是吸引客户注意的手段。亚马逊声称这些标签是基于某些机密标准,自动产生的,但也可能是亚马逊自营店提升其零售产品销量的法宝。亚马逊自营品牌产品,如电池和电脑网线,因价格便宜、用户评价极高、当日收货等因素,可能获得"亚马逊推荐"标签。然而,其大型竞争对手就难以获此殊荣。例如截至 2019 年 12 月,各类型号的苹果平板电脑(Apple iPad)从未获得推荐标签[18]都没获得过这个标签。亚马逊没有透露推荐标签是如何分配的,或许完全由计算机算法控制,也有可能部分人为指定。2020 年 3 月亚马逊向美国众议院提交的证词表明"亚马逊并未人为操纵商品"。这一声明完全无关痛痒,它当然不会人为操纵! 因为它有神秘的计算机算法呀。[19]有时亚马逊的行为更加直接,如 2018 年,耐斯特品牌产品(Nest)被完全停止上架销售。[20]

在畅销排行榜或销量排名(Best Seller Rank,简称 BSR)的同类商品中销售额位列前 100 名的商品,有望赢得"热销产品"标签。类别可以是宽泛的,如"园艺",也可以是具体的,如"3 英寸植物支架",两者都有各自的畅销排行榜,尽管分类越宽,排名靠前越难。正如"亚马逊推荐"标签一样,"热销产品"标签也有助于提高销售额。和其他方面一样,精确的权重和算法都是保密的,因此很多卖家认为算法偏向亚马逊,对其有利。

亚马逊商城其他举措更似公关策略。例如,亚马逊兜售"店面计划"(Storefronts program),允许卖家在亚马逊平台上开设虚拟商店。该计划只面向已在品牌注册(Brand Registry)列表里的美国中小型企业,这可能对在亚马逊平台外有流量的公司有用,然而"店面"概念与亚马逊搜索引擎冲突,而该搜索引擎是在亚马逊平台搜寻商品的主要工具(见第八章)。亚马逊对外宣称拥有 3 万家网店,近些年来通过这些网店已售出 2.5 亿件商品,但毕竟商城仅在 2018 年就售出了 34 亿件商品,这还不及亚马逊商城销售额四舍五入舍弃的零头。[21]同样,在 2015 年亚马逊推出了"亚马逊手工艺品"(Amazon Handmade),目标直接打压易集(Etsy)这一销售独一无二手工作品的重要市场,同时是笼络小企业的公关策略。事实上,"亚马逊手工艺品"的客户和亚马逊的其他客户一样,也是通过搜索引擎寻找产品。但手工作品要么十分独特,要么数量稀少,因此难以与批量生产的商品抗衡,因为批量生产的商品在使用计算机算法的亚马逊搜索引擎的排名更高。[22]话虽如此,"亚马逊手工艺品"的卖家仍能因亚马逊客户基数庞大而从中获利,因而对其感激有加。

亚马逊希望卖家生意兴隆,客户心满意足,因此它为卖家提供各式各样的工具,改进上架货品信息,增加货品吸引力。A+类工具免费使用,可添加高清视频、高质量照片、规格比较图表。A++类工具使用年费 25 万到 50 万美元之间,可以为精选品牌添加特色展示效果。亚马逊声称使用 A++类工具可提高 15%的订单成交率(尽管有些观察家并不以为然)。[23]另有些工具可为卖家开展自动减价等促销活动,如高需产品 24 小时大促销("每日优惠")、限量产品 6 小时促销("闪电优惠")、延时促销("7 日优惠")、优惠券以及"买 X 得到 Y 促销优惠"(如"买 3 个,打 8 折")。亚马逊有时收取促销工具使用费,例如"7 日优惠"工具的使用费为 300 美元,并按点击次数或使用次数收取优惠券费用。[24]

　　卖家必须管理海量信息。每位卖家的"卖家中心"仪表盘（Seller Central dashboard）都具有自动数据可视化工具和分析功能。它们追踪平台上卖家所有活动，传递亚马逊平台信息，提供定制商业报告。之前有些工具非常昂贵（每年 3 万美元），但从 2019 年开始转为免费提供。[25]"卖家中心"有自动化卖家教练（Seller Coach），向卖家推荐可上架的新品；标注卖家可生产或受启发的畅销商品；突出最关键词语，增强广告效果；确定何时更新库存；提供定价建议；等等。自动化卖家教练能够结合合作零售商家的过往行动和客户需求，大规模地向数百万商家提供个性化指导。[26]

　　这些自动化工具帮助卖家确保他们报价最低。当这些工具发现亚马逊平台或其他平台商品价格更低时，会通知卖家并"要求"他们相应地降低价格。杰森·博尔斯（Jason Boyce）指出："当亚马逊网络程序发现其他电商的价格更低时，他们会毫无预警，阻止'购买框'中此类商品出售，该商品因此无人问津，排名急速下降……他们从未事先警告或给予时间来纠正差价。"[27]从 2017 年开始，差价预警出现，并慢慢普及。[28]如果卖家不服从修改差价，亚马逊将会阻止该产品被加入"购买框"，销量立即停滞；[29]或者该商品会从亚马逊的推荐引擎中剔除。这些定价要求极其严苛，即使对大公司来说也极具挑战，这就是为什么一些公司渴望利用亚马逊独有品牌作为妥协方案（见第八章）。

　　其他问题也接踵而至，如产品的质量安全问题和责任问题。《华尔街日报》发现亚马逊平台销售大量存在质量问题的商品，[30][31]其中一些已经造成严重伤害。[32]正如亚马逊法律策略评论家保罗·拉费尔森（Paul Rafelson）所说，亚马逊可以轻而易举地让卖家购买 100 万美元的美国产品责任保险。[33]常驻卖家杰森·博尔斯（Jason

Boyce）声称，当他刚开始在亚马逊上销售商品时，他必须购买价值400万美元的责任保险，但这一规定在2010年左右被悄悄取消。[34]后来亚马逊多起官司败诉，于近日支持由商城所有者来承担责任的法律规定，前提是其竞争对手虽然资源更少，但是也必须遵守此条规定。[35]

同样，收取各州消费税也存在搭便车现象。从技术上讲，消费税应该由第三方卖家先收取，然后再上缴。但是，对销量较小的卖家来说，要处理43个不同地区的州税，简直荒唐之至。2018年美国最高法院对威菲尔公司（Wayfair）一案的判决，尽管各州并不一致认同，但为税收指明了方向，为小型卖家提供了一个安全的港湾。可是亚马逊可以轻而易举地解决这个问题。它已经对自营店的销售征收各州消费税，为第三方卖家代理州税，这在技术上毫无问题。[36]亚马逊甚至可以向卖家收取消费税代理费。但是亚马逊显然没有意识到这不仅仅是一个技术问题，而是一个社会问题，足以影响许许多多的微小商户。

亚马逊以权谋私

亚马逊平台因仗权谋私，饱受诟病。美国众议院2020年员工调查报告描述了卖家形形色色的控诉，怨声载道，他们认为亚马逊恶意破坏他们的经营。杰森·博尔斯为此调查作证。以下是基于对他的一次详细访谈后，所了解到的他的故事。[37]

2002年，博尔斯从海军陆战队退伍之后，和他的兄弟一起创业——直接向客户销售篮球架。公司业务相当成功，该公司，也就是超级篮球架公司受邀在亚马逊平台销售。其时亚马逊刚刚招聘了第一位业务主管,负责招募体育和户外运动类别的卖家。入驻亚马逊易如反掌,不费吹灰之力。博尔斯使用基本的 CSV 文件将一系列产品上传到亚马逊平台,然后公司下载订单信息,安排发货,给亚马逊15%的分成。亚马逊负责缴纳信用卡费,吸引流量。博尔斯认为在亚马逊上售货比在易趣上售货是一大进步,他很高兴能与亚马逊品牌建立联系。当时,斯伯丁(Spalding)是他销售的最重要的品牌之一。加入亚马逊后,超级篮球架公司连续三四年成为斯伯丁品牌在线零售商霸主。

接着亚马逊推出"黄金购物车",与公司产品并排罗列,并让其他卖家在下方展示完全相同的产品,尽管超级篮球架公司自己负责网页设计、品牌推广、营销策略和产品上架。博尔斯说,"黄金购物车"的设置损害了公司经营,但并未对其造成生存威胁。然而紧接着亚马逊自营店涉足其中。一夜之间,"亚马逊自营店出售并承运"的货品出现在"黄金购物车"中,标价比超级篮球架公司零售价低 20%～30%,博尔斯马上意识到第一阶段的经营已经走向终结。超级篮球架公司是斯伯丁的大型分销商,直接从斯伯丁低价进货。亚马逊拥有超级篮球架公司所有的数据,它知道超级篮球架公司每日、月、年销售额以及具体售价,并能准确预估降低售价能大大增加销量。亚马逊带着这些信息跟斯伯丁谈判,以更高的进货量大大压低进货价,斯伯丁同意了。

博尔斯想方设法,另辟蹊径。他开创不同的营销策略,跟斯伯丁共同开发独家销售产品。故事进入了第二阶段。他要求斯伯丁制造一些独特的产品,使用自己的商品条形码(UPC code),由超级篮球架公司独家代理销售。斯伯丁同意了,并生产了五六个独家产品。这一新方法出奇制胜——销量翻了一番。因为该产品是独家销售,所以每一种产品都是"购物框"中唯一商品,即使价格偏高,生意依然蒸蒸日上。不久博尔斯接到斯伯丁销售代理的电话，对方泪流满面。就在刚才，亚马逊致电他的上司，说如果斯伯丁不同意向他们出售超级篮球架公司的独家产品，就将斯伯丁所有的产品从亚马逊平台下架。博尔斯试图反抗，辩称亚马逊只不过是在虚张声势罢了，况且斯伯丁与他签订了协议，授权他独家销售。然而，超级篮球架公司只是一家小小的公司，它并未跟斯伯丁签订复杂的合同，也不希望和斯伯丁卷入官司。毫无疑问，超级篮球架公司再次一败涂地。斯伯丁直接把独家经营权授予亚马逊。博尔斯的其他供应商也出现了同样的情况，亚马逊对他们进行了全方位的打击。

超级篮球架公司现在改名为达泽迪公司（Dazadi），依旧需要新的营销策略。如果它不想和其他公司竞争"黄金购物车"，又被亚马逊窃取了独家产品，它今后该何去何从？眼前还剩一条路：从头开始建立自己的品牌。它的确这么做了，将其品牌命名为哈维尔（Harvil），专门打造气垫台球桌、桌上足球、台球桌等家庭休闲区用具，使用公司自有商品条形码，入驻亚马逊的品牌注册。它现在完全拥有旗下所有产品。当时，此类市场由老牌公司掌控，主要迎合中年男性需求，但博尔斯对销售数据进行跟踪调查，发现实际上母亲们才是公司最大的客户群体。公司很快重新设计出与亚马逊平台上截然不同的产品，更偏向中性，对妈妈们更具吸引力。销售额暴增，达泽迪公司年销售额迅速达到2 000万美元。

在2016年左右，博尔斯注意到一个新品牌，名为拉里劳尔（Rally and Roar）。它所销售的产品跟他们公司的一模一样，甚至连配色都相同。这个品牌的产品占据了搜索结果界面的重要位置；通常为搜索结果界面前二、三的位置，而这些位置是为"赞助产品"预留的，即留给投入广告的商品或亚马逊自营店的商品。结果证明，拉里劳尔正是亚马逊的一个品牌。达泽迪公司成功地与亚马逊对抗了三年，博尔斯认为达泽迪比亚马逊更擅长营销,但是他和他的兄弟们不想等来最坏的结果。对他们来说,这是家族企业。他们一致认为是时候离开了。

博尔斯的故事反映了亚马逊不择手段,铤而走险,亚马逊唯利是图地挑选业已成功的产品。亚马逊采用完全合法的手段,利用商城平台搜寻产品,一旦发现销量巨大,有望盈利的产品,立马采取行动。博尔斯的经历就是一个典型例子。

亚马逊如何将商城货币化

亚马逊商城通过收取佣金、物流费、履行订单费、广告费来赚取收入。2019 年,他们总营收达 679 亿美元,更重要的是,预计运营收入(利润)高达 319 亿美元,成为亚马逊的财务支柱(具体分析详见第九章)。

亚马逊对商城里出售的大多数商品收取 15% 的佣金,但也有一些例外,比如大多数电子产品的佣金为 8%(完整佣金价目表参见本章附录一)。每件商品的最低佣金通常是 30 美分。假设佣金平均为 15%,那么 2019 年亚马逊向商城卖家收取的佣金总额为 280 亿美元,[38]而"亚马逊配送服务"总收入约为 250 亿美元,约占商城总销售额 13.5%(对于实际使用亚马逊物流的卖家而言,占比会更高)。

广告也快速成为亚马逊的重要收入来源。2019 年,广告收入为 141 亿美元,约占商城销售总额 7.5%。对于卖家来说,广告在很大程度上成了强制要求:投入广告的商品被排列在搜索结果页面的顶部,而 45% 的产品实际浏览量(用户在搜索后的下一次点击)来自第一页的前三行。[39]亚马逊也会为自己的零售商品做广告,但这些广告并没有产生相应的广告收入。

　　总而言之，亚马逊向卖家收取的推荐费约占商城销售总额的15%，亚马逊物流费平均占13.5%，广告费占7.5%，因此亚马逊赚取了大约总销售额的36%，这与亚马逊年度报告中公布的数字相符。商城中大约有60%的卖家使用"亚马逊配送服务"，因此，对于不使用亚马逊物流的卖家，亚马逊最终平均收取销售额的22.5%（佣金加广告费），而对于使用亚马逊物流的卖家，亚马逊会以佣金、广告以及物流等形式收取销售额的45%。[40]

　　对于商家来说，总销售额的36%听起来负担沉重。事实上，实体店通常收取更多的费用：例如，书店期望出版商给予至少50%的折扣。沃尔玛的利润空间约为30%。亚马逊收取的费用里包含广告费和订单履行费，实体店也会从别的渠道收取——例如，书店会对放在黄金位置的书籍收取大量促销费，出版商还要支付运费和退货费。因此，尽管一些卖家对高额的费用表示不满，尤其是广告费，但亚马逊全套服务的报价还算合理，而这恰恰是亚马逊吸引了200多万卖家入驻的原因。这些卖家到头来还是完全依赖亚马逊平台。作为佃农，他们只能接受条款规定或是去别处谋生，除此之外别无选择。

市场监督：良心卖家、不良商家、亚马逊的司法系统

　　不良商家对亚马逊构成巨大威胁。如果商城沦为腐败造假充斥之地、盗贼强盗销赃之所，卖家和客户终将逃离，亚马逊核心零售产业也将分崩离析。面对这种潜在威胁，亚马逊反应迟钝，应对方法并不奏效，实在出人意料。上述问题确实存在。像辛西娅·斯汀

（Cynthia Stine）、克里斯·麦卡贝（Chris McCabe）和斯科特·尼达姆（Scott Needham）等顾问都曾指出，过去几年不良卖家数量激增。[41]亚马逊自己也承认，仅在 2018 年一年时间里，它就在 100 多万个疑似不良商家产品发布且上线销售前，对他们的账户进行封号处理申请；[42]并撤销 30 多亿条不良商品信息。[43]然而，亚马逊没有提供具体情境。例如，封号账户占总申请账户的比例是多少？或者不良商品信息占总撤销商品条目的比例是多少？

到目前为止，造假是商城最受瞩目的公共问题，部分原因在于有些受害者是大品牌，他们可能会大吵大闹；或者因为一些品牌本不在亚马逊上销售，给了造假者乘虚而入的机会。[44]到 2019 年，约四分之一的亚马逊卖家表示，他们最大的顾虑便是假冒产品。[45]

亚马逊开发出功能强大的工具，直接监督平台，为品牌产品保驾护航，但是坚决推卸为商城上架产品负责。例如，即使是知名品牌（其品牌并未在亚马逊平台设点销售），亚马逊也不会协助他们，追踪违反协议在亚马逊平台销售商品的经销商。品牌卫士公司（Brandeguarde）的员工德里克·汤普森（Derek Thompson）指出，品牌需要自行追踪销售假冒产品的商家，向他们发函，要求撤货；监管品牌销售渠道是各大品牌自己的事情。[46]

亚马逊提供了两个关键的防伪程序："品牌注册"（Brand Registry）和"零号计划"（Project Zero）。"品牌注册"为各大品牌公司提供工具，监督平台假冒产品的销售情况。品牌公司可以使用一个名为"违规举报"（Report a Violation）的工具，迅速警示亚马逊潜在的知识产权（IP）侵权行为。亚马逊使用自动文本和图像搜索技术，根据"品牌注册"的信息进行搜索，下架假冒产品。亚马逊每天扫描平台上数十亿个上架的产品，它声称删除的产品条目比品牌公司自行追踪到的产品数目多 100 多倍。[47]

目前已有 20 多万个品牌在"品牌注册"登记备案，亚马逊声称登记过的品牌发现和报告侵权产品的次数比"品牌注册"项目启动前减少了 99%。有些品牌的确感激这些工具的开发。卡西欧的一位发言人说："使用'亚马逊品牌注册'后，卡西欧在保护知识产权方面实现了巨大的飞跃。负责这个项目的团队回复极快，知识渊博，效率超高。"但另一些品牌的经理并不认同。[48]

"零号计划"推出时间较短。服务对象为在"品牌注册"登记过，且使用"举报违规"工具，成功率达 90% 或以上的品牌公司。参与"零号计划"的品牌公司，可以直接删除疑似假冒货品上架信息，无需向亚马逊报备，但是该品牌公司必须保持在"举报违规"方面 99% 的成功率，才能保留这项自助服务。[49]作为"零号计划"的一部分，亚马逊还实施了一项名为"透明"（Transparency）的措施，规定品牌公司可以在其授权亚马逊销售的产品上贴上授权标签。不过，此项措施为亚马逊披露了更多关于产品和公司战略的数据，而且产品只能在亚马逊平台上销售，无法在其他市场售卖。罗伯·邓克尔（Rob Dunkel）说："亚马逊的'透明计划'打着保护品牌的营销旗帜，但其实是一种木马病毒，为亚马逊窃取各公司宝贵的数据。"[50]他的话说出了好几位被采访者的心声。

不良商家使用的工具种类繁多，包括虚假评论。据"评论打假"（Fakespot，一款亚马逊虚假评论检测工具）估计，在 2019 年 10 月亚马逊会员日发布的评论中，有 42% 的评论缺乏可信度——比 2018 年略有上升。[51]然而令人惊讶的是，亚马逊最近决定，评论更多比评论精准更好；2020 年，它推出了一键式评论（One Click Reviews），允许用户使用星级评论（1 到 5 星级），而无须发表任何文字评论。这大大增加了评论的数量，但也导致等级膨胀。如对亚马逊等电商平台产品的评论进行数据分析，帮助用户识别"不自然"的评论的第三方网站,元评论(ReviewMeta)声称,目前亚马逊的平均评分是 4.6,高于变更前的 4.3。这有助于不良商家获利。只需 15 美分,不良商家即可在其产品网页上获得五星点评,而黄金级别的、亚马逊验证的评论每条价值 8 ~ 15 美元。热门产品的星级评分数量在 2019 年翻了两番。[52]

其他问题也同样困扰着商城。随着市场竞争越来越激烈,不良商家瞄准了竞争对手。辛西娅·斯汀指出,把同类产品的头部卖家干掉,已成为不良商家采用的关键手段;这可能足以让他们的产品销量大增,让他们日进斗金[53],因为在同一类别里,头部卖家的销量通常是第二名卖家的数倍之多。

不良商家常常利用亚马逊平台的监管工具来对付遵纪守法的良心卖家。他们指控对手售卖假货,让其品牌被注销;他们谎称拥有某一商标的所有权;他们雇佣水军,发表恶意评论,拉低对手的评分,或者故意飞速拉高对手评分,触发亚马逊平台反操作评论的机制;[54]不仅对竞争对手的产品投反对票,还可以对他们投足够高的票,从而触发亚马逊反对操纵评论的规则;它们虚假定价,这也会导致账号注销;他们故意从对手那里购买产品,然后起诉对方。有案例显示,曾有不良商家委托一家虚假律师事务所提出虚假诉讼。

美国专利商标局(USPTO)称,骗子甚至图谋篡改美国专利商标局(Patent and Trademark Office)的注册列表,把他人已注册的商标"在第三方品牌登记处注册"。[55]然后,他们在品牌登记处声称拥有该品牌的所有权,而该品牌的合法拥有者则发现自己的账号被完全冻结,无法查看上架产品。[56]辛西娅·斯汀称,亚马逊允许一些商品供应商直接修改网站上货品信息,包括一些并非平台商家所售的产品信息[57],所以亚马逊的供应商账户中也存在黑市[58]。一旦有这个权利，不良商家就会修改上架货品信息，使竞争者的商品信息违反亚马逊的规定。比如，改变收到商品的颜色，使得顾客抱怨。或者他们改变了分类。例如有位卖家的儿童玩具被篡改到性趣玩具一栏，这一类别通常被禁止出现在搜索结果中。亚马逊声称已经投入巨资，花费 4 亿多美元用于打击假冒产品上架，并雇佣 5 000 多名员工参与此项工作。[59] 乍一听，4 亿美元似乎很多，但由于使用时间跨度未定，而且用来监管一家拥有 120 万员工，年销售额高达 1 870 亿美元的商城平台，其实这个投入并不多。

　　亚马逊的规模改变了世界。十年前没人会费心去诈骗的廉价小产品，现在这些产品却成了目标。因为即使是这些产品，亚马逊也能在短时间内创造巨大的销量。对于一个骗子来说，赢得某一类别一个月的销售时间，值得做一年的准备。自 2017 年前后亚马逊向中国卖家全面开放该平台以来，这种负面活动已经成为一个更大的问题。亚马逊自己的声明显示，大约一半的卖家都在国外，而中国卖家现在似乎至少占到了市场卖家的 40%[60]。此外，亚马逊加大在中国的投资，远超其他大多数市场。

亚马逊的"司法系统"

　　合法卖家很容易成为亚马逊打击的目标，尤其是那些曾与不遵守亚马逊规则和标准的公司有过交集的卖家，或是遭到客户投诉收到的货品不符合产品描述的商户。[61] 根据菲德咨询公司（Feedvisor）的调查，42% 的卖家最担心的问题是负面评论，这表明他们越来越担心来自竞争对手的虚假评论，以及亚马逊对差评的严厉措施[62]，而后者更加关键。

销售步枪瞄准镜的扎克·普朗斯基(Zac Plansky)因为被对手诬蔑操纵评论而被暂停营业。[63]购买正面评论曾是不良商家典型的销售策略,但现在更有效的做法是为竞争对手购买明显具有欺诈性的正面评论,然后向亚马逊举报。[64]通过诬陷竞争对手,导致其被暂停营业,然后将其从商城除名,此方法十分有效。在普朗斯基的案件中,他所有的上诉都被驳回,最后他只好碰碰运气,给杰夫·贝索斯发了邮件。他认为这封邮件让他恢复了运营。此次暂停营业使他蒙受 15 万美元的收入损失。

和佃农受制于地主一样,亚马逊的卖家也受制于平台。卖家是否存在问题大都由系统自动进行初步判断:根据客户投诉、退货数量、评论中使用的某些关键词以及其他更神秘的变量指标,卖家将会被标注以及受到警告。前亚马逊公司职员、现为卖家顾问的克里斯·麦卡贝(Chris McCabe)[65]表示:"无人能幸免……一旦买家投诉收到的货品与网页介绍的详细信息不符,都可能导致卖家被标注为'不可靠'。"[66]

一旦发现问题,执行部门就会收到通知,然而他们的自主权极其有限:他们似乎只能从预先设置好的反馈语句中选择一条,发送给卖家,因此提供的信息非常有限。有时,发送的通知仅仅意味着卖家信息不全,可以轻松快速地予以修复。在最近一次给国会的回复中,亚马逊声称,80%的卖家可以通过商户中心工具修复存在的问题,自动解除暂停营业的指令。通常卖方被要求严格记录货物从制造商到客户的每一个步骤,尤其是制造商需要容易被查证。这是亚马逊长期战略的一部分,即将商城卖家逐步从中间商转向授权批发商和制造商。

通知也可能导致商家暂停营业,甚至完全被逐出平台。就像亚马逊其他方面一样,其"司法系统"也要求做到自动化和尽可能的节俭。这就形成了一个卡夫卡式①的世界：卖家从来没有被明确告知他们到底做了什么才被勒令暂停营业，或者如何才能恢复营业。有时候，只有通过媒体施加压力后，亚马逊才会恢复卖家营业许可。即便如此，亚马逊也不会承认错误，更不会道歉。它就像电子商务界的花岗岩雕像，丝毫不近人情。[67]

对于卖家的生意来说，暂停营业无疑等于被宣判了死刑。在禁令解除之前，他们无法在平台上销售，亚马逊也可能会扣留尚未支付的营业额。如果卖家使用亚马逊物流，亚马逊会将商品扣押在自己的仓库里，并向卖家收取额外的仓储费、退货运费；如果卖家不想退货，则需支付处理费。网站店铺被封几周可能导致卖家裁员、破产，甚至丧失抵押品赎回权。正如亚马逊的前员工克里斯·麦卡贝所说："对于很多人来说，这是生死攸关的时刻。无法恢复亚马逊账户，他们可能会破产、裁员、流失生意。有人曾因此向我求助，向我哭诉。"[68]

亚马逊无须完全暂停卖家销售，就能让卖家大吃苦头。它可以让产品无法被购买，或者无法被个性化工具识别，无法被推荐。虽然产品仍然在线上，但客户找不到。另一种情况是产品无法加入购物车，或者不被列入会员产品。上述两种情况都不是暂停营业，但是都能导致销量直线下降。不过，暂停营业仍是卖家最为担忧的事情。根据菲德咨询公司的数据，2019年有16%的卖家账户遭遇过暂停营业，超过三分之一的卖家认为他们在平台运作过程中最大的担忧就是被暂停营业。[69]

被暂停销售的卖家可以通过商户中心提出上诉。若要上诉成

---

① 卡夫卡式指受压迫和噩梦般的，常被用来形容不必要的繁琐且令人沮丧的经验，是一种官僚主义体现。

功,卖家通常需要认罪并提出补救计划。但如果上诉失败,认罪结果将导致仲裁成功无望。然而,暂停营业拖得越久越有害,因此卖家会不惜任何代价,速战速决。通常卖家都准备自掏腰包,添加精心设计的质量监控程序来满足亚马逊的需求。[70]正如一位卖家所描述的:"我把你关进监狱,但并未透露你做错了什么;现在给我一个理由,说明为什么我应该放你出去,并证明你不会故伎重演。"[71]克里斯·麦卡贝看到他的客户生活在一种"永久的恐惧"状态中,例如,一位客户被指控伪造他们自己的产品——尽管该产品已在品牌注册处登记过。[72]

这场景像极了《一九八四》①这部小说所描述的那样:即使在消费者新闻及商业频道(CNBC)的重压下,亚马逊也没有提供一个极其不公、后果严重的吊销营业案例的具体细节。[73]辛西娅·斯汀(Cynthia Stine)描述了另一位被暂停营业的客户:客户因涉事正品耐克运动鞋尺码偏小而被暂停营业,而在客户添加一条鼓励买家穿薄袜子的说明后,营业禁令被取消。另一位顾问海威特(JC Hewitt)称,该系统采用强制性认罪、武断的判决以及晦涩难懂的语言,打造了"一个语言蹩脚的卡夫卡式官僚作风集团"。[74]保罗·拉菲尔森(Paul Rafelson)是一位律师,他创立了在线商家协会,帮助卖家团结起来保护自己的利益。他认为:"亚马逊的仲裁系统在公平性和透明度方面与独裁国家旗鼓相当。"[75]亚马逊卖家戴维·布莱恩特(Dave Bryant)也说过类似的话:"亚马逊集法官、陪审团、刽子手三大角色于一身。"[76]杰·海姆斯(Jay Himes)是拉伯顿苏查洛律师事务所

———————

① 《一九八四》(*Nineteen Eighty-Four*)是英国左翼作家乔治·奥威尔于1949年出版的长篇政治小说。这部小说深刻分析了极权主义社会,并且刻画了一个令人感到窒息和恐怖的,以追逐权力为最终目标的假想的未来社会,通过对这个社会中一个普通人生活的细致刻画,投射出了现实生活中极权主义的本质。

（Labaton Sucharow）的律师。他总结说，像亚马逊这样的在线平台"在某种意义上就像是小政府，自行设置谁可以玩，规则是什么，惩罚体系是什么，最后，他们还制定仲裁条款"，这使卖家作为最大的就业机构被阻挡在法院大门之外。[77]

上诉（申诉）系统接收到大量的诉讼请求。由于系统高度自动化，通常很难找到一个员工——尤其是合适的员工——来查找亚马逊要求提供的文件。[78]例如，执行部门负责处理账号注销事宜，但却不提供电话号码，不透露任何有关案件进展的信息。目前尚不清楚聘用账号管理经理是否有效，但是莫尔森·哈特（Molson Hart）解释说："亚马逊此项服务的标价为每月1 500美元，另加销售额0.3%的提成。"这又是亚马逊一项赚钱的手段。[79]一位亚马逊大型卖家指出，亚马逊的经营之道跟托尼·索普拉诺①（Tony Soprano）毫无二致："付钱给我们吧！我们就保护你……免受我们的伤害。"亚马逊却表示，公司提供各种业务指导，包括"库存管理、销售策略以及全球扩张等内容"，但"不提供快速解决账户问题的服务"。然而卖家发现有时内部有个熟人，往往能事半功倍。[80]

如果争端未能解决，《亚马逊商业服务协议（BSA）》明确规定可提交法院仲裁，这意味着所有卖家必须"同意任何争端都得通过个人进行诉讼，不得以群体名义、合并或者委派代表进行诉讼"。集体诉讼本可以解决卖家的群体问题，而不仅是单个卖家的困难。但是以上规定排除了集体诉讼方案，要求每个卖家单独起诉亚马逊，难度之大令人望而却步，因此很少有人愿意这么做。此外，因为"卖家普遍意识到仲裁程序不公平，不太可能产生有意义的补救措施"。根据美国众议院员工报告，在2014年至2019年间，只有163位卖家对亚马

---

① 译者注：托尼·索普拉诺是《黑道家族》电视剧里的黑手党大佬。

逊提起诉讼。[81]

亚马逊声称,将定期审计执行情况,一旦发现错误或诚信卖家被误判时,将及时调整程序。[82]目前尚无公开证据支持这一说法。亚马逊表示,它所有的行动都是出于善意,一视同仁,秉公处理,这一点同样无人证实,也无人了解亚马逊的雄心壮志与现实的差距到底有多大。亚马逊是否区别对待某些公司也无从知晓。当然,如果大卖家获得特殊待遇,并不足为奇。在提交美国国会的证词中,亚马逊声称,在很多方面对卖家的请求都能快速回复。[83]但其证词并未提及账号被错误注销以及上诉的问题。这方面的处理情况没有任何相关资料。

在欧洲监管机构的压力下,亚马逊某些滥用职权的行为受到限制。德国反垄断机构写道:"许多卖家抱怨亚马逊未经证实,突然注销账号,造成营业额巨大的损失。"[84]德国监管机构敦促亚马逊确保提前30天向卖家发出暂停账号的书面通知,并解释暂停的原因,并至少提前15天告知协议的下一步进展情况。然而,克里斯·麦卡贝(Chris McCabe)和斯科特·尼达姆(Scott Needham)都提到亚马逊通常不遵循这些准则,至少在美国是这样的。"最多72个小时。"[85]克里斯·麦卡贝说。卖家很快意识到这一政策只适用于账号永久注销,而非暂停。[86]

商城和亚马逊战略

不断发展商城是亚马逊的核心战略目标。商城的利润可大大抵消亚马逊自营零售店的巨额亏损(见第九章),商城还可以无限扩展,使其盈利能力更强、自动化程度更高、风险更低。因此,从亚马逊零售业慢慢向商城转型,这一战略将一直持续并可能加速。2019年,有传言称亚马逊将强制其众多小型供应商到商城开店。有些转型已悄然完成,有些即将进行。通过第三方在商城开店,销售同样产品,亚马逊可以获得更高利润,那么它就没有必要冒险,自己销售那些毫无利润的产品。

对卖家来说,转战亚马逊商城也是有利可图的。他们不再依赖亚马逊的购买决策,而是直接面向客户销售。他们获得定价、运营和广告的控制权,并且可以额外获得客户分析数据,以及更高的利润率。这些足以使大量供应商愿意进驻商城,当然,也有部分供应商更愿意应对一个客户,方便简单。[87] 商城为数以百万计的小企业搭建市场平台,很多商家在这个平台上大展手脚。亚马逊兜售无数的成功案例,如果没有这个平台把一种新产品推介给一个庞大的消费群体,他们就无法取得成功。对那些规模过小的卖家,亚马逊甚至还强调要帮助他们开拓国际市场,尤其是欧洲市场。

亚马逊的自动化进展顺利。早在2001年,为了方便客户查询物流和管理订单而打造自助服务以来,亚马逊就开始逐步推行自动化。[88] 确实,正因为亚马逊的许多任务都已经实现了自动化,如产品上架和管理等,并为卖家提供管理上架产品的工具,商城才能成为现实。约翰·罗兹曼(John Rossman),亚马逊第三方商城管理团队的早期领导人,阐释亚马逊从商城创立之初就已立下的目标:"任何一位第三方卖家,半夜三更无需向任何人请教,就能自行注册登记、上传产品目录、处理订单,就好像亚马逊自营店处理订单一样,让顾客深感满意。"[89] 亚马逊已经基本实现了这一目标。正如科文·帕蒂尔(Kirwan Patil)指出的,在其他自动化程度较低的平台,他的客户服务质量完全取决于公关经理,腐败和管理层轮换都可能导致严重的问题。[90]

　　商户中心是卖家自动化服务的前台。商户中心显示卖家的库存量、成交量、物流信息以及退货数量。它还跟踪客户满意度的多项指标。因此，商户中心既是亚马逊的跟踪系统，用来保持商城高效运转，也是卖家用来达到亚马逊标准的工具。亚马逊与卖家互动的自动化程度越高，商城运营成本就越低。每位卖家的行动在亚马逊的全球市场上每分钟被复制 4 000 次，因此即使是逐步实施自动化也能节省大量的成本。[91]

　　然而，有关商城的正能量新闻报道只是故事一部分。在最近的国会听证会上，亚马逊副总法律顾问纳特·萨顿（Nate Sutton）表示："我们知道卖家有其他途径接触客户，因此我们对他们进行投资，支持他们，并不断努力改善他们的体验。"[92] 以上所述全部属实。只可惜亚马逊不可取代。莫尔森·哈特（Molson Hart）是一家玩具零售商的首席执行官。他觉得亚马逊控制了他的商品定价，过度侵吞了他的利润份额，因此他迫切希望找到其他平台，取代亚马逊，但无法找到。没有其他有效的在线市场存在。对于一家小型玩具公司来说，入驻沃尔玛或好市多几乎是不可能的。哈特一直在积极探索可供选择的途径，但是亚马逊平台的销量仍占他的销售总额的 98.1%。[93] 亚马逊平台（包括亚马逊自营店以及亚马逊商城）占 2019 年电子商务销售总额的 37%，但其余大部分不是通过某一平台销售的，而是通过苹果、耐克和戴尔等大型公司直接销售，不是小卖家通过电子市场的销量。不管亚马逊如何狡辩，亚马逊很可能控制着美国电子市场 80% 以上的销售份额，这就是为什么在美国亚马逊商城的地位不可取代。这一点毫无疑问。

　　所以亚马逊的佃农模式成为美国电子商务的主导模式。与重建时代不同，它建立在激励和诱惑之上，而不是压迫和武力。总体而言，尽管亚马逊侵占的利润份额逐步增长，但是亚马逊的佃农们仍旧受益于该平台。所以，不管他们如何被虐，依然不会离开亚马逊平台。

从战略的角度来看，商城是亚马逊零售帝国中唯一一个可扩展、可自动化并真正赚钱的部门。毕竟，亚马逊正是通过它成为万物商店的。因此，商城是亚马逊零售业的未来。它充分展示了亚马逊灵活敏锐、执行力强、高瞻远瞩的能力，它严格执行保守秘密的承诺，以及它对合作伙伴和卖家的狭隘看法。与许多公司一样，亚马逊宁愿在一个完全不受挑战，且的确不可挑战的世界里运营。在这个世界里，它制定游戏规则，不对任何人负责。与大多数公司不同，亚马逊已经成功创建了这样一个世界：亚马逊商城。

有关数据的尾声

亚马逊其实可以快速平息关于它如何优待或虐待商城卖家的争论。它可以告诉我们商城里有多少卖家，分别来自何方，从属什么行业，销售额多少。它还可以解释有多少卖家遭受纪律处分，以及他们随后的遭遇——对其卖家身份，以及对业务的影响。所有数据一应俱全。

亚马逊还可以展示商城卖家如何与亚马逊自营店互动。例如，哪些因素能赢得"黄金购物车"。当然，这可能导致更多的卖家与系统进行博弈，但如果没有这些信息，我们只能看到亚马逊空洞无用的公关报告。亚马逊还可以更加详细地解释商城的财务状况，如它在每笔交易中抽取的提成、亚马逊物流维持运营成本的状况，以及不使用亚马逊的广告服务是否有可能在亚马逊上赚钱等。

简而言之，亚马逊可以消除许多有关商城的担忧和疑问。它可以帮助我们理解，它是否大体公平对待所有卖家，还是仅仅利用自己的实力和平台垄断优势来创造并捍卫自己想要的生存世界。但亚马逊不会这么做。它似乎认为这与其无关。

附录一　2020 年 7 月亚马逊推荐费

类　别	推荐费百分比	适用的最低推荐费
亚马逊设备配件	45%	$0.30
婴儿用品（不包括婴儿服装）	总售价为 10.00 美元或以下的产品：8%；总售价大于 10.00 美元的产品：15%	$0.30
书	15%	
照相机和胶卷	8%	$0.30
手机设备	8%	$0.30
个人电子产品	8%	$0.30
电子设备配件	总售价为 10.00 美元或以下的产品：15%；总售价大于 100.00 美元：8%	$0.30
家具（含户外家具）	总销售价格为 200.00 美元或以下的产品：15%；总销售价格为 200.00 美元以上的产品：10%　注：不管售价多少，床垫都将收 15%	$0.30
家居和花园（包括宠物用品）	15%	$0.30
厨房用品	15%	$0.30
大件电器	总售价为 300.00 美元或以下的产品：15%　总售价大于 300.00 美元：8%	$0.30

续　表

类　别	推荐费百分比	适用的最低推荐费
音乐	15%	$0.30
乐器	15%	$0.30
办公用品	15%	$0.30
户外用品	15%	$0.30
个人计算机	6%	$0.30
软件和电脑/视频游戏	15%	
体育（不包括体育收藏品）	15%	$0.30
工具和家居装修	15%；除了基本设备电动工具为 12%	$0.30
玩具和游戏	15%	$0.30
解锁手机	8%	$0.30
视频和 DVD	15%	
电子游戏机	8%	$0.30
其他	15%	$0.30
需要批准的类别	推荐费百分比	$0.30
3D 打印产品	12%	$0.30
汽车和动力户外汽车	12%，除了轮胎和车轮产品为 10%	$0.30
美容用品	总售价为 10.00 美元或以下的产品：8%；总售价高于 10.00 美元的产品：15%	$0.30
服装与配饰（包括运动服饰）	17%	$0.30
图书藏品	15%	

续　表

类　别	推荐费百分比	适用的最低推荐费
硬币藏品	请参见推荐费的类别要求	$0.30
娱乐藏品	请参见推荐费的类别要求	
美术	请参见推荐费的类别要求	
礼品卡	20%	
杂货和美食	总售价为 15.00 美元或以下的产品：8%；总售价大于 15.00 美元：15%	
健康和个人护理（包括个人护理用品）	总售价不超过 10.00 美元的产品为 8%；总售价大于 10.00 美元：15%	$0.30
工业与科学（包括食品加工服务和清洁卫生）	12%	$0.30
珠宝	总售价为 250.00 美元或以下的产品：20%；总售价大于 250.00 美元：5%	$0.30
行李箱和旅行配件	15%	$0.30
鞋、手袋和太阳镜	15%	$0.30
体育藏品	请参见推荐费的类别要求	
手表	总售价为 15 000.00 美元或以下：16%；总售价超过 15 000.00 美元：3%	$0.30
延长保修期维保计划和服务合同	96%	

亚马逊扣除适用的推荐费百分比较高部分，或适用的每个项目中的较高者。

尾　注

［1］ Statista. https：//www. statista. com/statistics/886904/amazon selle-rbusiness-size-by-employees/.

［2］ Jeff Bezos said in his 2014 Amazon shareholder letter that "I think seven people came, if you count my parents and siblings."

［3］ Amazon annual reports.

［4］ Amazon, Responses to Questions for the Record following the July 16, 2019, Hearing of the Subcommittee on Antitrust, Commercial, and Administrative Law, Committee on the Judiciary, Entitled "Online Platforms and Market Power, Part 2: Innovation and Entrepreneurship," October 11, 2019.

［5］ Amazon, SMB Impact Report, 2020.

［6］ Jon Emont, "Amazon's Heavy Recruitment of Chinese Sellers Puts Consumers at Risk," *Wall Street Journal*, November 11, 2019, sec. Tech.

［7］ Kiran Patil, interview, May 21, 2020.

［8］ Jason Boyce, interview, October 30, 2020.

［9］ Leanna Zeibak, "How to Win the Amazon Buy Box ［2020 Update］," *Tinuiti* (blog), March 25, 2020.

［10］ Dani Nadel, "The State of the Amazon Marketplace 2019," Feedvisor, 2020.

［11］ Nadel, "The State of the Amazon Marketplace 2019."

［12］ Spencer Soper, "Amazon Makes It Harder for Sellers to Avoid

Shipping Service," *Bloomberg*, August 18, 2020.

[13] "Responses to Questions for the Record Following the July 16, 2019, Hearing of the Subcommittee on Antitrust, Commercial, and Administrative Law, Committee on the Judiciary, Entitled 'Online Platforms and Market Power, Part 2: Innovation and Entrepreneurship,'" US House of Representatives, October 11, 2019.

[14] "Responses to Questions for the Record Following the July 16, 2019, Hearing of the Subcommittee on Antitrust, Commercial, and Administrative Law, Committee on the Judiciary, Entitled 'Online Platforms and Market Power, Part 2: Innovation and Entrepreneurship.'"

[15] Jason Boyce, interview, October 30, 2020.

[16] Standard storage fees are $0.75 per month per cubic foot during January-September, and $2.40 per month in October-December when Amazon is gearing up for the holiday season, as of May 2020.

[17] Andrew Heinzman, "Amazon's Choice: Who Chooses It, and How Does It Work?," *How-To Geek*, December 4, 2019.

[18] Andrew Heinzman, "Amazon's Choice: Who Chooses It, and How Does It Work?"

[19] Dharmesh M. Mehta, Amazon Vice President of Worldwide Customer Trust and Partner Support, United States House of Representatives Subcommittee on Consumer Protection and Commerce hearing, March 4, 2020.

[20] Steve Kovach, "Amazon Won't Sell Nest Products from Google," *Business Insider*, March 2, 2018.

［21］ "Small Business Impact Report," Amazon, 2019.

［22］ Sarah Kessler, "How Amazon Lures 'Artisanal' Sellers and Hangs Them Out to Dry," *Medium*, July 16, 2020.

［23］ Amazon A+ Content FAQ.

［24］ "Responses to Questions for the Record Following the July 16, 2019, Hearing of the Subcommittee on Antitrust, Commercial, and Administrative Law, Committee on the Judiciary, Entitled 'Online Platforms and Market Power, Part 2: Innovation and Entrepreneurship.'"

［25］ Amazon response to information request from the House Judiciary Committee, p. 6.

［26］ Dharmesh M. Mehta, "Statement of Dharmesh Mehta Vice President, Worldwide Customer Trust and Partner Support," *United States House of Representatives Committee on Small Business*, November 14, 2019.

［27］ Jason Boyce, interview, October 30, 2020.

［28］ Spencer Soper, "Amazon Squeezes Sellers That Offer Better Prices on Walmart," *Bloomberg. com*, August 5, 2019.

［29］ Soper, "Amazon Squeezes Sellers That Offer Better Prices on Walmart."

［30］ Emont, "Amazon's Heavy Recruitment of Chinese Sellers Puts Consumers at Risk."

［31］ Annie Palmer, "Amazon Is Shipping Expired Food, from Baby Formula to Old Beef Jerky, Scaring Consumers and Putting Big Brands at Risk," *CNBC*, October 20, 2019.

［32］ Blake Ellis, and Melanie Hicken, "Dozens of Amazon's Own

Products Have Been Reported as Dangerous — Melting, Exploding or Even Bursting into Flames. Many Are Still on the Market," *CNN Business*, September 10, 2020.

[33] Paul Rafelson, Online Merchants Guild, interview, July 1, 2020.

[34] Jason Boyce, interview, October 30, 2020.

[35] Jay Greene, "Burning Laptops and Flooded Homes: Courts Hold Amazon Liable for Faulty Products," *Washington Post*, August 29, 2020.

[36] David Dayen, "The 'Amazon Tax' Ruling: Disrupting the Disruptors?," *Capital and Main*, July 10, 2018.

[37] Jason Boyce, interview, October 30, 2020.

[38] Estimated from annual reports. See Chapter 9, *Money* for details.

[39] Jumpshot, "The Competitive State of eCommerce Marketplaces," Q2, 2018.

[40] Spencer Soper, "Amazon's Clever Machines Are Moving From the Warehouse to Headquarters," *Bloomberg. com*, June 13, 2018.

[41] Interviews with Cynthia Stine, Chris McCabe, and Scott Needham.

[42] Rob Dunkel, CEO and Founder, 3PM, interview, September 16, 2020.

[43] Mehta, "Statement of Dharmesh Mehta Vice President, Worldwide Customer Trust and Partner Support."

[44] Amazon 10k SEC filing, 2018, p. 13.

[45] Nadel, "The State of the Amazon Marketplace 2019."

[46] Derek Thompson, interview, August 7, 2020.

[47] Dharmesh M. Mehta, "Amazon Project Zero," *US Day One Blog* (blog), February 28, 2019.

［48］ "Responses to Questions for the Record Following the July 16, 2019, Hearing of the Subcommittee on Antitrust, Commercial, and Administrative Law, Committee on the Judiciary, Entitled 'Online Platforms and Market Power, Part 2: Innovation and Entrepreneurship. '"

［49］ Amazon, "Amazon Project Zero: Empowering Brands against Counterfeits," Amazon. com. Amazon reveals no data about either usage or outcomes from self-enforcement.

［50］ Rob Dunkel, interview, September 16, 2020.

［51］ Isabelle Lee, "Amazon Fake Reviews Reach Holiday Season Levels During Pandemic," *Bloomberg. com*, October 19, 2020.

［52］ Juozas Kaziukenas, "Products on Amazon Have a Lot More Reviews," *Marketplace Pulse*, November 10, 2020.

［53］ Cynthia Stine, CEO eGrowth Partners, interview, July 7, 2020.

［54］ Josh Dzieza, "Dirty Dealing in the $175 Billion Amazon Marketplace," *The Verge*, December 19, 2018.

［55］ USPTO, "Unauthorized Changes to Your File," *US Patent and Trademark Office* (blog).

［56］ Dzieza, "Dirty Dealing in the $175 Billion Amazon Marketplace. "

［57］ 1P refers to first person sales — Amazon's own retail business; 3P refers to third party sales, made by other sellers on the Marketplace.

［58］ Cynthia Stine, interview, July 7, 2020.

［59］ Mehta, "Statement of Dharmesh Mehta Vice President, Worldwide Customer Trust and Partner Support. "

［60］ Emont, "Amazon's Heavy Recruitment of Chinese Sellers Puts

Consumers at Risk. ”

[61] Possibly a Germany-specifc approach, identified by the German antitrust authorities. https://www. bundeskartellamt. de/Shared Docs/Entscheidung/EN/Fallberichte/Missbrauchsaufsicht/2019/B2-88-18. html? nn = 3591568.

[62] Nadel, “The State of the Amazon Marketplace 2019. ”

[63] Dzieza, “Dirty Dealing in the $175 Billion Amazon Marketplace. ”

[64] Cynthia Stine, interview, July 7, 2020.

[65] Chris McCabe, interview, January 20, 2020.

[66] Jason Del Rey, “Amazon Has Created Fertile Ground for Bribery Schemes, Sellers Say,” *Vox*, October 26, 2020.

[67] David Dayen, “The Biggest Abuser of Forced Arbitration Is Amazon,” *The American Prospect*, July 10, 2019.

[68] Chris McCabe, interview, January 19, 2020.

[69] Nadel, “The State of the Amazon Marketplace 2019. ”

[70] “Help With Suspension Reply — New Item Sold as Used,” *Amazon Seller Forums* (blog), July 20, 2015.

[71] Dzieza, “Dirty Dealing in the $175 Billion Amazon Marketplace. ”

[72] Chris McCabe, interview, January 20, 2020.

[73] Ari Levy, “Amazon Sellers Say They Were Unfairly Suspended before Prime Day, and Now Have Two Bad Choices,” *CNBC*, July 17, 2018.

[74] Dzieza, “Dirty Dealing in the $175 Billion Amazon Marketplace. ”

[75] Dayen, “The Biggest Abuser of Forced Arbitration Is Amazon. ”

[76] Dzieza, “Dirty Dealing in the $175 Billion Amazon Marketplace. ”

[77] Dayen, “The Biggest Abuser of Forced Arbitration Is Amazon. ”

[78] Chris McCabe, interview, January 19, 2020.

[79] Molson Hart, "How Amazon's Business Practices Harm American Consumers," *Medium*, September 11, 2019.

[80] Rey, "Amazon Has Created Fertile Ground for Bribery Schemes, Sellers Say."

[81] Dayen, "The Biggest Abuser of Forced Arbitration Is Amazon."

[82] "Responses to Questions for the Record Following the July 16, 2019, Hearing of the Subcommittee on Antitrust, Commercial, and Administrative Law, Committee on the Judiciary, Entitled 'Online Platforms and Market Power, Part 2: Innovation and Entrepreneurship.'"

[83] Mehta, "Statement of Dharmesh Mehta Vice President, Worldwide Customer Trust and Partner Support."

[84] Eugene Kim, "Amazon's Updated Suspension Policy Still Has Sellers Worried about Getting Inexplicably Booted," *CNBC*, July 20, 2019.

[85] Chris McCabe, interview January 20, 2020.

[86] Rachel Premack, "Amazon Is Suspending Sellers without Notification, despite New Policy," *Business Insider*, September 25, 2020.

[87] Daphne Howland, "Amazon Continues to Shrink Retail Operations," *Retail Dive*, June 3, 2019.

[88] Jeff Bezos, Amazon shareholder letter, 2001.

[89] John Rossman, *Think Like Amazon: 50 1/2 Ideas to Become a Digital Leader*, McGraw Hill Professional, 2019.

[90] Kirwan Patil, CEO Growisto, interview, May 21, 2020.

［91］Nadel，"The State of the Amazon Marketplace 2019."

［92］Lauren Feiner， "Amazon Exec Tells Lawmakers the Company Doesn't Favor Own Brands over Products Sold by Third-Party Merchants," *CNBC*, July 16, 2019.

［93］Molson Hart， "How Amazon's Business Practices Harm American Consumers：Why Amazon Needs a Competitor and Why Walmart Ain't It," *Medium*, September 11, 2019.

第六章 |
定价： 在线零售中的赌注

有两类零售商：一类零售商致力于如何收取更多费用，另一类则为如何收取更少费用而奋斗。我们将成为第二类。

——杰夫·贝索斯[1]

亚马逊并不是一直致力于价格低廉。早期,它专注于寻找对价格不敏感、愿意支付运费的客户。但随着亚马逊进入图书以外的市场,定价变得尤其重要。在玩具这个早期市场,亚马逊不得不与玩具反斗城(Toys R Us)[2]和沃尔玛,以及传统的玩具零售商和百货公司展开正面竞争。当时没有很多顾客会真的不在意更高的价格或不在商店购物。

2001 年 7 月,亚马逊借鉴了好市多和沃尔玛的做法,承诺"天天低价",然后将图书、音乐和视频的价格下调 20%～30%。[3]这是合适的战略。当时还没有两天送达的服务,而且亚马逊金牌会员服务的规模仍然很小,只有不到 100 万的会员,在这样的情境下,价格竞争是核心。尽管如此,这依然是很大的进步,它消除了快速增长的关键结构性障碍。如果亚马逊仍然是一家精品零售商,就无法达到真正的规模。

从那时起,亚马逊就系统性地在价格上展开全方位的竞争。在亚马逊之前,沃尔玛巨大的销量和一流的物流使其成为玩具和其他产品的低成本销售商。它利用这种影响力,围绕"天天低价"打造自己的品牌,并成为零售业的巨头,横扫全美的主要街道店面。二十年来,沃尔玛成了低价的代名词。

但事实表明网上销售的情况完全不同。沃尔玛的价格在网上可能会比竞争对手高。2018 年,谱霏信息科技公司(Profitero,一家电子商务咨询公司)的一项研究发现,在 10 万种精选商品中,亚马逊比一般电子商务零售商便宜 13%,比沃尔玛便宜 2.4%,比塔吉特便宜 11.9%。竞争对手在一些领域确实有一定的优势,例如,捷特(Jet)在美容领域的价格要低 4.2%,但亚马逊也在其他品类的价格上碾压那些历来最优惠的公司。例如,它在办公用品价格方面比史泰博公司(Staples)低 36%。虽然之后沃尔玛和塔吉特缩小了与亚马逊的价格差距,但它们仍有很长的路要走。[4]

所以总体情况已经很清楚了。没有人能在价格上持续击败亚马逊。事实上,正是亚马逊战胜了沃尔玛,收割了史泰博的客户。

为什么?

亚马逊的四大销售渠道

在与供应商的谈判中,亚马逊拥有一项优势,一项它不断使用的优势,那就是它的规模和与客户的触达。当亚马逊控制了交易渠道,也就是游戏规则时,这种优势会急剧扩大。亚马逊可以为一种特定产品从四个销售渠道中选择一个合适渠道。从中期来看,亚马逊可以很容易地引导销售进入一个特定的渠道。这是一个巨大的优势。

　　渠道 1 是标准的零售渠道，是亚马逊零售的运作渠道。亚马逊就是从这里起步的。亚马逊从供应商——制造商、品牌商、批发商，甚至可能是经销商那里购买商品。这一系列产品是由亚马逊的供应商中心（与供应商直接对接的部门）组织的。在这里，亚马逊是买家，使用 30 天、60 天或 90 天付款的采购订单。亚马逊的库存周转非常快，它平均在向供应商付款前 18 天收到客户的钱，因此它的零售现金流总是有盈余。相比之下，沃尔玛的收入在他支付给供应商的 3 天后才出现。[5] 但总的来说，图 11 所示的渠道 1 看起来像是标准零售。

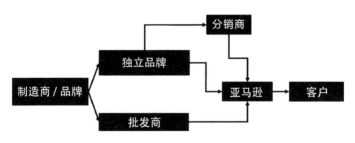

图 11　渠道 1-亚马逊零售

　　制造商销售给批发商或品牌商。随后，批发商可以直接销售给亚马逊，或者转手分销商再销售给亚马逊。当然，独立品牌商也可以销售给亚马逊。在所有情况下，最终都是由亚马逊销售给最终客户。

　　渠道 2 是亚马逊商城，也就是亚马逊为第三方卖家提供的电商平台。每个供应商使用亚马逊平台直接销售给客户，而不是销售给亚马逊。因为卖家控制着定价和库存，亚马逊不再是中间商，这将为卖家带来更高的毛利，但风险也更高。卖家承担着产品开发和库存风险,很难把握消费者的偏好,很难在时时刻刻需要与成千上万的卖家竞争的亚马逊平台上游刃有余,而且不论卖家自己运输还是使用亚马逊仓库进行商品存储,都很难满足亚马逊的要求。无论哪种方式,卖家都必须制造或购买商品,然后将其出售,承担全部库存成本和风险。渠道 2 如图 12 所示。

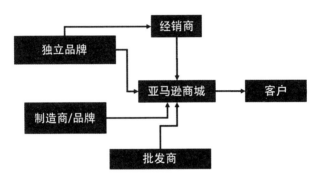

图 12　渠道 2 - 亚马逊商城

网上销售往往很极端,卖家赚的钱要么多得要命,要么少得可怜。卖家赢没赢到黄金购物车的位置很关键。如果没赢到,卖家可能会留下很多无用的库存,亚马逊会向卖家收取仓储、退货或处置的费用。

亚马逊正试图通过开放更多功能来改善商城。例如,亚马逊的订阅购买选项(订阅和省钱"Subscribe and Save")和亚马逊的所有广告产品都曾为渠道 1 的供应商保留。图 13 总结了从供应商角度来看渠道 1 和渠道 2 的利弊。

渠道 3 是为亚马逊*自有品牌*产品服务的。这个渠道得到了很多的宣传,但大多是负面的。在这里,亚马逊直接从制造商那里购买产品,并在产品上打上自己的品牌。亚马逊电池是最典型的例子,但它还销售数百种其他自有品牌的产品(见第八章)。

	第一方批发至亚马逊	第三方直接面向消费者
优势 √	1. 更少的资源 2. 每个订单量很大 3. 有黄金购物车的帮助 4. 营销较优惠	1. 定价控制 2. 较高的毛利 3. 干中学 4. 消费者的直接反馈 5. 更好的交易结果 6. 更快的销售周期 7. 国际销售机会
劣势 ×	1. 亚马逊控制定价 2. 亚马逊控制库存和销售 3. 较低的毛利 4. 成本向营销大幅倾斜 5. 分区销售 6. 苛刻的合同条款 7. 隐藏费用 8. 亚马逊战略推动的销售	1. 需要专用的内部资源 2. 显著的学习曲线 3. 物流和广告管理成为关键 4. 与黄金购物车直接竞争 5. 无法获得亚马逊的特别支持

图 13　亚马逊渠道 1 和渠道 2 对卖家的利弊

来源：玛氏机构 The Mars Agency 和作者[6]

图 14　渠道 3－自有品牌

　　几乎所有的大零售商都使用自有品牌。沃尔玛拥有数以百计的自有品牌产品，其中约 30% 的食品杂货是沃尔玛自有品牌。自有品牌仅由沃尔玛销售，而其他的自有的公共品牌则由许多零售商销售。西夫韦和塔吉特以及其他公司也是如此。自有品牌的增长速度是普通品牌的三倍，80% 以上的购物者认为它们物超所值。低价和商店品牌的结合使自有品牌成为引人注目的产品。

　　渠道 4 是专为那些只在亚马逊上销售的专属品牌服务的。亚马逊与大品牌合作,开发在亚马逊独家销售的品牌。这是比较新的业务。比如诺德(Nod)是一个亚马逊与高端床垫公司塔尼(Tuft and Needle)联合开发的床垫品牌。专属品牌由独立品牌和亚马逊联合打造。独立品牌带来了它对市场的了解和制造设计专长;而亚马逊为它提供了平台和数字营销能力。

图 15　渠道 4 -亚马逊专属品牌

在所有已知的渠道 4 的案例中,亚马逊都充当了中间人的角色。尽管亚马逊在产品设计和品牌推广方面的投入比在标准的供应商关系中要多,渠道 4 是一个新版本的渠道 1,而不是新版本的渠道 2。在过去两年里,亚马逊增加了数百个专属品牌。

定 价 工 具

在前面提及的渠道 1、渠道 3 和渠道 4 中,亚马逊直接控制定价。它与制造商、品牌商或其他供应商进行谈判,这些谈判决定了亚马逊的支付价格,在很大程度上也决定了消费者最终购买的价格。亚马逊确保最受欢迎和最显眼的商品,如电视机的价格,最具竞争力。亚马逊的定价具有高度的自动响应能力,快速响应市场变化。在 2018年的假期里,亚马逊的价格变化了 100 亿次,而竞争性零售商可能每3 个月才改变一次价格。[7]

亚马逊商城则完全不同。亚马逊不直接在商城上定价。事实上,亚马逊不厌其烦地解释说,卖家制定价格,而亚马逊没有制定价格。然而,这并不完全准确。卖家确实会定价,但只能在亚马逊施加的正式和非正式约束范围内定价。直到最近,亚马逊还要求商城上的美国卖家以不高于互联网上其他任何地方(包括卖家自己的网站)的价格销售产品。由于亚马逊对每笔销售收取佣金,卖家被要求在不收取佣金的地方标高价格。

这一行为接近于价格限定,可以说是违反了反垄断法,[8]因此亚马逊退步了。鉴于美国参议院提出批评,而且联邦贸易委员会(FTC)可能提起诉讼,美国于2019年3月取消了限价的相关法规。2017年,迫于欧盟政府的压力,欧洲国家淘汰了价格限定做法。[9]但是,尽管现在还没有正式的规则阻止卖家在除亚马逊的其他地方压低价格,但非正式的影响和巨大的竞争仍然确保亚马逊的价格保持高度竞争力。

亚马逊发现其他地方的价格较低时,会向卖家发出警示,并要求卖家确保亚马逊上的价格至少与较低的价格相同。如果卖家不配合,亚马逊会让产品在商城更难被找到,或者把它从黄金购物车中完全移除,这可能会有效地让它被平台淘汰。[10]考虑到商城的市场竞争已经非常激烈,而且利润率通常很低,卖家可能会转而选择在其他地方涨价。杰森·宝伊思(Jason Boyce)现在建议他的客户确保他们在所有市场上的价格都相同,而亚马逊一家玩具零售商的首席执行官莫尔森·哈特(Molson Hart)则指出:"如果我们在亚马逊以外的渠道以更低的价格销售产品,而亚马逊发现了这一点,我们的产品在搜索引擎中就很难找到。"该公司毕竟完全依赖亚马逊。如果不进入商城,他的公司将在3~6个月内倒闭。[11]

亚马逊基于预设规则,通过给卖家提供自动定价工具,帮助卖家的价格具有竞争力。截至2020年5月,亚马逊共有四套可用的卖家

定价规则,所有这些规则都有助于卖方降低价格。但需要注意的是,这些规则都不能帮助卖家实现收入或利润的最大化:

- 竞争性黄金购物车规则会自动根据黄金购物车的价格对物品进行重新定价。

- 竞争性最低价格规则根据亚马逊提供的最低价格自动重新定价。

- 竞争性外部价格规则会根据亚马逊在网上其他地方发现的价格自动重新定价。

- 最后,销售单位定价规则通过将价格与销售额挂钩,根据商品的表现自动更改定价。例如,如果销售额低于某一水平,卖家可以自动降价。

所有这些服务都基于亚马逊商城网络服务(Marketplace Web Service,MWS)API 运行,商城卖家使用该应用程序界面 API 与亚马逊进行电子交换数据。因为定价很重要,所以有一个丰富的第三方应用程序市场,这些应用程序使用 MWS 帮助卖家以积极的定价赢得黄金购物车。有些还具有先进的自动化功能,如销售动态(Seller Dynamics)的利润最大化算法和能实现销售最大化的飞得(Feedvisor)的人工智能工具。有了这些工具,商城的定价看起来就像华尔街上运行的自动交易程序。当然,因为大型卖家和亚马逊买得起最好的工具,因此这更有利于他们。[12]

然而,卖家并不是价格变化的唯一来源。亚马逊自己有时会在未经所有者许可的情况下任意降低第三方产品的价格。跑跑骚(Popsockets)的戴夫·巴雷特(Dave Barrett)就此在国会作证。[13] 但这可能是一种相当普遍的做法。例如,没有任何警示,甚至没有任何通知,作者妻子的书就突然降价了 1 美元。

消费者感知：低价心理

亚马逊为低价而努力工作。但它也会影响客户的看法。如果顾客确信亚马逊的价格一般都很好，他们可能就懒得去查看亚马逊竞争对手的价格了，特别是如果他们是金牌会员的话。因此，亚马逊网站上充斥着陈腔滥调的宣传信息，这些信息强调亚马逊的价格优惠。例如，一本书的列表，显示了所列价格的高折扣，几乎是精装书标价的一半折扣，肯多标价的22%。亚马逊系统地使用特价策略，向客户发出这样一个信号：这已经是一个折扣价了，因此没有必要去别处寻找优惠。

亚马逊也会发出不那么直接的信号。它提供的链接既可以增加客户的相关信息，又可以再次向客户保证黄金购物车中的选项确实是最好的选择。通常有一个按钮"比较相似商品"，提供其他卖家（即不是黄金购物车中的卖家）的访问路径。这些链接的存在告诉客户，亚马逊不怕价格竞争。一旦考虑到运费因素，低价货源往往不再便宜。

这些努力已经奏效。人们普遍认为亚马逊有好的价格，因此到2019年末，44%的产品搜索是从亚马逊开始的。

定价是亚马逊零售生态系统的关键支柱之一。虽然亚马逊与沃尔玛不同，定价并不是其核心支柱，亚马逊还是对定价给予了应有的关注。亚马逊以其传统的中间商身份，像沃尔玛一样压榨供应商。所有的筹码都在亚马逊身上，它可以在几乎没有提前通知的情况下放弃一个供应商或者迅速削减订单。亚马逊很少有长期供应合同，而且这些关系越来越自动化。在所有渠道中，亚马逊都与其他卖家展开竞争。然而,亚马逊平台的运作使得亚马逊即使输了也能赢。当第三方从其零售业务中拿走销售额时,亚马逊自身的利润率总体上很高,如果将广告收入考虑在内,利润率更高。因此,亚马逊的战略目标是无论它是否保留销售,确保价格尽可能低,从而为平台带来更多的流量。

除了明显的规模优势外,亚马逊还在渠道间交替销售,以寻求收入和利润。2019 年,亚马逊似乎已经将大量的渠道 1 的供应商转移到了渠道 2。许多每年从亚马逊获得的收入低于 1 000 万美元的供应商被推到亚马逊商城,有时几乎没有得到通知。很明显,亚马逊希望重新引导小型供应商,将他们从直接供应商转变为商城卖家。[14]向渠道 2 的转变使亚马逊不再与成千上万的小供应商打交道,而为亚马逊通过渠道 1、3 和 4 与他们正面竞争打开了大门。同样,可能因为自有品牌没那么好用了,亚马逊正在从渠道 3(自有品牌)向渠道 4(亚马逊专属品牌)进行战略转变(见第八章)。

这对定价意味着什么?随着时间的推移,亚马逊已经通过最低价格规则和自己的零售业务,用竞争的力量取代了对价格的直接管理。在商城上,亚马逊利用平台的残酷竞争来压低价格。给卖家提供更好的定价工具,进一步推动了价格的下降。因此,亚马逊定价已经从过去的迫使供应商降价的沃尔玛模式发展到建立商城并引入竞争性卖家的众包模式,再发展到越来越自动化的定价模式,也就是通过自动化确保亚马逊网站上的价格降低,并不断运行比较和搜索工具,以确保亚马逊以外的价格不低于亚马逊。从亚马逊的角度来看,这个自动定价系统的好处是,随着亚马逊和第三方改进这些自动化工具,价格下降得会更快一些,这就会使得亚马逊平台整体上更有竞争力。它已经在纳斯达克取代了梅西百货的零售模式,因为参与者都在争先恐后地争夺最微小的优势。它是网上零售的闪电侠,在这里，微小的价格差异造成了所有的差异，而自动化交易现在已经成为赌注。[15]

尾 注

［1］Quoted in Stone, *The Everything Store: Jeff Bezos and the Age of Amazon*, p. 126. From a meeting with financial analysts.

［2］Until Amazon became the online store for Toys R Us.

［3］Jeff Bezos, Amazon letter to shareholders, 2001.

［4］"Price Wars: A Study in Online Price Competitiveness Apri-June 2018," *Profitero*, 2018.

［5］Rani Molla, "Amazon's Tiny Profits, Explained," *Vox*, August 21, 2019.

［6］The Mars Agency, Conquering Amazon, April 2019.

［7］Jason Del Rey, "How Amazon Tricks You Into Thinking It Always Has the Lowest Prices," *Vox*, January 13, 2015.

［8］Shaoul Sussman, "How Amazon Controls Its Marketplace," *The American Prospect*, July 26, 2019.

［9］"Commission Accepts Amazon's Commitments on e-Books," Text, European Commission — European Commission, April 5, 2017.

［10］Premack, "Amazon Is Suspending Sellers without Notification, despite New Policy."

［11］Hart, "How Amazon's Business Practices Harm American Consumers: Why Amazon Needs a Competitor and Why Walmart Ain't It."

［12］Christopher Mims, "The High-Speed Trading Behind Your Amazon

Purchase," *Wall Street Journal*, March 29, 2017, sec. Tech.

[13] Dave Barrett, Testimony before the House Judiciary Committee, Antitrust, Commercial, and Administrative Law Subcommittee, January 15, 2020.

[14] https://sellercentral. amazon. com/forums/t/amazon supplierspanic-amid-purge-aimed-at-boosting-profits/446537.

[15] Flash Boys is Michael Lewis's 2014 book about how Wall Street firms tried to create competitive advantage by building their own enormously expensive data networks to deliver data that fraction of a second faster than their competitors.

第七章 |
亚马逊创新

如果你不坚持，你会过早放弃试验。如果你不够灵活，就会头撞南墙，也不会另辟蹊径去解决难题。

如果你要创新，就必须做好被世人误解的准备。

发明是我们的基因，技术是我们不断发展和改善客户体验的基本工具。

——杰夫·贝索斯

亚马逊是冷酷无情的，而且越来越占主导地位。我们担心它的保密文化，它在日益占主导地位的零售平台上不受约束的权力，担心它庞大的规模，担心它向新领域的扩张。所有这些问题都是真实存在的。但亚马逊也是一个创新者。它可能已经是历史上最伟大的创新企业之一。当然，大多数现代公司以及所有科技公司都致力于创新。在无数的视频内容中，科技公司首席执行官解释了他们的公司如何用令人惊奇的新产品和新服务成为颠覆者。所有这些创新都给客户带去了极大的快乐。大多数情况下，这只是公关术语。

苹果是除了亚马逊之外其他大型科技公司中最具创新性的公司。苹果公司发明了 iMac、iPhone、iPad、Apple Watch 和 App Store。或许我们还需要将其出色的全球供应链视为其创新之一。但与大多数公司一样,这些创新都围绕着单一的业务,也就是由操作系统连接的消费类硬件产品。亚马逊则不同。创新似乎已经以一种与其他公司不同的方式镌刻在它基因里。到目前为止,亚马逊已经实施了以下主要创新并使其规模化:

- 第一家大型网上书店
- 第一个算法驱动的推荐引擎
- 第一个主要使用客户评论(好评和差评)来发现产品的网站
- 建立网上商城,将竞争对手置于亚马逊的网站上
- 亚马逊金牌会员制服务
- 两天免费送货
- 免费退货
- 一键式购物
- 亚马逊云科技服务 AWS,全球领先的云开发和管理生态系统
- 肯多,第一款成功的电子阅读器
- 次日发货
- 亚马逊物流——为亚马逊平台上的其他卖家提供整套物流服务
- 首个大规模自助出版平台
- 亚马逊艾丽莎音箱(Amazon Alexa),第一款大型声控智能音响
- 万物商店,第一家可以找到几乎所有商品的零售店。

所有这些并非都是亚马逊内部"发明"的。但它们先在亚马逊这里实现了规模化。这就是亚马逊和施乐帕克公司(Xerox Parc)的区别。电脑鼠标、图形用户界面和个人电脑都是施乐帕克研究中心发明的,但却在施乐帕克被闲置了。相比之下,亚马逊已经开展了至少六项年营收超过 100 亿美元的业务:它自己的消费零售业务、亚马逊

商城、亚马逊金牌会员、亚马逊云科技服务 AWS、广告，以及 B2B 的电子商务。作为一家大公司，亚马逊是异常灵活的，它可以在几个月甚至几周内推出重大举措。2 小时杂货配送的亚马逊金牌会员速达 Prime Now 项目从成立到试点推出，历时仅 111 天，推出后 15 个月内已在全球 30 个城市运营[1]。同样，亚马逊金牌会员制项目于 2004 年 10 月开始构思，2005 年 2 月就正式推出。

然而亚马逊远未停止创新步伐。全自动化的仓库完全建成也许还有十年，但部分自动化将很快到来。用于送货的无人机和用于最后一英里和城市间货运的自动驾驶车辆也将到来。亚马逊正在致力于实现杂货店购物的自动化，正在颠覆医疗保健，正在发射 3 200 多颗近地球轨道卫星，为全球提供互联网服务。它在人工智能和机器学习方面投入了大量资金，人工智能已经在亚马逊的各处发挥作用，例如艾丽莎（Alexa）这个全新的人工智能客户渠道。所有这些都来自一家 1995 年"只是一家网上书店"的公司。

因此，尽管亚马逊规模庞大，但它似乎并没有受到一般大公司的熵增影响。大约 20 年前，克莱·克里斯坦森提出了成功的大公司面临"创新者窘境"。创新需要迭代现有产品，但大公司恰恰依赖于这些产品的收入，管理者需要这些收入来决定分红，因此大多数公司不会推翻自己的主导产品。显然，亚马逊的情况并非如此。例如，杰夫·贝索斯明确要求肯多集团"取代图书业务"时，图书业务是亚马逊的主要收入来源。随着公司的成长，在华尔街和董事会的压力下，公司高管变得更加厌恶风险。他们也越来越注重运营效率，这就使得他们留给新产品和新服务的空间越来越小或越来越不感兴趣。[2]所以大公司发现创新很难。许多曾经占据市场主导地位的公司不能持续创新，颠覆原有模式，那么就可能面临倒闭，比如柯达、博德斯和诺基亚。虽然柯达和诺基亚曾经有多次机会翻盘，但都被浪费了。

亚马逊似乎恰恰相反,它在成长的过程中不断创新。[3]

为什么亚马逊如此与众不同? 贝索斯在 2015 年的股东信中说:"我们希望成为一家大公司,同时也是一台发明机器。我们希望将规模所带来的卓越客户服务能力和通常与创业型初创企业相关的行动速度、灵活性和勇担风险结合起来。"说起来容易,做起来难。

全球亚马逊轻小商品计划(Amazon Small and Light Program)的前总经理尼尔·阿克曼(Neil Ackerman)表示,创新需要跳出定势的思维,有清晰的思考能力,尤其是在亚马逊,还需要有清晰的写作能力和说服力,以便获得将想法变成现实所需的支持和资源。[4]在亚马逊,这些规则在四个关键驱动因素的帮助下得以体现:

- 其文化;
- 其结构和内部组织;
- 其创新流程;
- 其规模和资源。

这些驱动因素协同作用。如果将亚马逊创新流程的任一做法迁移到另一家公司,则很难奏效。正如一位前亚马逊工作者指出的那样,这会引起"器官排斥"。整个亚马逊的创新生态都融入了这样一个环境:鼓励创新、预期失败,以及把快速做大作为关键结果的环境。

当然,并不是所有的创新都与颠覆性的创新产品有关。正如杰夫·贝索斯所指出:"亚马逊 90% 以上的创新都是渐进式的和重要的,而且风险比较小。"[5]亚马逊是持续渐进式改进的大师。例如,仅亚马逊总部就有数百个持续精益改善项目。事实上,亚马逊已经设计了复杂的工具,这样就可以进行数千项与业务各个方面相关的实验。仅在 2013 年,它就进行了近 2 000 项与网站和客户体验相关的网络实验室的实验。[6]亚马逊所作所为均是为了助力一家市值 2 800

亿美元公司的发展。只有四大驱动力因素都做出贡献，才能大量推出新的巨大业务。

文　化

"伟大的领导者"创造历史的理论在大多公司被高估了。但在亚马逊，杰夫·贝索斯无疑是其创新文化的推动者。他的影响力体现在他的股东信中，他坚持提出在亚马逊，每天都是"第一天"，他认为亚马逊不仅仅是一家零售商，更是一家创新和科技公司，他有绝对的决心避免甚至扭转组织熵增。

几乎所有关于亚马逊文化的东西都是经过刻意设计的，其中很多直接来自贝索斯。这一切都让亚马逊在转型为行业巨擘的同时，在内部保持为奋力拼搏的小规模公司的组织氛围。最关键的是，尽管很多公司都直接致力于自己的文化，但亚马逊或许是文化改造的世界冠军。亚马逊文化的目的不是为了让员工保持顺从和一致而设计的，而是为了组织承诺的产生。

那么，这种文化是什么？它始于亚马逊的 14 条领导力准则（LPs）。这些是法律的碑文，是文化的法典。它们是支持亚马逊卓越、创新和以客户为中心的文化的框架。在另一些公司内，这些原则可能只是一种愿望，甚至是企业的废话。毕竟，大多数公司都有使命宣言。亚马逊则不同。愿景很重要。它们是参考点，可以决定公司内部的大小争论的结果。14 条领导力准则参见本章的附录一。

在内核方面，亚马逊非常像耶稣会和海军陆战队。如果成功的话，这三个组织都能从内而外改变参与者：组织文化被参与者充分内化，并体现在他们的个人价值观中。成员不只是服从价值观，他们坚信价值观。就像海军陆战队和耶稣会一样，它们并不适合所有人，很多人都被排除在外了，亚马逊预计有很大一部分员工不会留下来。对亚马逊来说，重要的是那些留下来的人，尤其是那些在组织中崛起的人，他们已经完全内化了这种文化。亚马逊所做的一切都在某种程度上反映了这一特定目标。正如一位亚马逊云科技公司的前工程师在一次采访中所说："这里非常像耶稣会。我上过天主教学校，亚马逊则充满着那种体验。"

当然，亚马逊并不完全是一个宗教组织。但是亚马逊广泛招聘，只追求最好的招募者，要求招募者采纳信条，对其员工提出苛刻的要求，当然它确实有一个大祭司。它的日常仪式有助于将戒律内化。正因为如此，所以在会议上，人们会讨论"这没有想象那么重要"，或者"我们在这里如何能更节俭"，或者最重要的是"这对客户有什么好处呢"。在亚马逊没有必要争论远见卓识或勤廉节俭是否重要，因为这些都是亚马逊运作时公认的首要原则。

客户至上——亚马逊的首要准则[7]

客户至上。领导者一切从客户出发，再倒推出自己所应做的事。他们努力工作以赢得客户的信任。尽管领导者关注竞争对手，但他们对客户却很上心。

一些领导力准则比其他领导力准则更重要，而以客户为中心是目前为止最重要的。当然，很多公司都说客户是第一位的，但他们是认真的吗？有时回答是肯定的。亚马逊建立在以客户为中心的基础上，更重要的是，它建立在对客户的不断关注之上。这是第一条也是最重要的原则。这是贝索斯不断强调的，是亚马逊内部讨论中的重点，也是为什么亚马逊在创新时喜欢逆向思考和行动，以便客户可能会从一个新想法中得到开始（见下文的过程）的原因。

客户至上是亚马逊创新文化运作的大框架。所有事情都要符合这个想法。一项对亚马逊有效但让客户不满意的创新，即使给亚马逊带来巨大的利益，也很可能不会成功。这是理论，更主要是实践结果。这一理念在亚马逊的核心地位怎么强调都不过分。无节制地使用临时工，还是将卖家赶出平台？如果是为客户服务的话，一切都是允许的。这就是亚马逊客户至上的特点的核心。正如耶稣会士为上帝服务，海军陆战队为国家服务一样，亚马逊为客户服务。

崇尚行动

> **崇尚行动**。速度对业务影响至关重要。许多决定和行动是可逆的，因此不需要进行大量的研究。我们提倡在深思熟虑前提下进行冒险。

灌输崇尚行动的观念是很难的。许多因素促使管理者维持现状，拒绝进行看似有风险的改变，而缓慢衰退的更大风险却被隐藏了起来。崇尚行动使人更容易行动，而不是只捍卫现状。崇尚行动在亚马逊得到了印证和实施。这当然是其中一个领导力准则，而且是重要的准则之一。

亚马逊试图招聘那些想要采取行动，为世界带来巨大变化的员工。亚马逊对操作熟练的人不太感兴趣。员工和团队被赋予了很大的自主权，并被期望使用自主权。通过选定的指标严格衡量后，双方都有要履行的承诺，但如何履行这些承诺在很大程度上取决于他们的业务。亚马逊在做决定时还试图明确区分"单向门"和"双向门"。单向门("1 型")的决定是不可逆转的；一旦承诺，就没有回头路了。双向门("2 型")的决定允许掉头。这种区别支持了崇尚行动至上。如果已经确定了解决困难的途径，那么采取行动就容易得多。这也意味着第二类决策不会被第一类决策所束缚，因为第一类决策需要更多的确定性和风险评估。

杰夫·贝索斯仔细考虑过，相对于只做正确的决定，快速决策是多么重要。太晚做出正确的决定只是另一个错误的决定。以下是他 2015 年致股东信的摘录。它不仅对亚马逊的决策文化的非正式规则提供了重要的见解，而且还提供了亚马逊对这些抽象概念的思考方式：

> 为了保持第一天的能量和活力，你必须以某种方式做出高质量、高速的决定……首先，不要使用一刀切的决策过程。很多决策都是可以逆转、可以撤销的，是一道双向门。这些决定可以使用轻量级进程……第二，大多数决策可能应该在你拥有 70% 左右的信息时做出。如果你等待拥有 90% 时再决策，在大多数情况下，你可能已经慢了……第三，使用短语"有异议但承诺尝试"。这个短语将节省很多时间。如果你对某个特定的方向有信心，即使没有达成共识，你也可以说："听着，我知道我们在这个问题上意见不一致，但你愿意和我赌一赌吗？有异议但承诺尝试？"……第四，尽早认识到真正不一致的事情，并立即升级处理事情。有时团队有不同的目标和根本不同的观点。人们无法达成一致。再多的讨论和再多的会议也无法解决这种深刻的不一致。如果不升级处理，该情况默认的争议解决机制是互相耗竭。谁更有耐力谁就有决定权……"你让我筋疲力尽"是个糟糕

的决策过程。它很慢而且没有活力。反之,快速升级处理会更好。

崇尚行动很难衡量,它必须被内化,没有办法强行要求员工崇尚行动。你可以通过文化来鼓励这种行为,你也可以尝试选择它,但最终这是员工的内在品质。这也适用于文化的其他重要方面,包括许多领导力准则。毕竟,如"有异议但承诺尝试"这些无法衡量的标准,就像斯图尔特大法官(Justice Potter Stewart)对色情的定义一样:你看到它,你才知道。这就是为什么它是一种文化。

愿意失败,并使其有价值

正如杰夫·贝索斯所指出的,"如果你把每年做的实验数量增加一倍,你的创造力就会增加一倍。"但是你也会使失败翻倍。许多公司声称理解并期待失败,但这通常只是公关术语。亚马逊积极寻求增加小失败的数量,也会增加成功的数量,尤其是如果公司从失败中吸取了足够的教训。

在大多数公司,失败的项目通常都会与相关员工一并被丢弃。然而,贝索斯明确强调了以往失败的重要性。对失败的讨论往往集中在"火警电话"(Fire Phone),但也有其他重大失败。亚马逊在2015年仅用了6个月就终止了电子钱包应用(Amazon Wallet)项目,亚马逊支付(Amazon Pay,Venmo 的替代产品)经历了7年的尝试终于在2014年结束。因为当时高朋(Groupon)和"社交生活"(Living Social)这两家公司所处行业似乎都有成功的好机会,亚马逊本土网站(Amazon Loca,亚马逊综合团购网站)试图与高朋和"社交生活"匹敌。亚马逊试图建立一个替代史克威尔(Square)的支付处理系统,

称为地区注册者(Local Register)。亚马逊此前甚至曾通过无尽网站
(endless. com)进军高端时尚领域,但该网站时隔 5 年后于 2012 年关
闭。因为亚马逊会及时重新调整失败项目的用途,有时,或许更多时
候,亚马逊的失败项目并不是永久失败。例如,失败的"火警电话"的
一些改进措施在艾丽莎智能音箱(Alexa Echo)中重新利用起来。

　　显然,亚马逊可以坚持不懈与一个想法斗争数年,同时也准备减
少损失,继续前进。贝索斯认为,关键是你投篮越多,得分就越多。
但前提是你不要陷入困境,不要对你的公司或项目下太大的赌注。

每一天都是第一天

　　并非所有对创新重要的东西都在领导力准则中。这听起来似乎
是玩笑话,但贝索斯要求亚马逊人把每一天都当作"第一天"。这也
是亚马逊官方博客的名字。贝索斯在演讲、采访、给股东的信中也不
断提道:"第二天就是停滞期,接踵而来的是远离主业,然后是一蹶不
振,业绩沉痛衰退,然后是死亡。这就是为什么我们总是处于第一
天。"[8]亚马逊想要也需要把自己看作一家初创公司,灵活、组织非常
扁平、能够在需要时抓住机遇、节俭、以使命为导向。这些都是"第一
天"要培养和维持的价值观,对那些渴望有所作为又不太担心养老金
权利的人来说非常有吸引力。

　　亚马逊与耶稣会和海军陆战队之间的相似之处再一次帮助我们
理解这一点。两者的价值结构——在我们疲惫的后现代情感看
来——似乎都已经完全过时,但它们显然对那些完全接受它们的人
具有巨大的激励力量。为了上帝更大的荣耀("Ad majorem dei
gloriam")是耶稣会士第四次特别宣誓服从权威的基础,也是他们理
解行动必须着眼于更好的结果,而不是完美结果的基础。

在这两种情况下，内化的价值观并不能消除冲突，但它们确实提供了一个价值观框架，通过这个框架冲突得以解决。这正是贝索斯试图建立的一个基于共享和内化原则解决不可避免冲突的组织。当然在这个组织中，最显著的是，客户至上。

还有什么？

惊人的是，亚马逊的举措往往不止一个目的。亚马逊金牌会员制度吸引了客户，也使亚马逊商城成为可能。更便宜的物流为亚马逊省钱，也为第三方卖家提供了更好的交易，这还有助于扩展亚马逊的商品类目/产品品类。亚马逊云科技为亚马逊提供了出色的服务，随后又为其他所有客户提供了服务，并让云服务成为一个巨大的产业。如今我们在亚马逊购（Amazon GO），也就是亚马逊的无人收银商店就能看到亚马逊云科技技术。而且我们也很快就会在亚马逊纹（Amazon One）的掌纹识别软件上看到亚马逊云科技影子。这个识别软件与那些商店协同运行，也已经授权许可给其他地方，零售店、体育场馆和办公楼。[9] 据几位受访者称，亚马逊利益相关者会议通常以一个开放性的问题结束："还有什么？"讨论中的倡议如何扩展，它还能为谁服务？为大型项目找到多种好处是亚马逊的一大特点。这是一个领域的优势如何转化为其他领域优势的洞见。这种多维视野深深嵌入到亚马逊创新过程中。

流　　程

对事业的全心投入甚至更广泛的文化并不能解释一切。亚马逊在很大程度上是一家流程型公司,由其独特的做事方式决定,而不仅仅是由其创造的具体产品和服务决定。

逆向工作

亚马逊以终为始。令人惊讶的是,迈向新项目的第一步是为该产品撰写最终新闻稿,以及添加更多细节的新品发布的常见问题解答(FAQ)。这就完全颠覆了标准开发流程——在大多数公司,当产品最终发布时,新闻稿通常是最后开发出来的东西。那么,为什么要从最后开始呢?

新闻稿是对产品或服务的描述。但在亚马逊,它远不止这些。它还描述了假设客户对产品的感受,也就是什么会给他们带来真正的改变,这个产品如何满足真正的需求。所以它是高度以客户为中心的;它谈论的是顾客需要什么和他们预期的反应,远不止产品本身。而且新闻稿很短,所以客户的核心需求和愿望不容易被掩盖或忽视。下面的文字显示了亚马逊新闻稿中通常包含的内容。

新闻稿提纲示例

- 标题——以读者(即目标客户)能够理解的方式命名产品。
- 副标题——描述谁是该产品的市场用户以及他们能得到什么成效。只需在标题下写一句话。
- 摘要——对产品和成效进行总结。假设读者不会读其他内容,所以要让这个段落出彩。
- 问题——描述产品要解决的问题。
- 解决方案——描述产品如何完美地解决问题。

- 你的评价——发言人的评价。

- 如何启动——描述开始使用产品有多容易。

- 客户评价——提供来自设想的客户的评价，描述他们如何获益。

- 结束语和行动号召——总结并给出读者下一步行动的指南。

在发布新闻稿的同时，作者还编写了详细的常见问题解答，确定并解决了客户公司内外各利益相关者可能会提出的问题，如这将如何运作？它究竟将如何为客户解决问题？实施的技术障碍是什么？需要哪些资源？这个练习详细地想象了这个潜在项目中多个利益相关者的所有问题和关注点。

新闻稿/常见问题解答（PR/FAQ）随后被分发传阅以征求意见和迭代。这是一个关键步骤。FAQ 可能反映在新闻稿的更改中，已经成为发现问题和找到解决方案的记录文件。所有这些都发生在编写任何代码或分配任何资源之前。

重要细节：会议、核心文件和决定

一旦项目准备好进行正式讨论，一份 6 页的备忘录就成为项目的核心文件。因为没有人有时间阅读，演示文档就摒弃了长篇大论，但这就太容易跳过困难。因此，亚马逊不习惯使用演示文档。时任亚马逊高级管理层的杰夫·霍顿（Jeff Holden）观察到："演示文档是一种非常不精确的沟通机制。重要想法很容易被掩藏在要点之间。你永远不会被迫完整地表达你的想法。"[10] 其他支持性的工件也会附加在一起，比如用户界面模拟图、故事板等。有时一个简单的书面文档无法讲述整个故事。

但这份长达 6 页的备忘录将项目提炼成了一份易于管理的文件,同时仍然确保有足够的空间来阐述可能决定项目成败的关键细节。通常,它被反复地、快速地与团队中的同事分享,随着项目的推进,这 6 页纸不再是作者个人的责任,而是成为整个团队的责任。[11]

下一个关键步骤是举行一系列利益相关者会议。在项目开始时,这可能只涉及团队、选定的经理,也许还包括相关部门的员工。随着项目的推进,不同的利益相关者参与进来,例如,来自公司财务或市场营销方面的代表。然而,框架保持不变,这也是贝索斯驱动的重要的流程创新。在这一阶段,会议明确讨论的是 6 页的文件,会议开始时会有一段通常为 20~30 分钟的默读时间,以便所有与会者都能充分了解最新情况。这反映了一个现实,即忙碌的人在会议开始前可能没有阅读关键文件。通常情况下,会议开始时,从资历较浅员工开始,所有与会者会提出意见,这是对疑问或担忧的本能反应。正如一位前亚马逊工作者所说,"撰写一份文件需要清晰的思考、完整的分析和具体的建议。阅读这份文件可以确保每个人都彼此共识、进度统一,这样与会者就可以在会后进行具体和知情的讨论。"[12] 这与典型的公司会议截然不同,而且受到前亚马逊工作者的高度评价;几位受访者强调了围绕 6 页文件组织的会议和默读时间的有效性。

这些围绕 6 页文件召开的会议可能很直截了当。关键不是简单地批准或终止项目。他们的目标是想办法使这个项目运作起来,并使它运作得更好。问题必须明确,解决办法也必须明确。利益相关者会议是高度迭代的。项目负责人被期望在下一次会议之前解决上一次会议上提出的问题,而在快速发展的项目上,该频率可能超过每周一次。这种会议是亚马逊工作的标准特征。一旦一个项目投入生产,这些利益相关者会议就变成了每周的评审会议,团队领导使用详细的数据来显示在哪些地方实现了特定的目标，哪些地方没有实现，解释原因，并展示正在采取的措施。

其结果是，当它起作用时，是一个非常清晰的愿景。亚马逊第三方商城（Third-Party Marketplace）团队的负责人约翰·罗斯曼（John Rossman）解释了亚马逊商城的具体含义："第三方卖家，在半夜无须与任何人交流，就能登记、列出商品、完成订单，并让客户满意，就像亚马逊作为零售商收到了订单一样。"[13] 这些要求设置了门槛，并从这些要求中牵引出一系列其他要求。例如，亚马逊市场和卖家之间以及与亚马逊云技术之间自助服务能力的协调。

在利益相关者会议、新闻稿/常见问题解答和 6 页文件之外，有时还需要一份较长的文件，供更高的高层管理者审阅。如果项目规模很小，在这一阶段可能会在部门内部资金的支持下进行试点，或者团队负责人可能只是简单地重新分配员工时间和有限的资源——一个小型工程团队或部分员工的时间——并允许提议者有机会在一两个月内通过原型构建来进行项目探索。如果规模较大，它将需要经运营计划流程批准。该流程是亚马逊公司进行分配大量资源的半年预算审批过程。

这个审批过程是亚马逊内部的中心组织结构。运营计划 1（OP1）从夏季开始工作。一旦确定了新的计划，一系列严肃的会议和迭代就会开始。渐渐地，雄心勃勃的计划在第三季度末被压缩到 OP1 草案中（亚马逊第四季度的工作重点是假日促销和递送，至少是涉及零售业的业务）。OP1 大体上解释了项目将如何实施，衡量进度和结果的核心指标，所需的资源，以及项目实施所需的其他一切事务。

1 月，确定人员和资源。这是一个关键时刻。如果提议的项目获得批准，并在高层获得巨大的推动力，那么资源就会被迅速投入。据受访者说,高级职员可能只是给项目布置任务,让它尽可能快地提升,根本没有预算限制。亚马逊认识到,主要的瓶颈通常是人力,所以项目很可能有无限的人力预算——只要能找到符合亚马逊标准的人,就可以雇佣。

在1月和2月,项目成为焦点。现在,已经确定了员工,组织结构也正在形成,越来越明确,哪些团队将参与进来,以及需要哪些新的能力。1月和2月实际上是将OP1中的愿望转化为具有实际里程碑、衡量标准和承诺的项目文件。

随着项目的进行,计划文件不断更新。关键的是,项目必须有度量客户利益的指标,而且这些指标必须是实时可用的。这些是基本原则。能够衡量对客户的影响是一个关键因素。财务预算的制定要晚一些——正如一位受访者所说,这不是一个"是否符合预算"的问题,而是"是否会对客户产生可衡量的影响"。如果是,那么就会进行资金投入。斯蒂夫·邓宁(Steve Denning)总结了这与标准预算方法的区别:

> OP1计划过程以及对这些计划文件和新闻稿/常见问题解答的审查是详尽和全面的;随后对预算编制过程中的所有活动进行调整就相对简单了。这是因为对于哪些活动会对客户产生影响,以及所涉及的成本和风险,已经有了一定的共识。这并不是说亚马逊的计划过程本身是快速或简单的。更确切地说,在亚马逊,资金的分配(即预算编制)来自计划过程中对客户影响的评估。[14]

亚马逊也以数据驱动著称,分歧往往通过挖掘额外的数据来解决。数据驱动的文化鼓励对风险进行具体化和量化,正如亚马逊前高级市场研究员曼弗雷德·布卢梅尔(Manfred Bluemel)所言,分歧和冲突是项目推进过程的基础："你要对你所说的话有绝对的把握。如果你能接得住他们（利益相关者）抛来的一连串问题，那么这说明你选择了正确的衡量标准。但是你最好把所有指标都好好地放在一起看。能得到最好数字的就是赢家。"[15] 与客户相关的实时指标确保了彻底的透明度，因此所有利益相关者都可以评估活动对客户的影响。这种以数据为中心的方法意味着所有团队都有具体的数字目标，而且有很多。2009 年，亚马逊的战略计划包括"452 个详细目标，包括所有者、可交付成果和目标完成日期"，其中包括 360 个直接影响消费者体验的目标。[16]

亚马逊坚持使用应用程序界面 API 进行所有内部通信，这使得巨大的数据流成为可能（见第十章）。这对亚马逊的创新意味着什么？这些自动化的电子连接改变了信息共享的环境。如果你的团队的核心信息通过应用程序界面自动公开给所有其他团队，那么其他团队就不需要向你索取信息，你也不能扣留信息。谈判持续几周的情况随之就会不复存在。从理论上讲，这使得信息交换不仅是快速的，而且是畅通的。而且 API 本身是可重复使用的：一旦定义了 API，那么它就可以被无限次地使用，它也可以被其他团队甚至亚马逊以外的外部用户使用，而不需要进一步的人工干预。举个例子，在 2010 年，当亚马逊为客户构建一个产品详细信息页面时，系统会调用 200 到 300 种不同的服务。所有这些应答都是自动的。[17]

当然，理论不等同于实践，亚马逊内部通信无疑有很多空白、缺失的联系和信息黑洞。但是，亚马逊构建了平台，而这些平台又能被其他人使用，这种观念渗透到公司中，并使创新以在更传统的架构中根本不可能实现的方式发生。前亚马逊著名程序员斯蒂夫·叶戈（Steve Yegge）观察到，公司必须"从一个平台开始，然后将它用于所有的事情。你不能在以后再将它连接上其他事情"。[18] 就像亚马逊的许多创新环境一样,致力于应用程序界面 API 的一部分原因是它已经被内化,在整个亚马逊都是通用的,另一部分原因是高级管理层完全致力于将其作为如何建立亚马逊创新引擎的更大愿景的一部分。

批判者认为,亚马逊并不是那么有创新性,因为它没有生产出许多新的硬件(尽管它现在设计自己的半导体芯片和许多消费类硬件)。这就没抓住重点。它的创新力量来自亚马逊将创新常规化的方式,也就是通过新的远大计划、持续的迭代和微创新的过程。以金牌会员制项目为例。和许多公司一样,亚马逊也是"尝试新事物"的忠实粉丝,失败的影响有限,学习是快速和深入的。对于金牌会员制项目,实验最初受到限制,因为没有金牌会员成员。亚马逊可以宣布一个向所有人开放的新项目,但只有少数人利用了这个机会。推出一年后,金牌会员人数仍不超过 25 万人;在 2007 年假期,会员人数激增,但在 2008 年第一季度末仅为 200 万。[19]这并非只发生在亚马逊。亚马逊创新的独特之处在于,公司为实现这种持续创新而建立的架构。

架构和激励

亚马逊的薪酬并不高。亚马逊通常提供低于平均水平的薪酬,加上一笔不错的签约奖金和四年期股票。亚马逊年薪上限约为 17 万美元,签约奖金在 2 年内支付,而股票授予则严重延期,通常在第 1 年年末为股票单位的 5%,第 2 年年末为 15%,第 3 年和第 4 年各有 40%。亚马逊不支付年终奖等奖金。

微薄薪酬是亚马逊有意设计的。它有助于筛选合适的人才。员工是否非常想在亚马逊工作，以至于放弃其他公司提供的即时福利？亚马逊没有脸书所提供的任何额外福利。它需要的是以工作为主要兴趣的人。工作重点收获的是成就感。亚马逊希望那些愿意接受亚马逊文化并已经准备为此付出代价的人（见第十二章）。正如杰夫·贝索斯所说，"是什么推动了亚马逊的薪酬战略？与大多数公司相比，我们支付的现金薪酬非常低，我们也没有任何形式的激励薪酬。我们不这样做的原因是因为这不利于团队合作。如果你因为这件事失去了一些人，你最好让它尽早发生。"

　　亚马逊设立了两个高声望的奖项，完全符合它对节俭的要求和对内在而非外在激励的关注。门板为桌（Door Desk）奖，鼓励"有助于我们为客户提供更低价格的良好构想"，以及想做就做（Just Do It）奖，鼓励"崇尚行动，勇于创新，深谋远虑"。这个想法是为了表彰那些主动做了其职责范围以外工作的员工。这些奖项不是现金，实际的奖励反而有点俗气——"想做就做"奖是一双大号的二手运动鞋——但它们是亚马逊的高荣誉奖项，就像海军陆战队的勋章一样。

团队与创新

　　众所周知，亚马逊鼓励组建小团队，它们在亚马逊的创新生态中发挥着关键作用。由于小团队高度自治，亚马逊小而敏捷的团队具有高度灵活的团队间结构，提供明确的目标，并快速创新。例如，尽管亚马逊通常被认为是一家安卓公司，金牌会员即送（Prime Now）团队项目最早在苹果手机上启动该试点。[20] 而这些会成为另一类非自治式公司的主要障碍。

　　团队之所以能够形成，是因为员工看到了一个机会，像金牌会员即送这样的大机会，或者无数小机会中的一个。该员工可以在其现有团队内外自由寻求支持和发起。亚马逊的情况似乎完全不同。在其他公司,一个想法要被实施,必须在指挥系统中上升到有足够级别的管理层来采取行动。如果决定涉及财政资源或法律问题,则需要咨询这些会计师和律师。在整个过程中,都有巨大的可能被否决。通常情况下,一个否决权就会扼杀整个项目。

相比之下,亚马逊提供了贝索斯所说的"多条通向成功的道路"。个人可以走出他们的团队或者甚至他们的部门,去寻找一个对某个想法感兴趣的团队。团队可以找到任何数量的高级经理来发起和支持一个项目。亚马逊有时被称为"由 100 位 CEO 组成的公司",因为有太多可能的途径支持项目施行。

把这些初创团队甚至是还没有组成团队的想法,想象成一千朵花的种子,许多最终开花。亚马逊非常努力地用资源来施肥和浇灌,尽管他们知道大多数创新想法都会失败。这些通常只有几名甚至一名员工的初创团队都有足够的资源来测试创新点子是否有值得追求的价值。这个测试可能需要一段时间,需要其他团队成员花费数小时或数天的时间,也可能需要其他资源一起来完成。这是创新想法的预试验阶段。

如上所述,亚马逊的创新者使用倒推法进行工作,对项目的目的、服务对象以及客户受益的具体原因有清晰的想法。当项目受到关注,并且有更多的证据表明这个项目是值得实施的时候,项目可能会从初创团队内外吸引更多的资源。这可能包括来自物流、人力资源或广告等其他领域的临时帮助。在这个阶段,该项目将从现有结构中增加临时资源。人力资源人员可能会帮助项目吸纳人才,但他们仍然留在现有的人力资源团队中。由于亚马逊之前决定通过应用程序界面来管理信息流,因此初创团队无须获得许可即可访问并获得更多的信息资源。

　　当项目/团队获得了进入试生产许可的时候，项目团队就需要更多的资源，并建立一个更集中的团队。尼尔·奥克曼（Neil Ackerman）解释说，当他开始为他的轻小商品计划项目建立团队时，他通过亚马逊内部目录搜索他需要的团队成员，并经过数周的努力，通过"许许多多次的咖啡会议"与他们接触。在他最终要求加入新团队的七个人中，有三个人接受了。其余的都是他从外面雇来的。[21]

　　随着项目越来越成功，项目和项目团队在整个亚马逊层次结构中的地位也越来越稳固。项目不再是一个试点或实验，而是现有服务中的一项服务。因此，奥克曼的轻小商品计划项目成为一个成功的解决亚马逊商城需求的嵌入工具。随着时间的推移，轻小商品计划项目的优势吸引了亚马逊零售，现在轻小商品计划项目是亚马逊物流网络中的一项永久性服务，通过指挥链向上报告，并通过标准的OP1机制获得资金。[22] 随着项目的巩固，项目团队成为亚马逊生态系统中完全独立的实体。它们有自己的营销、销售、工程和财务职能，因此每种产品都有自己的损益表，因此每种产品都有自主权和问责制。

　　那么，亚马逊的模式有什么不同，有什么作用呢？

　　与其他公司模式的主要区别在于，亚马逊的内部环境是为了鼓励团队的不断组建，并提供关键的早期资源，让团队快速发展。新的团队随着新需求的出现或被发现而形成。有时候，这是由个人推动的。但是当一个团队的工作量变得太大时，亚马逊也可能会决定将该团队分成多个较小的团队，以保持他们的敏捷性。管理层期望甚至要求持续创新。而这种组织架构的建立是为了在创新项目早期阶段提供足够的资源，在雏形和测试阶段提供足够的支持，以及提供足够明确的最终采用路径。否决权少得多，而资源和途径分布更广泛。这一点很重要。创新从来都不容易。并不是亚马逊让创新变得容易。但亚马逊的架构是为了让创新"容易"。正如长期的科技观察家本尼迪克特·埃文斯（Benedict Evans）所指出的：

> 创新（团队）的架构优势，至少在亚马逊，甚至在理论上，是存在的，是可以让创新成倍增加。你可以在不增加新的内部架构或直接报告的情况下增加新的产品线，你可以在不召开会议和项目以及增加物流和电子商务平台过程的情况下增加创新项目。理论上，你不需要飞到西雅图，安排一大堆会议，让人们支持在意大利推出化妆品，或者说服任何人在他们的产品路线图中添加一些东西。显而易见，这意味着对亚马逊而言，商品并不是单纯的产品，而是产品类别。
>
> ——本尼迪克特·埃文斯（Benedict Evans）[23]

当然，这个场景有点理想化了。小团队也会争夺资源和项目。因此从另一个角度来看，亚马逊创造了一个弱肉强食的环境，团队代表他们的项目和计划进行激烈的竞争，有时是恶性的竞争。不是所有的东西都能得到资助，所以自然就会有赢家和输家。这种高度竞争的环境是亚马逊推动团队创新的另一种方式。在同一个大项目中，不同团队之间的协调可能会成为一个重要的问题。一位受访者指出，为艾丽莎项目工作的小团队最终追求的目标是相互矛盾的。

创新者和愿景

公司经常把"创新者"和"经营者"区别开来，后者认为他们的工作就是运行现有的系统。他们对创新没有情感上或职业上的利害关系，所以他们会成为促成熵增的人。而有盈利公司的工作系统也会不断出现需要满足运营要求的压力，通常会采取"足够好"的心态。

这就阻碍了新的想法。如果效率是主要目标,那么很难看到下一个业务或商业模式。克莱·克里斯坦森教授直接指出,在一个成功的在位企业中进行创新非常困难。

在亚马逊,至少在他们自己看来,每个人即是创新者也是经营者。事实上,随着创新项目进入实施阶段,负责团队将成为该项目的运营团队。这让处于 21 世纪生产方式的亚马逊回到了工业革命之前的手工生产世界,每个工匠都要为他们生产的整个产品负责。

愿景的第二个方面是长远思考。杰夫·贝索斯经常强调这一点,正如他在 1997 年给股东的第一封信中所说:"我们的投资决策将继续着眼于长远市场领导地位的建立,而非快速盈利或短期资本市场回报。"在他看来,大多数公司与本季度的业绩联系太紧密。这就是为什么大多数首席高管关注的是现有的业务,而不是将来的业务。贝索斯说,本季度的业绩实际上在两年前就已经"出炉"了,他个人的注意力集中在 2~3 年后。这种长远思考和计划的能力是亚马逊的巨大竞争优势。正如贝索斯在 1997 年写给股东的信中指出的那样:"由于我们强调长期性,我们可能会以不同于一些公司的方式做出决定和权衡。"以更长远的眼光,忽视短期资本市场,一直是亚马逊的特点。在有关亚马逊对新冠肺炎疫情的回应中,贝索斯只是简单地说:"投资者应该坐下来休息下。"这不是玩笑。

资源、预算和规模

亚马逊的创新还得益于亚马逊已经积累的巨大资产和能力存量。亚马逊的一个核心原则是尽可能避免构建新的东西,尽可能地重复使用。至少在数字方面,在亚马逊云的高度模块化设计的支持下,可重复使用性正在增长,它可以重新配置以支持新的项目,而无须重新设计堆栈的各个组件。正如一位亚马逊前经理所说:"要在移动购物应用程序上发布一个新类别,我们不需要核心移动应用团队来编写一行代码。它的构建方式使任何团队都可以介入,而不依赖于中心团队的工作,否则会出现瓶颈。"[24] 得益于与亚马逊云科技的紧密联系,亚马逊能快速进入新的业务线或新的类别。

尽管有这么多的技术和流程,我们不应该忘记亚马逊现金充裕。亚马逊很早就进行了融资,1997 年首次公开募股(IPO)为其募集了 5 400 万美元的资金,随后在 1998 年至 2002 年期间又进行了 22 亿美元的债券融资,这帮助亚马逊度过了互联网崩溃的难关,并使其在多年利润微薄、投资巨大的情况下免受金融市场批评。[25]

2019 年,亚马逊的营业利润超过 140 亿美元,为此支付了 1. 62 亿美元的联邦税,并向股东派发了不到一美元的股息。在这之前的 2017 年和 2018 年,其联邦税为零。2019 年亚马逊可以自由支配的现金为 258 亿美元,截至 2020 年第二季度末,亚马逊账上有 713. 9 亿美元现金,较上年同期增长 72%。

因此,与其他科技巨头一样,亚马逊实际上拥有支持创新的无限资源。这就是为什么它能负担得起 5 000 多人开展艾丽莎项目[26],10 000 人从事与艾丽莎和爱科智能音箱相关的工作。亚马逊正在寻找足够大的创新来为一家收入达到 2 810 亿美元的公司持续提供动力。"大"意味着昂贵,有风险,但没有那么高的风险。亚马逊最近以超过 10 亿美元的价格收购了"闪烁"(Blink)和"指环"(Ring)这两家家庭安全技术公司,以围绕艾丽莎建立一个完整的家庭自动化和安全系统。拥有所购公司的技术和人才等资源可以加快亚马逊进入家庭安全市场的速度。因为对于像家庭自动化这样快速发展的行业来说,先发优势是关键,因此市场进入速度的快慢至关重要。亚马逊可以承受销售设备的亏损来进一步开拓市场，[27]它也有能力向艾丽莎投入巨大的资源来保卫它进军家居领域的重要途径，同时它还可以弄清楚艾丽莎除了天气和电视节目之外，还能用来做什么。

　　巨大的现金储备意味着亚马逊可以承担风险，而且亚马逊从来就不会在一个项目上押上公司的前途。在一些行业，如半导体，前沿的创新可能意味着公司的成功或失败。但对亚马逊来说不是。在某种意义上，亚马逊的所有项目都是双向的，因为即使它们完全失败了，公司也可以消化损失，然后继续前进。正如杰夫·贝索斯在谈到肯多电子阅读器和亚马逊云科技时所说："你只需要下赌注。如果你下了足够多的赌注，而且你下得足够早，赌注就没有一个会危及公司生死存亡的境地……如果你经常发明，并且愿意失败，那么你就永远不会达到真正需要把整个公司都押上的地步。"[28]亚马逊避免了以公司为赌注的不切实际的想法，贝索斯本人持股占主导地位，其他高管也持有大量股票，其余股东则以被动投资基金为主。亚马逊没有极度愤怒的股东需要安抚，也没有强势的华尔街分析师需要安抚。[29]因此，在2018年，亚马逊可以承担与苹果和微软加起来差不多的研发支出，比其最接近的竞争对手高出40%。[30]

　　这很重要。杰夫·贝索斯曾多次表示，要想像亚马逊那样创新，"你必须愿意长期被误解。"他没有说但同样是事实的是，你必须有能力承受长期被误解的能力，不让自己因华尔街的评价而感到难堪。这种能力让亚马逊能够长期思考，无视华尔街声名狼藉的对短期季度业绩要求。它还有一些有用的附带好处就是，亚马逊也独立于华尔街的信息要求，所以它提供的财务信息很少。据美国第一资本金融公司（Capital One）前首席执行官格里戈尔·拜勒（Gregor Bailar）的说法，这本身就为亚马逊提供了额外的灵活性和敏捷性，亚马逊没有被现有的财务报告结构限制。[31]贝索斯声称，由于目前的业绩已经初见端倪,他要把精力放在至少两年之后。而为了让创新的想法开花结果,亚马逊公司需要愿意"等5~7年,而大多数公司都不会花这个时间"。

亚马逊有足够的资源来承担巨大的投资和冗长的项目,甚至是必要的可能会出现重大的创新失败。亚马逊的创新模式也越来越得益于其庞大而迅速增长的规模。创新不是凭空发生的。产品不会进入一个本质上是中立的市场。而亚马逊非常善于在尽可能大的规模下把控局面,利用其在一个市场的主导地位来影响上游、下游或邻近市场的结果。例如,2019年,亚马逊在全球范围内运送了约35亿个包裹。[32]巨大的货流使货运代理业务成为可能。如果没有亚马逊现有的规模,开始货运代理业务将是一个巨大的风险。有了这样的规模,风险就有限了。这是一个双向的机会,亚马逊可以根据实际情况采取下一步行动。在医疗保健领域也是如此,亚马逊的120万员工立即让亚马逊医疗达到了一定规模。

亚马逊也有非金融资源。它的物流能力适用于零售业,但它们也为"药包"(Pillpack)和亚马逊药店(Amazon Pharmacy)的医疗保健服务提供了巨大竞争优势。如果没有物流保障,这两者都不会是一个好的选择。亚马逊云科技与此类似。亚马逊云科技使用快速部署的全球数字资产和工具,可以更轻松地进入新市场,并更快地在现有市场得到提升。而且亚马逊还在持续投资。它从2014年开始大力投资人工智能和机器学习,而且一直没有停止。[33]这已经对一些核心业务产生了重大影响。例如,改进零售业的自动推荐,以及开拓像由人工智能AI和机器学习ML驱动的艾丽莎这样的语音识别新市场。

在《科学革命的结构》中,汤姆森·库恩(Thomas Kuhn)区分了科学中的增量变化和他所说的"范式转变",通过这种转变,科学家们突然接受了一种新的重大概念结构,通过这种结构来看待现实。[34]
爱因斯坦的宇宙论取代了牛顿力学,就像哥白尼的天体说取代了托
勒密的地心说一样。迄今为止,亚马逊成就了五个范式的转变：在
线书店、亚马逊云科技、亚马逊商城、肯多电子阅读器和亚马逊金牌
会员制。艾丽莎智能语音很可能是下一个。在每一种情况下,一系
列的创新都使人们对可能发生的事情有了新的认识。例如,云计算
与传统的企业计算有着本质的区别,它需要一种不同的高度模块化
的思维方式。

　　重大创新推动了转型,但渐进式的变革也可能非常有价值。例
如,亚马逊物流业务(Amazon fulfillment)中的轻小商品项目并不是基
于技术上的巨大飞跃。正如亚马逊物流的发明者和管理者尼尔·奥
克曼(Neil Ackerman)解释的那样,亚马逊物流系统为亚马逊解决了
一个巨大的问题,即派送单一的轻小商品,而这些商品在亚马逊销售
的商品中占大多数。当时,派送成本太高,以至于亚马逊要求客户将
这些购买物品添加到现有订单上,以便共同派送。显然,这根本不是
以客户为中心。奥克曼的创新项目建立在几个微创新的基础上创建
了一个完整的解决方案,就是在美国使用一个集中的仓库专门用于
这些物品;为仓库工人制定不同的轮班模式,使他们更有效率;在仓
库内采用新的分类和选择方法;与美国邮政管理局建立独特的合作
关系,将包裹的区域派送嵌入在美国邮政的地方邮局体系中,让已经
注明邮政编码的包裹更便于交付。尽管这些变革几乎不涉及新技
术,这些改良式的创新成功地解决了一个重要的商业问题。[35]

　　在亚马逊,文化、流程、架构和资源都与创新这个目标保持一致。
它们本身每一个都不简单,但它们共同一起成为一个强大的创意涌
现的生态系统。在这个系统中,创新不仅被允许,还被要求;支撑创
新的价值观被深深内化;流程在许多方面都得到了调整,以期鼓励创

新并帮助创新想法成功;团队保持小型化、流动性、敏捷性和有效性;而亚马逊庞大的财务、技术和市场资源是可以利用的杠杆,而不是用来防御的封地。创新的结果是亚马逊可以成为多个领域的创新浪潮的弄潮儿。[36]这是一台创新机器。亚马逊建造了这台机器。

附录一　亚马逊领导力准则

客户至上(Customer Obsession)——领导者从客户角度入手,再反向推动工作。他们努力工作以赢得和维持客户的信任。尽管领导者关注竞争对手,但他们更关注客户。

主人翁精神(Ownership)——领导者是主人翁。他们着眼长远,不会为了短期的利益而牺牲长期的价值。领导者不仅仅代表自己的团队,而且代表整个公司行事。他们绝不会说"那不是我的工作"。

发明和简化(Invent and Simplify)——领导者期望并要求他们的团队进行创新和发明,并且始终寻求简化工作的方法。他们了解外界动态,到处寻找新的想法,并且不局限于"非我发明"的观念。当我们做新的事情时,我们要接受被长期误解的可能。

决策正确(Are Right, A Lot)——领导者在大多数情况下都能做出正确的决定。他们拥有卓越的业务判断能力和敏锐的直觉,他们寻求不同的观点,并挑战自己的观念。

好奇求知(Learn and Be Curious)——领导者从不停止学习,总是寻找机会以提升自己。他们对各种可能性充满好奇,并采取行动加以探索。

选贤与能(Hire and Develop the Best)——领导者在每次招聘

和晋升时都会提高员工标准。他们表彰杰出的人才，并乐于在组织中通过轮岗磨砺他们。领导者培养领导人才，他们严肃地对待自己的培训职责。领导者从员工角度出发，建立职业发展机制。

最高标准（Insist on the Highest Standards）——领导者的标准一直很高。这些标准在很多人看来可能高得不可理喻。领导者不断提高标准，并推动他们的团队提供高质量的产品、服务和流程。领导者会确保任何问题不会蔓延，及时彻底解决问题并确保问题不再出现。

远见卓识（Think Big）——局限性思考只能带来局限性的结果。领导者大胆提出并阐明大局策略，由此激发良好的成果。他们从不同角度考虑问题，并广泛寻找服务客户的方式。

崇尚行动（Bias for Action）——速度对业务影响至关重要。许多决定和行动是可逆的，因此不需要进行过于广泛的研究。我们提倡在深思熟虑的前提下进行冒险。

勤俭节约（Frugality）——力争以更少的投入实现更大的产出。勤俭节约可以让我们开动脑筋、自给自足并不断创新。增加人力、预算以及固定支出并不会为你赢得额外加分。

赢得信任（Earn Trust）——领导者专注倾听，坦诚沟通，尊重他人。领导者敢于自我批评，即便这样做会令自己尴尬或难堪。他们并不认为自己或其团队总是对的。领导者会以最佳领导者和团队为标准来要求自己及其团队。

刨根问底（Dive Deep）——各级领导都在运作，与细节保持联系，经常审计，并且在数据和传闻不同时持怀疑态度。没有什么任务比得上他们。

坚定信念，有异议但全力以赴（Have Backbone；Disagree and Commit）——领导者必须要能够不卑不亢地质疑他们无法苟同的决策,即使这样做会让人不舒服或筋疲力尽。领导者要信念坚定,矢志不移。他们不会为了团队凝聚力而妥协。一旦决定了,他们就会全力以赴。

达成业绩(Deliver Results)——领导者关注其业务的关键决定条件,并确保工作质量和及时完成。尽管遇到了挫折,他们还是随机应变,从不气馁。

尾　注

[1] Jeff Bezos, Amazon shareholder letter, 2015.

[2] Maxwell Wessel, "Why Big Companies Can't Innovate," *Harvard Business Review*, September 27, 2012.

[3] Pete Pachal, "How Kodak Squandered Every Single Digital Opportunity It Had," *Mashable*, January 20, 2012.

[4] Neil Ackerman, Head of Advanced Technologies, Johnson and Johnson, interview, September 29, 2020.

[5] John Cook, "Jeff Bezos on Innovation: Amazon 'Willing to Be Misunderstood for Long Periods of Time,'" *GeekWire*, June 7, 2011.

[6] Jeff Bezos, Amazon shareholder letter, 2013.

[7] The Prime Directive comes from Star Trek. Starfleet Order 1 is a prohibition on interference with the other cultures and civilizations representatives of Starfleet encounter in their exploration of the universe. Starfleet officers take an oath to uphold the Prime Directive even if it means sacrificing their own lives or the lives of

their crews.

[8] Jeff Bezos, Amazon shareholder letter, 1997.

[9] Katherine Khashimova Long, "Amazon Expands Palm-Scanning Payment Technology," Seattle Times, November 12, 2020, sec. , Business, Consumer Reviews.

[10] Stone, *The Everything Store: Jeff Bezos and the Age of Amazon.*

[11] According to Jeff Bezos, by tradition at Amazon, authors' names never appear on the memos — the memo is from the whole team. Amazon Shareholder letter, 2017.

[12] Samir Lakhani, "Things I Liked About Amazon," *Medium*, August 28, 2017.

[13] Rossman, *Think Like Amazon: 50 1/2 Ideas to Become a Digital Leader.*

[14] Steve Denning, "How Amazon Tames The Budget," *Forbes*, June 2, 2019.

[15] George Anders, "Inside Amazon's Idea Machine: How Bezos Decodes Customers," *Forbes.*

[16] Jeff Bezos, Amazon letter to shareholders, 2009.

[17] Jeff Bezos, Amazon letter to shareholders, 2010.

[18] Yegge Steve, "Tour-de-Babel," Steve Yegge (blog), 2004.

[19] Morningstar and Consumer Intelligence Research Partners.

[20] Steve Banker, "Amazon Innovates at Scale: Launching Prime Now in 111 Days | Logistics Viewpoints," *Logistics Viewpoint* (blog).

[21] Neil Ackerman, Head of Advanced Technologies, Johnson and Johnson, interview, September 29, 2020.

[22] Neil Ackerman, interview, November 6, 2020.

[23] Benedict Evans, "The Amazon Machine," *Benedict Evans* (blog), December 12, 2017.

[24] Lakhani, "Things I Liked About Amazon."

[25] Pat Garofalo, Matt Stoller, and Olivia Webb, "Understanding Amazon: Making the 21st Century Gatekeeper Safe for Democracy," American Economic Liberties Project, July 2020.

[26] Nat Levy, "5,000 People Are Working to Make Amazon's Digital Assistant Alexa Smarter, with More to Come," *GeekWire*, September 27, 2017.

[27] Tim Bradshaw, "Amazon's Ring Deal Sounds Alarm for Connected Home Rivals," *Financial Times*, March 3, 2018.

[28] Cook, "Jeff Bezos on Innovation: Amazon 'Willing to Be Misunderstood for Long Periods of Time.'"

[29] Bezos is still by far Amazon's largest shareholders. Most of the remaining big shareholders are passive market-mirroring investment funds, with no record of shareholder activism.

[30] Digital Competition Expert Panel, "Unlocking Digital Competition, Report of the Digital Competition Expert Panel," Digital Competition Expert Panel, March 13, 2019.

[31] Gregor Bailar, interview, June 15, 2020.

[32] Hayley Peterson, "Amazon's Delivery Business Reveals Staggering Growth as It's on Track to Deliver 3.5 Billion Packages Globally This Year," *Business Insider*, December 19, 2019.

[33] Steven Levy, "How Amazon Rebuilt Itself Around Artificial Intelligence," *Wired*, February 1, 2018.

[34] Thomas S. Kuhn, *The Structure of Scientific Revolutions*, University

of Chicago Press, 1970.

[35] Neil Ackerman, interview, September 29, 2020.

[36] Several of Amazon's currently promising initiatives are discussed in Chapter 13, *Amazon in 2031*.

第二部分

CHAPTER TWO —————— **影　响** ——————

第八章 |
亚马逊的反品牌

> 权力的天平正在远离企业而转向顾客……企业应对这种情况的正确方法就是把更多的能量、精力和资金投入到创造和提供优秀产品或服务，而非宣传和营销中去。
>
> ——杰夫·贝索斯

品牌无处不在。人们生活必需的吃穿用度大多离不开品牌。而为了丰富和便捷生活的娱乐、新闻、电话和网络也是如此。为什么？因为品牌能够引导消费。

大众消费需要引导。为了对不计其数且日渐增长的产品进行分门别类，消费者需要借助外界的指导。我们如何决定买哪辆车，吃哪款燕麦，穿什么袜子？这时，给某一款产品打广告固然有效，但多年前营销人员就已经发现，将消费者与品牌联系起来比与产品联系起来更有效，成本也更低。

如今，每家大公司都希望消费者与它的某个品牌建立情感联系。有些公司只有一个品牌，比如耐克公司；而有些公司则有几十类品牌，比如通用磨坊公司。但对于每一个品牌来说，重点都是一样的：让客户和品牌建立情感联系，这样它们就可以更容易、更经济的方式，以及更高的价格销售产品。品牌影响我们的判断：它们使我们倾向于喜欢或不喜欢被售产品。品牌获取客户的模式如同一个漏斗（见图16）。从公司的角度来看，品牌意识最终变成了参与，然后是潜在客户开发，进而转化为销售。可口可乐已经证明了品牌有多强大。在一项口感测试中，99%的受测组成员在可口可乐和无名可乐之间选择了前者，而后者其实也是可口可乐！[1]

图16 获取客户的漏斗模型

在亚马逊出现前，找到产品是很困难的，而找到关于产品的有用信息更困难。实体店的库存有限，除了包装盒上的标签外，几乎无法提供其他有用的信息。消费者依靠口碑、杂志评论和广告遴选产品。在这种情况下，品牌发挥了重要作用。在20世纪30年代，汽车公司已经成为品牌创造的领跑者，纷纷打造标志性品牌，然后将品牌与细分市场相结合。雪佛兰车主不是福特车主，当然也不是凯迪拉克车主。三十年后，广告风靡的世界里充斥着品牌。品牌广告作为一种长期广告投资持续数年甚至数十年。营销大师泰瑞·奥莱理（Terry O'Reilly）说得很好："顾客被一个品牌吸引的原因有很多。但最重要的原因是品牌给客户营造的氛围。价格、定位、颜色等要素的影响都远低于此。"[2]

搜 索 的 力 量

　　正如史学家们喜欢做的那样,五十年后(或许仅二十年后),史学家们会回顾并宣称品牌的力量在 21 世纪初达到顶峰。这是亚马逊将消费者与计算机搜索以及另外两种极具颠覆性的技术(算法推荐和客户评论)完美结合起来的结果。

　　计算机搜索是一种变革性的技术。亚马逊的这一工具允许客户使用多个过滤选项从产品目录中找到目标产品。因此,亚马逊不提供品牌而是提供搜索服务。消费者没有品牌偏好,即使对目标产品一无所知,也能迅速缩小选择范围,然后做出合适的选择。如此一来,就避免了复杂的漏斗模型。在此基础上,亚马逊基于不同客户搜索相同产品时购买与浏览模式的相似性,识别出客户可能感兴趣的其他产品并准确推送。随着亚马逊的数据越来越丰富,算法越来越完善,相关目录也越来越健全,推送结果日益准确。

　　几乎同时,亚马逊设计了客户评论的机制。产品的实际购买者通过这一渠道向其他潜在购买者提供了建议和详细信息。因此,消费者不依赖零售商、制造商或贸易杂志所提供的信息,可以直接阅读以前的购买者撰写的用户体验报告。事实证明有购买经历的消费者热衷于发布评论。亚马逊上的热门产品产生了数万条评论。截至2020 年 6 月,亚马逊爱科音箱有 357 707 条客户评论。2016 年,亚马逊上的评论就超过 1.1 亿条。再普通的产品也能收到大量评论,例如一个简单的斯坦利木柄锤都有 276 条评论。[3]

　　亚马逊上充斥着评论,而且它们发挥了重要作用。事实上,评论系统起到了革命性的作用。首先,评论影响销售。[4]一项调查发现,近60%的消费者认为在线评论和朋友一样值得信赖,尽管这可能暗示了朋友的作用有限。[5]其他一些额外内容,如一组准备充分的问答,也有助于推动销售,[6]但这类设计必须和客户的生活经验紧密连接。

搜索引擎加上算法推荐,再加上客户评论正在冲击品牌的地位。客户不必再通过品牌漏斗寻找商品。这已然成为营销潮流。当然,亚马逊用户仍然可以搜索品牌。例如他们可以直接搜索汤米·希尔费格(Tommy Hilfiger)牛仔裤。但品牌只是众多过滤器中的一个。价格、金牌会员产品状态、颜色、技术参数……区分产品的属性有很多。正如朱莉·克雷斯韦尔(Julie Creswell)在《纽约时报》上所指出的:"亚马逊搜索浏览器上大约70%的单词搜索是针对普通商品的。这意味着消费者输入的是'男士内衣'或'跑步鞋',而不是哈尼斯或耐克等具体的品牌名。"[7]另一项分析也表明无品牌搜索占77%。[8]

> 我认为,实际上,你的公司(指亚马逊)集合了大约10亿消费者和技术的力量去摧毁品牌。他们的态度是,在很长一段时间里,品牌赚取了不劳而获的价格溢价,令消费者不寒而栗。
>
> ——斯科特·加洛韦(Scott Galloway),纽约大学,引自Creswell(2018)

当然,品牌不会马上消失,至少现在不会。实体店需要它们留住一代又一代的客户。而亚马逊正在建立的是一个专门为品牌脱媒(disinter mediation)的零售帝国,用算法和客户评论取代品牌的独特力量和影响作用,品牌在这方面几乎无能为力。[9]亚马逊不在乎客户对单个品牌的感觉。取而代之的是,亚马逊提供了一些工具,以便客户能够精确地搜索到目标功能,例如合适的屏幕类型、合适的内存量、合适的键盘等等。客户提要求,亚马逊提供商品。无论客户选择戴尔、惠普、苹果、微软、华硕还是其他杂牌产品,亚马逊毫不在意。客户是否搜索戴尔对亚马逊而言无关紧要,不过这对戴尔很重要,但戴尔在客户如何搜索笔记本电脑方面,除了支付亚马逊水涨船高的广告费,没有太多发言权。

亚马逊这一不断成长的零售平台给品牌带来了巨大挑战。它是美国规模最大、最有潜力的在线市场。亚马逊的金牌会员来自美国最富裕的阶层。因此,品牌商聘请顾问尝试不同的策略,学习如何解锁亚马逊的财富秘密,在亚马逊上获得成功的一款产品的增长速度是线下成功产品的数倍。但亚马逊的平台逻辑倾向于打造一个完全扁平化的市场,在这里品牌无关紧要,消费者的选择是由算法、客户评论和专注于产品而非品牌的亚马逊广告所驱动的。

因此,亚马逊充斥着许多非主流的品牌。"无线耳塞"是亚马逊最热门的搜索词。但在亚马逊的耳机类产品中,766 个品牌的 2 435 种不同产品跻身过热卖品百强。[10]尽管有苹果、索尼和碧驰(Beats)等大品牌,但是耳机只是商品。没有品牌"独占"这一品类,因此细分市场和价格面临持续的下行压力。赢家是靠销量赚钱的,这就要求他们抢占购物车,而这主要取决于价格和评论。

在亚马逊的支持下,推出一个新品牌只需几分钟的时间和极低的成本。这也是一套崭新的商业模式。过去建立一个消费品牌需要漫长的时间、密集的分销网络和大量的投资,尤其是在营销方面的投入。但是亚马逊带来的准市场是由简单的计算驱动的。当预计收入大于商品成本①时,就可以推出新产品。卖家并不是真的在打造品牌,几乎所有的公司都在创造营收。只要算法有效,其他一切都无关

---

① 商品成本指加上将商品推上热销榜以抢占客户的购物车的成本,当然还有付给亚马逊的费用。

紧要。安迪·沃霍尔（Andy Warhol）有句名言："每个人都会在15分钟内闻名世界。"也许他设想的就是亚马逊上的品牌。当然，一些纯数字品牌如满宝（Mpow）和安克（Anker）已经积累了数万条真实评论和一定的品牌认可度。安克即将上市。但它们是例外。大多数畅销的耳机都不是名牌产品，它们通常是在几天内创造出来的，持续时间也不长，它们好比零售业的蜉蝣。

最后一点。亚马逊商城促进了现有零售分销渠道之外的零售套利和灰色市场分销。分销商在实体店和网上其他地方购买折扣很大的商品，然后在亚马逊上转售。这也是勃肯鞋（Birkenstock）和耐克离开亚马逊的部分原因，至少有一段时间亚马逊缺少对这些品牌的线上分销系统的监管。如果一个分销商在沃尔玛的某个地方发现了便宜的耐克商品，就能创造一个套利机会，亚马逊对此熟视无睹，这也引起了品牌商的反感。从亚马逊的战略角度来看，与数字工业时代之前的任何其他商业遗产相比，品牌无足轻重。

耐克的故事可能会成为一个重要的案例。耐克是一个非常强大和知名的消费品牌，它已经作出了长期未来主打直接面向消费者（D2C）的产品的战略决定。考虑到实体店目前泥足深陷，耐克要想拓宽在线业务，就不得不通过亚马逊平台或自建平台。目前耐克的选择是后者。不幸的是，这一战略转变与新冠肺炎疫情同时发生。尽管在线销售大幅增长，但营收却大幅下降。可以理解的是，耐克在亚马逊的排名也大幅下降，过去它经常跻身于男子跑鞋品牌的前五名，但现在它的排名在十几位。如果耐克能够恢复并成功建立自己的 D2C 业务，这可能标志着亚马逊的业务范围将受到限制。至少对大型消费品品牌而言是如此。如果耐克的 D2C 业务失败了，那么品牌商们除了亚马逊，将别无选择。[11]

亚马逊仍然需要品牌

尽管搜索功能强大,但一个没有品牌的平台并不完全适合亚马逊。首先,即使客户不认识很多品牌,客户也希望看到品牌。品牌能让客户相信在供应链的另一端有人负责。当然,品牌仍有力量,人们购买大量品牌商品。而且作为万能商店,亚马逊希望各类品牌出现在自己的平台上。这就是为什么它仍与耐克和勃肯鞋等公司合作。

这也是为什么亚马逊在供应链中寻找那些从未在亚马逊出现过的品牌的分销商和批发商,试图说服他们通过后门将这些品牌加入亚马逊。勃肯鞋的董事长甚至给他的分销商写了一封信作为回应,坚称任何在亚马逊上销售产品的分销商都将被立即并完全取消分销资格。[12] 品牌商不欣赏亚马逊不断破坏自己分销控制权的做法。但是让他们的产品远离亚马逊又很困难,亚马逊也无计可施,简单搜索耐克就能发现有数百个网页列出了耐克鞋。一项随机调查显示,其中100%的产品不是从耐克本部或亚马逊发货的。[13] 因此,尽管耐克离开了亚马逊,但它的鞋子却没有离开亚马逊。

除了扩大经营范围外,亚马逊需要品牌的原因还有很多。亚马逊零售业务正在亏损(见第九章)。为了填补这个漏洞,亚马逊的核心策略之一就是提高价格。但在亚马逊商城创造的弱肉强食世界里,商品必须有价格优势。所以面对虎视眈眈的竞争对手,亚马逊不能提高价格。

因此,亚马逊正试图打造自己的品牌,谋求更高的利润率。有两种方法可以做到这一点:消除中间商或批发商,亚马逊直接从生产厂家获得自有商品；或者创造出溢价更高的优质品牌，这些品牌或许质量更佳，或许在消费者心目中与优质相关联。上述两种策略亚马逊都在尝试。

自有品牌

亚马逊直接从制造商那里采购产品后作为自有品牌销售。这将消除中间商和批发商收取的利润，提高亚马逊的利润率。亚马逊可以看到整个网站的销售流量，然后探索确定它是否可以在一个薄利多销的项目中盈利。这就是亚马逊自有品牌业务对其他品牌和销售商构成的威胁：即使它不通过跟踪单个商品的销售来作弊，也可以通过检查汇总数据来挑选最成功的亚马逊商城产品。然后，它就可以利用自己的规模，以更低廉的成本制造和销售，将规模小得多的竞争对手甩在一边（见第五章商城中杰森·博尔斯的故事）。

2009 年前后，亚马逊开始经营自有品牌，以电池为代表的早期产品非常成功。亚马逊通过消除品牌成本和供应链的中间商，获得了相当大的市场份额，尤其是抢占了金霸王电池的原有市场份额。便宜30%的价格优势帮助亚马逊在主流规格（AA、AAA、D 和 C）的电池市场开拓了 30%的份额。[14]迄今为止电池仍然是亚马逊最成功的自有品牌。

这一成功似乎为亚马逊提供了一个成功的剧本：寻找一个商品已经完全商业化的品类，而且一旦满足特定需求，其产品质量差异很小，例如计算机连接线。为了确保瞄准合适的细分市场，亚马逊倾向于进入只有一个成功产品的市场，如电池市场。亚马逊专注于市场主流产品，不提供特殊型号电池，并确定能以低价满足规格要求的制造商。[15]亚马逊推送产品时候，可能会使用亚马逊自有产品的专属工具。而且为了抢占市场份额,亚马逊把价格降到最低或更低。[16]

　　这个自有品牌电池成功的剧本导致了亚马逊自有品牌产品的泛滥。到 2019 年,亚马逊提供了 550 多种亚马逊自有品牌的 23 000 多种自有产品,[17]如亚马逊倍思(Amazon Basics)品牌的家居用品和电子产品;亚马逊珍藏(Amazon Collection)品牌的珠宝;亚马逊精选(Amazon Essentials)品牌的男装和女装。[18]这些以"亚马逊"命名的品牌合计占亚马逊自有品牌销售额的 72%,仅亚马逊倍思就占 57%。不但如此,亚马逊还推出了数百个隐藏品牌,如斑点斑马(Spotted Zebra)品牌的儿童服装、极简(Good Brief)品牌的男士内衣、好材(Goodthreads)品牌的服装、外格(Wag)品牌的狗粮、铝威(Rivet)品牌的家居用品和拉罗(Lark & Ro)品牌的女士服装。[19]从品牌名称上看他们和亚马逊似乎并无关联。

　　亚马逊的自有品牌产品并不是一种创新。在前工业时代,每一款产品都被打上了"自有标签",因为工匠只制造和销售自己的产品。现代自有品牌在 19 世纪中期声名鹊起,与此同时,大规模生产和产品目录扩大了主要零售商的经营范围。蒙哥马利·沃德(Montgomery Ward)和西尔斯·罗巴克(Sears Roebuck)是这一时期的先驱者。西尔斯开发了许多知名的家居品牌,包括艾克美(Acme)品牌的时钟和加热器、肯摩尔(Kenmore)品牌的缝纫机、吸尘器和家用电器,以及科莱福(Craftsman)品牌的工具。在一个多世纪的时间里,这些品牌都较好地获得了公认。它们过去可以被称为自有品牌,但随着时间的推移,它们开始以其他品牌的方式行事——在消费者和品牌之间建立情感和个人联系。

　　零售商使用自有品牌既可以直接创收,也可以获得更高的利润,又可以控制民族品牌。沃尔玛自有品牌的番茄酱比亨氏便宜。因此,沃尔玛的番茄酱品牌即使不畅销(尽管它可能畅销),也能限制亨氏的定价。总的来说,2018 年,自有品牌占美国零售总额的 19.3%,增长速度快于品牌商品。[20]正如沃伦·巴菲特在美国消费者新闻与商业频道(CNBC)上指出的那样,自有品牌已经变得特别重要,尤其是在食品杂货方面:

> 自有品牌越来越强大。尽管具体情况因各国国情而异,但它正在做大做强,而且还会再创辉煌。开市客(Costco)在 1992 年推出了柯克兰(Kirkland)品牌,27 年过去了,该品牌去年(指 2019 年,译者注)的销售额为 390 亿美元,而卡夫(Kraft)和亨氏(Heinz)品牌总销售额为 260 亿美元或 270 亿美元。这两个品牌有一百多年的历史,砸下了巨额广告,植入在人们的日常习惯中。而现在,作为一个只有约 750 家分店的自有品牌,柯克兰的横空出世就实现了超过卡夫和亨氏所有品牌业务量总和 50% 的销售额。[21]

然而,尽管柯克兰一直是开市客的杀手锏,但自有品牌在亚马逊的表现却差强人意,它们在 2019 年创造了大约 25 亿美元的销售额,还不到亚马逊平台总销售额的 1%。[22]亚马逊最畅销的 10 个自有品牌贡献了超过 80% 的自有品牌销售额。[23]在亚马逊的七大销售类别中,只有纺织品等软线品类的自有品牌零售额达到了 4% 以上。事实上,即便纺织品等软线自有品牌占亚马逊自身销售额的 9%,但仅占亚马逊平台上纺织品等软线品牌总销售额的 2.5% 左右。纺织品等软线品类依然由第三方卖家主导。[24]

亚马逊的自有品牌获得了大量的广告支持。例如,好材(Goodthreads)、博瑭(Buttoned Down)和亚马逊精选在与针织品相关的搜索(如商务衬衫)占赞助产品的搜索结果广告的 16%。特别是与保罗衫相关的关键词,占到了 13%,但它们的市场占有率却要低得

表2 零售平台销售额占比（%）

销售类别	第一方			第三方
	占总销售额的比例	自有品牌占比	非自有品牌占比	占总销售额的比例
消费电子产品	43	3	97	57
美妆	35	<1	>99	65
家具和厨房	33	4	96	67
纺织品等软线	28	9	91	72
图书	74	<1	>99	26
耗材	41	2	98	59
玩具	42	<1	>99	58

来源：亚马逊[25]

多。[26]自有品牌产品通常出现在搜索结果的顶部或竞争对手产品页面的购物车中，还能从特殊促销中获益。[27]亚马逊还使用最值得信赖评论员项目（Vine Program）和早期评论家计划（Early Reviewer Program）来产生早期的正面评论，尽管这些程序现在也已经对其他卖家开放。[28]

可是结果如何呢？为什么亚马逊的自有品牌即使在广告推送和明显的信息优势的助力下依然没有取得成功？

最初，亚马逊几乎只专注于低价、充分竞争的市场。它在与知名高端品牌的竞争中几乎没有胜算。价格是这类市场竞争的关键，而这并不总是对亚马逊有利。例如，床垫是最热门的搜索词之一。在亚马逊大力进军床垫市场时，以丽能（Linenspa）为代表的本土数字品牌可以和亚马逊分庭抗礼，它们的价格甚至比亚马逊更实惠，它们有更低的支出和更好的产品。纯数字品牌还有另一个优势，就是它们不必保护实体分销商。这是像劲量和金霸王这样的线下大品牌做不到的,它们很难和亚马逊打价格战。

有时候,规模其实并不重要。在电池领域规模效应确实存在。亚马逊大幅削减了单位成本,从而降低了价格。这产生了更多的交易量,从而进一步降低了成本,又进一步降低了价格,这是一个良性循环。但是如果亚马逊不能快速扩张,或者产品的可扩张性不高,那么规模就不是决胜要素。

有时,亚马逊不是先行者。同样在床垫领域,像丽能这样的纯在线品牌已经占据了主导地位。当亚马逊自有品牌进入时,这些数字品牌已经从在线销售的关键要素——评论中获益。亚马逊平台是建立在评论和推荐的基础上的,这有时对不使用亚马逊外的其他人更有用。而亚马逊把自有品牌向高端市场转移,争取更高利润率的意图仍未成功。例如,拉罗的服装比亚马逊倍思的服装更贵,但对客户的吸引率仍很小。[29]

因此,亚马逊一直在努力打造能够带来可观收入的自有品牌。但亚马逊自有品牌的真正问题不是收入,而是利润和利润率。在低端市场运营的亚马逊必须通过自己的分销系统销售去交付廉价、薄利的产品。所以我们很容易看出,亚马逊以含运费的 3.59 美元价格交付 4 包 AAA 电池是赔钱的。[30]

甚至亚马逊的自有品牌可能已经成为一个巨大的资金洼地。亚马逊自有品牌的大部分收入来自竞争激烈的细分市场的商品,而这些细分市场的消费者对价格非常敏感。亚马逊倍思销售的产品没有品牌知名度,因此没有品牌溢价。稀薄的毛利和高昂的物流是一个糟糕的组合。

自有品牌也给亚马逊带来了巨大的公关压力。政客和监管部门已经注意到了亚马逊的自有品牌。伊莉莎白·沃伦(Elisabeth

Warren)呼吁拆分亚马逊。一定程度上是因为她认为作为平台的亚马逊和作为零售商,尤其是作为自有品牌产品的零售商的亚马逊之间存在利益关系。[31]对此司法部正在调查。如美国地方自立协会之类的智库机构也开始关注此事。[32]

那么,亚马逊为什么要费心建设自有品牌呢?

在一定程度上,这些只是反映了亚马逊零售的利润问题。自有品牌应该拥有更好的利润。在一定程度上,亚马逊可能陷入了一个误区。尽管亚马逊是由高度数据驱动的,以前也放弃了有较高显示度的项目,如"火警电话"(Fire Phone),但是它在电池和其他早期自有品牌方面的相对成功,可能促使它向利润较低的新的自有品牌产品线扩张。自有品牌也可能为亚马逊提供战略性、非财务性的优势。随着亚马逊的社会影响越发重要,来自监管机构的压力也越来越大(这将在第十五章中讨论)。自有品牌可能会误导或诱导政治家和监管部门分散注意力,更多关注亚马逊的自有品牌,而较少关注亚马逊的其他问题,如亚马逊的劳工政策、卖家的待遇、隐私和监控问题、产品责任等。亚马逊可能会为自有品牌开展大量的公关活动,但这是一场监管部门和政客们注定失败的战争,不是因为亚马逊,而是因为沃尔玛。由于沃尔玛销售的自有品牌商品占比约为35%,任何对自有品牌的监管都将对沃尔玛实体店产生比对亚马逊更大的影响。因此,不管其财务业绩如何黯淡,自有品牌都是一块非常适合亚马逊的监管盲区。

亚马逊是否采取通过追踪单个产品然后推出一个与之竞争的自有品牌这种卑鄙的欺骗行为? 针对这一问题也有非常明显的市场疑虑。卖家声称亚马逊正在利用他们的具体销售数据来发现商机,然后接管他们的业务。泡泡骚(Popsockets)等公司抱怨说,亚马逊品牌的仿制品在平台上受到青睐,并大幅抢占了他们的市场份额。[33]杰森·博尔斯（Jason Boyce）多次介绍了亚马逊如何侵犯他的家庭游戏产品（详见第五章）。当卖家建立了强大的销售地位，而亚马逊只需要利用销售的数据、更大的规模和更低的价格就可以简单地介入细分市场并占据主导地位。这类指控似乎从根本上看是不公平的。这种行动表明亚马逊除了对客户和销售额的盲目迷恋外，毫无顾忌和远见。

亚马逊有更广泛的信息，而且因为它是数字化的，所以它可以挖掘更深的信息。它可以看到客户与产品互动的每一个细微差别，包括客户如何发现产品，他们还看了什么，他们是否看了更便宜的替代品等等。可用的信息是惊人的。亚马逊也知道大多数零售行业的成本，当它通过自己的亚马逊零售业务成为一个参与者时，它可能会去制造商那里以更低的进货价格来交换大规模销售机会，这让制造商无法拒绝。然而，尽管自有品牌产品为亚马逊带来了新的收入，但它还没有解决利润问题。

专属品牌合作伙伴

亚马逊的品牌推广工作并不局限于自有品牌。它与现有品牌合作，已经推出了数百个"亚马逊独家"专属品牌，仅在亚马逊上发售。这些品牌出于各种原因不想在亚马逊上销售其主打品牌，或希望将其产品线扩展到新的方向。

例如，美利生（Merisant）生产怡口（Equal）甜味剂。它希望新的甜味剂能吸引年轻顾客，同时又不损害怡口糖在老年顾客中的主导地位，因此当亚马逊建议推出一个新的亚马逊专属品牌时，它接受了这一提议。亚马逊利用加速器计划帮助怡口糖品牌快速将新产品推向市场，在不到 90 天的时间里开发了一款名为赛糖（Sugarly Sweet）的产品，相比之下，美利生的新产品开发通常需要 12~18 个月。据美利生北美公司总裁布莱恩·哈夫（Brian Huff）说，亚马逊协助公司进行包装、品牌和定价等要素的最终决策，而新品牌由亚马逊独家运营。[34]新产品包装参考怡口糖，借力原来品牌的营销力量，新的产品包括四个不同的卡路里水平，以及不同的活性成分。[35]亚马逊正通过为亚马逊零售购买该新产品来支持这一计划，因为亚马逊本身就是一个意向买家，因此美利生没有库存风险。[36]

同样，床垫品牌塔尼（Tuft & Needle）也是亚马逊的合作供应商，它的特大号床垫零售价为 599 美元，在亚马逊床垫单价排名中位居前 20%。在亚马逊表现合作意向前，该公司正在开发一种更实惠的床垫。新的诺德（Nod）品牌是通过亚马逊独家销售的，与塔尼（Tuft & Needle）其他更贵的床垫产品有区分度，后者继续在自己的网站上销售。[37]诺德的特大床垫被冠以"塔尼旗下的诺德品牌"，其特大的海绵床垫售价为 355 美元。[38]

亚马逊专属品牌严重依赖母公司。所有品牌的吸引力都是**借用**了原有品牌知名度，而亚马逊则希望能够消除原初品牌的魔力。例如，美利生在赛糖甜味剂的包装上加了"怡口糖"一词，以确保客户了解产品之间的联系。但将这些亚马逊专卖品称为一个品牌实在是言过其实，这只是一个方便的名字，可以附加在一堆商品上。它们可能没有建立品牌的意图，没有长期的品牌意识战略，没有以品牌为导向的营销。当然，美利生可能希望赛糖成为一个知名品牌，但它也可以在不成为知名品牌的情况下成功。

这是因为该品牌的存在是为了方便亚马逊平台打包产品，这些产品能通过亚马逊搜索找到。这些专属品牌依赖搜索，就像亚马逊上的所有其他产品一样，而不依赖品牌知名度。当然，诺德最终有可能成为一个自主品牌。但这不是它的目的，也不太可能实现。

自有品牌和亚马逊专属品牌有着不同但互补的功能。自有品牌直接从制造商那里用更便宜的相同商品取代品牌商品，理论上为亚马逊创造了额外的利润。专属品牌通过添加以前不在平台上的同类产品来拓宽产品名录，或者以不同的价格和质量创建品牌产品，或者开发准品牌来实现更好的利润率。在大多数情况下，他们用一个准品牌取代了消费者长期依附的真正品牌。这个准品牌不与客户建立情感联系，因此在这个意义上，它根本不是一个品牌。

所以，尽管网上有大量关于品牌的议论，并努力使亚马逊的自有品牌和专属品牌看起来比实际更重要，但亚马逊的真正影响在于使品牌贬值甚至消失。随着时间的推移，搜索加评论功能将比任何品牌都强大，至少在亚马逊的平台上是如此。

品牌的衰落带来了一些附带损害。取消旅行社有助于降低机票价格，但也给消费者带来了隐性成本，需要消费者自己做旅行计划。从某种程度上说，这一过程有乐趣，但也很有压力且很费时。亚马逊对品牌的战争也是类似的情况。而且沃尔玛对其供应链实施质量控制这套体系已经被亚马逊忽略，[39]因此，现在消费者需要越来越多地负责监督他们购买的商品的质量。这种隐性成本完全不在亚马逊的考虑范围内。

尾　注

［1］Terry O'Reilly, *This I Know*, Reprint edition, Chicago Review Press, 2018.

［2］Terry O'Reilly, *This I Know*.

［3］Juozas Kaziukėnas, "100 Million Seller Reviews on Amazon Marketplace," Marketplace Pulse（blog）, December 13, 2017.

[4] Geng Cui, Hon-Kwong Lui, and Xiaoning Guo, "The Effect of Online Consumer Reviews on New Product Sales," *International Journal of Electronic Commerce* 17, no. 1 (Fall 2012): 39 – 58.

[5] Joshua Sophy, "59 Percent of Consumers Say Online Reviews as Trustworthy as a Friend," August 29, 2017.

[6] Warut Khern-am-nuai, Hossein Ghasemkhani, and Karthik Natarajan Kannan, "The Impact of Online Q&As on Product Sales: The Case of Amazon Answer," *SSRN Scholarly Papers*, December 2, 2017.

[7] Julie Creswell, "How Amazon Steers Shoppers to Its Own Products," *The New York Times*, June 23, 2018, sec. Business.

[8] Juozas Kaziukėnas, "Only 22% of Searches on Amazon Include a Brand Name," *Marketplace Pulse*, July 1, 2019.

[9] O'Reilly, *This I Know*.

[10] Juozas Kaziukėnas, "What Is a Brand in the Age of Amazon," *Marketplace Pulse*, December 7, 2017.

[11] Juozas Kaziukenas, "One Year After Nike Stopped Selling on Amazon," *Marketplace Pulse*, October 26, 2020.

[12] Abha Bhattarai, "Birkenstock CEO Accuses Amazon of 'Modern-Day Piracy,'" *Washington Post*, July 25, 2017, sec. Business.

[13] This suggests they come from resellers and other distributors.

[14] Julia Millot, "Market Insights Series: Amazon's Advance — The Battle of Batteries," 1010Data (blog), January 11, 2016.

[15] Aliya Chaudhry, "The Untold Origin Story of an AmazonBasics AA Battery," The Verge, November 1, 2019.

[16] Feng Zhu, and Qihong Liu, "Competing with Complementors: An

Empirical Look at Amazon. com," *Strategic Management Journal*, October 1, 2018.

[17] Juozas Kaziukenas, "Amazon Private Label Brands," *Marketplace Pulse*, March 18, 2019.

[18] Justin Smith, "The TJI Amazon Brand Report," TJI Research, June, 2019.

[19] Creswell, "How Amazon Steers Shoppers to Its Own Products."

[20] Statista. https://www.statista.com/topics/1076/private-label-market/.

[21] Becky Quick, "Full Transcript: Billionaire Investor Warren Buffett Speaks with CNBC's Becky Quick on 'Squawk Box' Today," *CNBC*, February 25, 2019.

[22] Shona Ghosh, "Amazon's New Multibillion-Dollar Business? It's All About Private Labels (and Data)," *Inc. com*, August 21, 2017.

[23] Kaziukenas, "Amazon Private Label Brands."

[24] Softlines includes soft consumer goods like clothing.

[25] Written response to Congressional inquiry, 2020.

[26] Cooper Smith, "Amazon's Private Label Fever," Benchmarking Digital Performance, Gartner L2.

[27] Eugene Kim, "Amazon Removes Special Promo Spots for Private Label Products," *CNBC*, April 3, 2019.

[28] That advertising push may be weakening. Since July 2018, Amazon private brand products featured within Editorial Recommendations account for less than 2.5% of the total, and Amazon's display and video ad programs show merchandising for Amazon private brand products only when no third party ad is available. See "Responses to Questions for the Record Following the July 16, 2019, Hearing

of the Subcommittee on Antitrust, Commercial, and Administrative Law, Committee on the Judiciary, Entitled 'Online Platforms and Market Power, Part 2: Innovation and Entrepreneurship.'"

[29] Kaziukenas, "Amazon Private Label Brands."

[30] Amazon. com price, September 21, 2020.

[31] Team Warren, "Here's How We Can Break up Big Tech," *Medium*, October 11, 2019.

[32] Stacy Mitchell, "Testimony of Stacy F. Mitchell, Co-Director, Institute for Local Self-Reliance," United States House of Representatives Committee on the Judiciary Subcommittee on Antitrust, Commercial, and Administrative Law, July 16, 2019.

[33] David Barnett, "Statement of David Barnett, CEO of Popsockets Inc.," Online Platforms and Market Power, Part 5: Competitors in the Digital Economy. Field Hearing of the House subcommittee on antitrust, commercial, and administrative law, January 15, 2020.

[34] Hilary Milnes, "Amazon Is Now Focusing on Exclusive Brands, Signaling a Shift in Strategy," *Digiday* (blog), April 4, 2019.

[35] Elizabeth Crawford, "Merisant Teams with Amazon Accelerator to Expand Appeal of Equal with Two New Sweetener Lines," *Food Navigator-USA*, February 11, 2019.

[36] As of 9/21/2020.

[37] Milnes, "Amazon Is Now Focusing on Exclusive Brands, Signaling a Shift in Strategy."

[38] Amazon. com. Accessed April 28, 2020.

[39] See also Juozas Kaziukénas, "The Cost of 'Your Margin Is My Opportunity,'" *Marketplace Pulse*, March 3, 2020.

第九章 |
亚马逊如何赚钱或亏损

> 我们将继续根据长期的市场领导力地位作出投资决策而不是依据短期的盈利能力或华尔街的短期反应来作出投资决策。[1]

——杰夫·贝索斯

亚马逊这台印钞机正在高速运转。2020 年第二季度,新冠肺炎疫情带来收入和利润的巨额增长更是加速了这一本就明朗的形势。亚马逊的总收入自 2014 年以来就保持 20% 以上的年增长率,而利润额不仅自 2015 年起就维持在相当可观的水平,到 2019 年更是增长了 7 倍,达到 140 亿美元(同年销售收入 2 810 亿美元)。人们普遍认为拉动利润的主要原因是亚马逊云科技(Amazon Web Services,AWS),它的利润从 2014 年的 5 亿美元增长到 2019 年的 92 亿美元[2]。可以看到,亚马逊正在快速成长,亚马逊正在盈利。现在,亚马逊不仅利润可观,而且还在加速增长。这看来并不奇怪,因为许多初创公司都有类似的经历,尽管其中很少有和亚马逊一般的中大型企业。但深入研究亚马逊的生财之道,我们会发现独特的资金故事。

亚马逊向美国证交会 SEC 提交的财务报告充满混淆和误导,而这或许是亚马逊有意为之。亚马逊财务报告的收入和支出根本不对应，它们被分为不同的类别，因此似乎不可能将支出与亚马逊各主要业务线（即细分市场）的收入联系起来。例如，我们知道亚马逊的订阅服务（主要是金牌会员订阅服务）在 2019 年创造了 192 亿美元的收入。但我们不知道这给亚马逊或金牌会员的运营利润造成了多大损失，也不知道其中哪些成本的增长速度快于收入。因此，亚马逊提交给美国证交会的年度报告没有回答有关亚马逊的大部分关键问题，甚至没有回答有关亚马逊如何赚钱的问题。这些未知的关键问题包括：

- 亚马逊零售会有利润吗？
- 哪些部门交叉补贴其他部门？
- 亚马逊云科技服务的利润真的支撑了亚马逊的其他业务吗？
- 亚马逊商城物流费用是否包括商城商品的交付成本？
- 亚马逊的利润在何处增长和减少？

尽管亚马逊没有回答任何这些问题，但可以通过对亚马逊提供的数据进行详细分析，以及从外部获取更多数据，并对亚马逊的各种业务做出合理（且公开）的假设，以估算的形式回答这些问题。［注：如果您不想阅读数据和表格，可以跳到本章的最后以获取要点。］

亚马逊的收入

据披露，2019 年亚马逊的总收入约 2 810 亿美元，总支出为 2 660 亿美元，利润约 140 亿美元。亚马逊的年报把收入依据不同的业务部门划分为 6 个部分（见表 3）。最大的是亚马逊零售（Amazon Retail），占总收入的一半。其次是亚马逊商城（Marketplace，占总收

表 3　亚马逊各细分市场的收入（单位：百万美元）

	2014 年	2015 年	2016 年	2017 年	2018 年	2019 年	2014—2019 年的增长（%）
亚马逊线上（零售业务）	68 513	76 863	91 431	108 354	122 987	141 247	106. 2
实体店	0	0	0	5 798	17 224	17 192	
亚马逊商城（Marketplace）	11 748	15 975	22 984	31 844	42 854	53 762	357. 6
订阅（Prime）	2 762	4 467	6 394	9 721	14 162	19 210	595. 5
AWS	4 644	7 880	12 219	17 459	25 655	35 026	654. 2
其他（广告）	1 335	1 704	2 992	4 625	10 015	14 100	956. 2
合计	**89 002**	**106 889**	**136 020**	**177 801**	**232 896**	**280 537**	**215. 2**
同比增长	20. 1	27. 3	30. 7	31. 0	20. 5		215. 2

资料来源：亚马逊年度报告（租体项目直接来自报告，不加粗的项目是估计的）

入的 19%)和亚马逊云科技(占总收入的 12%)。2014 年亚马逊改变了年报的报告格式,所以前后报告数据不易比较。所以表 3 的数据从 2014 年开始。表 3 的数据表明自 2014 年以来,每个细分市场的收入都至少翻了一番。2017 年年中,全食超市被亚马逊收购,因此从 2017 年年中开始,实体店的收入主要是全食超市的收入。亚马逊实体店收入持平。自 2014 年以来,除亚马逊自己的零售业务外,所有其他细分市场的规模至少增加了两倍,而广告、亚马逊云科技和订阅(主要是金牌会员费)收入增长了500% 以上。

亚马逊零售业务的增长落后于其他细分市场,很可能是因为它的规模(基数)要大得多。总体而言,亚马逊是一个快速增长的企业,拥有多个快速增长的细分市场。

亚马逊的支出

亚马逊将支出分为六类。销售成本是目前为止最大的支出,其次是配送费用、技术和内容开发支出,然后是营销费用。一般费用、行政费用和其他费用都是最不重要的。

综合使用亚马逊的数据和其他来源的数据、通过清晰的假设和仔细的审查,就有可能对亚马逊的每一项支出进行估算。支出表格如表 4 所示。表 4 可以让我们估计应分配给亚马逊的各业务单元的费用支出有多少。

显然,支出部分仍有诸多内容有待分析,但目前这些数据已经能够让我们初步了解亚马逊分别在哪些业务盈利或亏损,以及亚马逊的整体业务战略。一切结论始于数据。

表 4　按项目分列的亚马逊支出（单位：百万美元）

所 有 部 分	2014 年	2015 年	2016 年	2017 年	2018 年	2019 年
销售商品的主营业务成本（COGS）	**62 752**	**71 651**	**88 265**	**111 934**	**139 156**	**165 536**
运输	**8 709**	**11 539**	**16 147**	**21 700**	**27 700**	**37 900**
FBA 项目装运费	2 280	3 386	5 240	7 900	11 178	16 790
亚马逊零售商品的配送费	6 429	8 153	10 907	13 800	16 522	21 110
除去装运费的主营业务成本	**54 043**	**60 112**	**72 118**	**90 234**	**111 456**	**127 636**
实体店主营业务成本				4 349	12 918	12 894
除去装运和实体店的主营业务成本	54 043	60 112	72 118	85 886	98 538	114 742
配送	**10 766**	**13 410**	**17 619**	**25 249**	**34 027**	**40 232**
除去支付和实体店配送费	9 431	11 807	15 579	22 037	28 914	34 408
配送中心	5 659	7 084	9 347	13 222	17 349	20 645
客户服务中心	3 772	4 723	6 231	8 815	11 566	13 763
过程性支付的开销	1 335	1 603	2 040	2 667	3 493	4 208
实体店人员配备				545	1 619	1 616
营销	**4 332**	**5 254**	**7 233**	**10 069**	**13 814**	**18 878**
广告和促销费用				**6 300**	**8 200**	**11 000**
技术和内容	9 275	12 540	16 085	22 620	28 837	35 931

续　表

所有部分	2014 年	2015 年	2016 年	2017 年	2018 年	2019 年
内容	1 855	2 508	3 217	4 524	5 767	7 186
技术	7 420	10 032	12 868	18 096	23 070	28 745
一般与行政费用	1 552	1 747	2 432	3 674	4 336	5 203
其他营业费用净额	133	171	167	214	296	201
营业费用总额	**88 810**	**104 773**	**131 801**	**173 760**	**220 466**	**265 981**
亚马逊营业收入	192	2 116	4 219	4 042	12 430	14 556
亚马逊营业利润率(%)	0.2	2.0	3.1	2.3	5.3	5.2

来源：亚马逊年度报告（粗体）、直接基于年度报告的计算（粗体），行业估计、作者假设和计算（非粗体）

销售成本

销售成本是亚马逊最大的支出类别。亚马逊表示："销售成本主要包括消费品的购买价格、入站和出站运输成本（包括分拣和配送中心以及我们作为运输服务提供商的相关成本），以及我们计入总收入的数字媒体（包括视频和音乐）内容成本。"[3]坦白地说，这是一句充满了饶舌的词语和术语的场面话。"销售成本**主要**包括……"那么"主要"是什么意思？百分之九十？百分之七十？我们只能猜测。"消费品的购买价格"大概包括亚马逊为转售而购买的所有消费品，包括为实体店（主要是全食超市）购买的消费品。"入库和出库运输成本，包括与分拣和配送中心相关的成本，以及我们作为运输服务提供商的场地成本……"如果包含所有运输和配送成本，那么这句话很容易理解，但其中并不包括支出表中单独的物流费用类别（见下文）。数字和媒体成本是指内容以数字形式转售的费用，例如通过肯多电子书和电子阅读器或亚马逊金牌会员视频转售。这些被视为亚马逊为转售而购买的实物商品的成本。就我们而言，它们就像亚马逊零售店买卖的任何其他商品一样。

亚马逊报告了货运成本，但对货运成本的定义同样模糊："从供应商处接收产品的运输成本包含在我们的库存成本中，并在向客户销售产品时确认为销售成本。运输成本，包括分拣和配送中心以及运输成本……"因此，货运成本包括亚马逊转售商品的入境运输成本，以及未定义的"分拣和配送中心及运输成本"。目前尚不清楚这些分拣和配送费用是否仅适用于亚马逊自身的零售商品，还是也适用于亚马逊代表其他卖家（即亚马逊商城卖家）交付的商品。

为了解决这一混乱局面，我们必须首先使用亚马逊自己的报告数据以及来自外部来源的假设和数据，将"销售成本"划分为更有用的子类别。

1. 货运成本。包括亚马逊自己的零售配送和通过亚马逊配送（FBA）为第三方卖家配送商品的费用。货运成本可以从销售成本中提取，并在下一节中讨论。

2. 实体店的销售成本。行业专家估计，亚马逊实体店的销售成本占实体店收入的75%（根据亚马逊报告）。这些费用必须分配给实体店业务部门[4]。

3. 剩余的销售成本是销售总成本减去分配给实体店的销售成本份额，再减去货运成本。这是我们对亚马逊零售业务部门购买转售商品的实际成本的最佳估计。这是了解亚马逊零售利润率的关键。它表明销售成本约占该细分市场总费用的65%。

表 5　按子类别划分的亚马逊销售成本（单位：百万美元）

	2014 年	2015 年	2016 年	2017 年	2018 年	2019 年
销售成本	**62 752**	**71 651**	**88 265**	**111 934**	**139 156**	**165 536**
运输	**8 709**	**11 539**	**16 147**	**21 700**	**27 700**	**37 900**
实体店销售成本				4 349	12 918	12 894
亚马逊零售销售成本	54 043	60 112	72 118	85 886	98 538	114 742

（粗体数据由亚马逊直接提供）

物流（货运和配送）

亚马逊的物流费用以高于总收入增长的速度持续攀升。2019年，总货运成本加上配送成本为 811 亿美元，约占亚马逊总销售额的29%。这比 2014 年的 195 亿美元（占比 22%）有所上升（见图 17）。为了将销售网络与客户更紧密地联系起来，亚马逊作出了巨大努力，建立更多的物流枢纽和中心以便提供更短的交付时间。这些工作耗资巨大。

详细的配送成本

亚马逊只报告了总配送成本。它没有解释配送的内容，这其中就包括亚马逊零售的销售和在亚马逊商城上使用亚马逊配送（FBA）实现的第三方销售。它也没有列出配送费用的组成部分。根据亚马逊的年度报告，"配送成本主要包括北美和国际配送中心、实体店、客户服务中心的运营和人员配备成本，以及支付手续费"。与销售成本

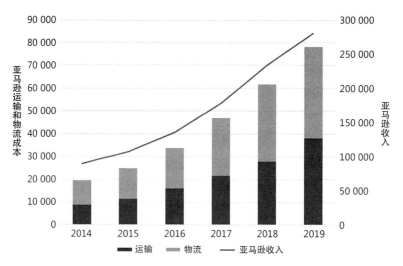

图 17　货运和配送成本以及亚马逊的收入（单位：百万美元）
资料来源：亚马逊年度报告

一样，这组不匹配的成本可以分为以下几项：

1. **支付手续费**。像亚马逊这样的大型实体的支付手续成本可能低于我们这里估计的总销售额的 1.5%。据一些业内人士透露，这甚至可能接近于零。信用卡公司通常为大客户提供大幅折扣，一些销售是通过订单而不是信用卡进行的。然而，较小的数字对任何业务部门的利润率都没有显著差异。

2. **实体商店雇员成本**。和全食超市类似体量的实体店的行业员工平均成本约占总收入的 9.8%。这些成本归属于亚马逊的实体店成本部分。

3. **配送中心和客户服务中心运营成本**。这些构成了配送成本的大部分。与行业专家的讨论表明，这些成本中约 60% 应分配给配送中心，其余应分配给客户服务中心。基于这一分析和假设，我们可以分析亚马逊报告的运营成本。

表6　配送成本细分表（单位：百万美元）

	2014 年	2015 年	2016 年	2017 年	2018 年	2019 年
支付手续费	**1 335**	**1 603**	**2 040**	**2 667**	**3 493**	**4 208**
实体店人员成本	0	0	0	545	1 619	1 616
配送中心	5 659	7 084	9 347	13 222	17 349	20 645
客户服务中心	3 772	4 723	6 231	8 815	11 566	13 763
总配送费用	10 766	13 410	17 619	25 249	34 027	40 232

（粗体字数据由亚马逊提供）

现在,每个支出项目都来源于亚马逊的业务部门。实体店人员支出成本归属于实体店业务部门。所有部门都会产生客户服务中心成本和支付手续费,这些成本会根据每个部门在亚马逊总收入中所占的份额在所有业务部门中进行分配。配送中心仅供亚马逊零售和亚马逊商城使用。在他们之间分配成本需要两种计算方式,亚马逊商城约占平台总销售额的58%,但只有约60%的亚马逊商城销售额是通过亚马逊配送服务实现的。这就需要在计算时加入亚马逊商城的配送中心的成本份额。

技术与内容

也许是为了混淆在技术上的支出,亚马逊综合报道了技术和内容两方面的支出。幸运的是,行业对内容支出的估计允许将这些成本分解为单独的项目。2019 年,亚马逊内容支出约占总技术和内容支出的20%。

表7　技术和内容费用（单位：百万美元）

	2014 年	2015 年	2016 年	2017 年	2018 年	2019 年
内容	1 400	2 890	2 930	4 500	5 500	7 000
技术	7 875	9 650	13 155	18 120	23 337	28 931
内容和技术	9 275	12 540	16 085	22 620	28 837	35 931

资料来源：Statistica、路透社、Variety、亚马逊季报

内容和技术分配到亚马逊各业务部门的比例非常不同。内容完全分配给亚马逊金牌服务，它为亚马逊金牌会员视频、亚马逊金牌会员音乐和其他亚马逊金牌会员的数字板块提供了内生动力。技术成本主要分配给亚马逊云科技，但并不完全如此。亚马逊对技术成本的描述非常模糊：

> 技术和内容成本包括员工的工资和相关费用，涉及新产品和现有产品及服务的研发、门店的开发、设计和维护、在线门店提供的产品和服务的策划和展示，以及基础设施成本。基础设施成本包括服务器、网络设备和数据中心相关的折旧、租金、公用设施以及支持亚马逊云科技和其他亚马逊业务所需的其他费用。总的来说，这些成本反映了我们为向客户提供多种产品和服务而进行的投资。

这些技术成本中的大部分应分配给亚马逊云科技，其余部分应根据收入份额在其他业务线之间分配。幸运的是，亚马逊确实为亚马逊云科技提供了总费用成本。通过采用这个报告的数字，并减去与亚马逊云科技相关的所有其他估计成本（营销、客户服务、支付手续费、一般费用和行政管理费 G&A 等），我们就能得出亚马逊云科技的技术费用。2019 年，这些费用占总技术费用的 72%，高于 2014 年

的 46%。这一增长与亚马逊云科技新产品的快速扩张相一致(见第
十章)。剩余的技术费用仅根据收入分配给其他部门。

按业务部门估计费用

上述项目分析内容现在可以按业务部门归属不同重新分类为预
算费用。

亚马逊零售(亚马逊自己的零售活动)

亚马逊零售的支出主要由销售成本和物流构成,两者的增长速
度都略快于收入。经年累月的快速增长使物流成为当前亚马逊零售
中成本更高的组成部分。从 2014 年到 2019 年,物流占亚马逊零售
收入的比例从 17.2% 提高到 25% 以上。这种稳定增长也许不可
持续。

表 8.1 亚马逊零售费用(单位: 百万美元)和
营业利润率(单位: %)

亚马逊零售费用	2014年	2015年	2016年	2017年	2018年	2019年	增长率(%)
运输和实体店以外的销售成本*	54 043	60 112	72 118	85 886	98 538	114 742	112.3
运输	6 429	8 153	10 907	13 800	16 522	21 110	228.4
配送	8 109	9 554	11 874	15 406	18 300	20 547	153.4
配送中心	4 177	5 005	6 314	8 409	10 348	11 499	175.3

续　表

亚马逊零售费用	2014年	2015年	2016年	2017年	2018年	2019年	增长率(%)
客户服务	2 904	3 396	4 189	5 372	6 108	6 930	138.6
支付手续费	1 208	1 153	1 371	1 625	1 845	2 119	106.2
营销	3 335	3 778	4 861	6 136	7 295	9 505	185.0
技术和内容	3 571	3 884	4 733	5 344	5 351	5 038	41.1
一般与行政费用	1 195	1 256	1 634	2 239	2 290	2 620	119.3
其他营业费用净额	102	123	112	130	156	101	−1.2
合计	76 783	86 859	106 241	128 941	148 452	173 663	126.2

表 8.2　亚马逊零售利润（单位：百万美元）和总结

	2014年	2015年	2016年	2017年	2018年	2019年	增长率(%)
亚马逊零售收入	68 513	76 863	91 431	108 354	122 987	141 247	106.2
亚马逊零售损益表	−8 270	−9 996	−14 810	−20 587	−25 465	−32 416	292.0
亚马逊零售营业利润率	−12.1	−13.0	−16.2	−19.0	−20.7	−22.9	

*实体店的销售成本分配给实体店细分市场，不包括在亚马逊零售范围内
来源：亚马逊年度报告、行业估计、作者计算和估计

　　这些数据表明，亚马逊零售确实面临着越来越大的困难。在过去五年中，亚马逊零售的收入翻了一番，但支出增长速度超过了20%。物流费用增长特别快，货运成本增加了 3 倍多。这些趋势反映了亚马逊对扩张物流网络和对提高运营速度的需求，这一方面将提供巨大的竞争优势，另一方面也增加了高额的成本。客户服务、销

售成本(不包括货运和实体店)以及一般费用和行政管理费支出的增长也都快于销售增长。迅速上升的成本给亚马逊零售造成了越来越大的损失。2019年,这些损失达到324亿美元,而零售的营业利润与收入比却从2014年的-12.1%下降到2019年的-22.9%。

这些损失部分被金牌会员利润的一部分抵消了。毕竟金牌会员制通过提供快速免费送货来吸引客户,费用在亚马逊零售和亚马逊商城之间按比例分配。以类似的方式分配利润可以将亚马逊2019年的零售损失减少约40亿美元,降至284亿美元,此时负利润率为16.4%。这些巨额损失和不断恶化的利润率正在推动亚马逊零售业的战略变革,本章的最后将对此进行讨论。

亚马逊商城(亚马逊平台上的第三方销售)

与亚马逊零售不同,亚马逊商城的利润正在增长,因为它在收入快速增长期间显示出强劲的正向利润。在过去6年中,亚马逊商城的总商品价值量(gross merchandise volume,GMV)增长了200%以上,从2014年的610亿美元增加到2019年的1 870亿美元。[6]① 亚马逊商城在亚马逊配送FBA时所产生的物流费用约占亚马逊商城总销售额的6%。2019年,亚马逊商城的物流成本为285亿美元,占亚马逊商城总销售额的15.2%,高于2014年的7%。

与亚马逊零售一样,亚马逊商城也受到了日益增长的货运和配送成本的影响,但影响不大。在过去6年中,这两部分的成本都增长了5倍多,而收入仅增长了358%。客户服务中心和市场营销的其他成本也比收入增长得更快。最终结果是,尽管亚马逊商城的盈利状况

---

① 编辑注:正文缺序号[5],英文原书如此。

表 9 亚马逊商城费用（百万美元）和营业利润（%）

市 场 费 用	2014年	2015年	2016年	2017年	2018年	2019年	增长率（%）
亚马逊商城总销售额	60 757	70 950	87 845	112 777	138 687	187 234	208.2
运输	2 280	3 386	5 240	7 900	11 178	16 790	636.3
配送中心	1 482	2 079	3 033	4 814	7 001	9 146	517.3
客户服务中心	498	706	1 053	1 579	2 128	2 638	429.7
支付手续费	176	240	345	478	643	806	357.6
营销	572	785	1 222	1 803	2 542	3 618	532.7
技术	612	807	1 190	1 571	1 865	1 918	213.2
一般与行政费用	205	261	411	658	798	997	386.8
其他营业费用净额	18	26	28	38	54	39	119.4
合计	**5 843**	**8 290**	**12 522**	**18 840**	**26 209**	**35 951**	**515.3**
亚马逊商城费用	11 748	15 975	22 984	31 844	42 854	53 762	357.6
亚马逊商城营业收入	5 905	7 685	10 462	13 004	16 644	17 811	201.6
亚马逊商城营业利润率	50.3	48.1	45.5	40.8	38.8	33.1	

非常不错，2019 年的营业利润率为 33.1%，但该利润率远低于 2014 年的 50.3%。然而，亚马逊商城的利润仍然几乎是亚马逊云科技利润的两倍，并为亚马逊零售约 55% 的亏损买单。再加上金牌会员产生的利润，亚马逊商城 2019 年的利润接近 240 亿美元，利润率约为 45%。

亚马逊云科技、亚马逊金牌会员和广告

从亚马逊最初的零售企业发展而来的这三项"新"业务都在快速

增长，并正在转变为巨大且利润丰厚的部门。2019 年，它们总共创造了 680 亿美元的收入，高于 2014 年的 87 亿美元，并为亚马逊提供了 307 亿美元的营业收入。

表 10　亚马逊云科技、亚马逊金牌会员和广告的收入、费用（单位：百万美元）和利润率（%）（2014—2019 年）

收　　入	2014年	2015年	2016年	2017年	2018年	2019年	增长率(%)
亚马逊云科技	4 644	7 880	12 219	17 459	25 655	35 026	654
订阅（Prime）	2 762	4 467	6 394	9 721	14 162	19 210	596
其他（广告）	1 335	1 704	2 992	4 625	10 015	14 100	956
占亚马逊收入的百分比	9.8	13.1	15.9	17.9	21.4	24.4	

费　　用	2014年	2015年	2016年	2017年	2018年	2019年	增长率(%)
亚马逊云科技	3 984	6 017	8 513	13 128	18 359	25 825	548
订阅（Prime）	1 745	3 454	3 781	5 891	7 537	9 893	467
其他（广告）	263	301	553	890	1 877	2 627	1 011
占亚马逊收入的百分比	6.7	9.3	9.8	11.5	12.6	14.4	114

营业利润	2014年	2015年	2016年	2017年	2018年	2019年
亚马逊云科技	11.8	28.2	31.4	27.2	30.4	28.4
订阅（Prime）	36.8	22.7	40.9	39.4	46.8	48.5
其他（广告）	82.3	82.3	81.5	80.8	81.3	81.4
亚马逊	0.3	2.2	3.3	2.5	5.7	5.6

这些细分业务的营业利润都在 100 亿美元左右，同时保持收入的惊人增长和极高的营业利润率。因此，这些业务保证了亚马逊能够在收入持续增长的同时持有大量现金。

物 流 支 出

我们更需要密切地关注物流。在 2019 年底亚马逊戏剧性地推出即日达之前，物流成本就已经急剧膨胀。

表 11　亚马逊零售和亚马逊商城物流成本（单位：百万美元）

运　　费	2014 年	2015 年	2016 年	2017 年	2018 年	2019 年
亚马逊零售	6 429	8 153	10 907	13 800	16 522	21 110
亚马逊商城	2 290	3 386	5 240	7 900	11 178	16 790
配送成本	**2014 年**	**2015 年**	**2016 年**	**2017 年**	**2018 年**	**2019 年**
亚马逊零售	9 109	9 554	11 874	15 406	18 300	20 547
亚马逊商城	2 156	3 024	4 431	6 870	9 772	12 590
总物流成本	**2014 年**	**2015 年**	**2016 年**	**2017 年**	**2018 年**	**2019 年**
亚马逊零售	14 537	17 707	22 781	29 206	34 822	41 657
亚马逊商城	4 436	6 411	9 671	14 770	20 950	29 380
物流占收入比例（%）	**2014 年**	**2015 年**	**2016 年**	**2017 年**	**2018 年**	**2019 年**
亚马逊零售	21.2	23.0	24.9	27.0	28.3	29.5
亚马逊商城	37.8	40.1	42.1	64.3	48.9	54.6

亚马逊商城卖家被收取货运费和配送费用,而亚马逊则将这些费用补贴了自己的亚马逊零售业务。在过去 5 年中,亚马逊配送系统的货运和配送费用每年稍有变动,但基本覆盖了亚马逊物流配送系统的所有成本。这意味着亚马逊不会因为亚马逊商城的进一步扩张而面临财务负担:亚马逊商城成本可以用亚马逊配送费抵消,而利润则来自亚马逊向第三方卖家收取的平均 15％的佣金,以及广告费。广告费完全来自亚马逊商城上的第三方卖家。从亚马逊的角度来看,亚马逊商城可以无限扩展。相比之下,亚马逊零售面临着全部物流成本,这有可能推高其运营亏损。

表 12　2014—2019 年亚马逊商城物流成本和费用
收入 (单位: 百万美元)

	2014 年	2015 年	2016 年	2017 年	2018 年	2019 年
亚马逊商城物流成本	4 186	6 064	9 152	14 084	20 101	28 468
亚马逊商城物流费	2 634	5 332	9 807	14 928	22 050	25 677
亚马逊商城的净物流成本	1 551	732	−656	−844	−1 950	2 791
费用占成本的百分比	**62.9**	**87.9**	**107.2**	**106.0**	**109.7**	**90.2**

因为亚马逊在物流和亚马逊云科技等业务上投入了大量资金,所以亚马逊的利润率较低。图 18 显示,亚马逊的资本投资仍在加速。2019 年,包括仓库和数据中心的资本租赁,亚马逊的资本投资超过 300 亿美元。

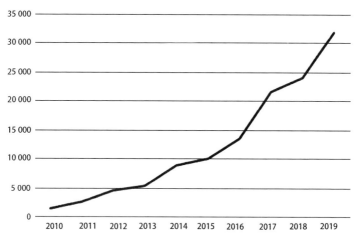

图 18　亚马逊年度资本投资（包括资本租赁）（单位：百万美元）
资料来源：《华尔街日报》

细分业务部门分析

每个业务部门都有单独的分析结论。

广告。在过去几年中，亚马逊一直致力于广告业务，所以现在搜索结果中包含了许多"赞助"项目。截至 2020 年，亚马逊在美国 1 290 亿美元的数字广告市场中所占份额约为 8.6%。在美国，数字广告占广告整体的份额一度减少，但现在正迅速增长。[7]因为广告利润丰厚，亚马逊的财务回报是立竿见影的。2019 年亚马逊广告利润为 115 亿美元，利润率更是超高，高达 81.4%。实际上，亚马逊发现，卖家愿意为搜索结果中更好的定位付费，一旦一些卖家开始付费，所有人都必须付费，否则就有可能被转移到第 2 页或更靠后的页面，这将带来惊人的销售结果。这在亚马逊商城上开辟了一条新的主要收入来源，超出了佣金和配送费用。

广告收入不会无限增长。每次客户搜索时都会提供有限的广告时段供销售。如果搜索结果页面过载可能会让消费者完全远离亚马逊。因此，尽管亚马逊继续推出新的、更昂贵的广告和广告形式，尤其是视频广告，但每页的广告总量仍然有限。随着亚马逊网页浏览量的增长，广告已成为亚马逊内部的一个成熟市场，收入也将随之增长。

订阅（主要是亚马逊金牌会员）。因为82%的美国家庭已经订阅了亚马逊金牌会员服务，所以现在亚马逊订阅量在美国以外的地区增加得更快。但亚马逊的国际市场没有美国本土市场那么成功，因此亚马逊可能会发现在美国以外地区很难增加亚马逊金牌会员。亚马逊最近对印度的高度重视部分是因为尽管印度的金牌会员价低于美国，但亚马逊仍希望印度数量庞大的中产群体购买成为亚马逊金牌会员。

总的来说，因为亚马逊以出色的运输、优惠以及娱乐来吸引亚马逊金牌会员，所以亚马逊金牌会员实际上增加了亚马逊的成本。在过去6年中，内容成本上涨了400%。然而，几乎没有迹象表明亚马逊金牌会员对订阅费价格敏感——当美国金牌会员费从每年99美元涨到119美元时，并没有带来过多的负面影响。因此，亚马逊确实有可能会提高亚马逊金牌会员的价格。

实体商店。到目前为止，实体店对亚马逊财务的影响微乎其微。它们占亚马逊总收入的6.1%，在亚马逊收购全食超市后的3年中，实体店每年都有少量亏损。事实上，亚马逊收购全食超市表面上似乎毫无意义。为什么一个数字巨头会在一个利润微薄、规模经济非常有限、库存成本高、劳动力密集的行业收购一家公司？利润几乎都没有增加，收入贡献也不大。

尽管新冠病毒导致送货上门的数量猛增，但实体店仍然是亚马逊进军价值6830亿美元的美国食品杂货业的必经之路[8]。新冠肺炎疫情来袭前，在线销售额预计到2023年将达到食品杂货总销售额的7%左右[9]。但新冠肺炎疫情大大加速了这一转变，亚马逊也从食品杂货销售的繁荣中受益。尽管如此，即使在最乐观的情况下，实体店至少在未来十年内仍将主宰美国的食品杂货销售，因此亚马逊正计划围绕实体店构建其食品杂货战略，包括多种差异化的方法，比如2020年在美国芝加哥伍德兰山开设的亚马逊优鲜（Amazon Fresh）实体店。本书第十三章将进一步讨论食品杂货业务。

亚马逊云科技。亚马逊云科技作为唯一一家云服务提供商的时代已经过去了。它面临着微软Azure和其他竞争对手带来的巨大压力。其中微软Azure销售增长速度明显快于亚马逊云科技。然而，基于云的信息技术市场持续快速增长，大量基于服务器的传统基础设施将在未来几年过渡到云。亚马逊云科技收入同步快速增长，2019年增长达到37%。亚马逊正在系统地从提供基本基础设施向更接近最终客户的增值技术迈进，从而获得更高的利润（见第十章）。这就是为什么亚马逊云科技在2019年创造了92亿美元的营业收入。

不断扩大的机会和更强的竞争对手之间的平衡开始反映在财务状况上。亚马逊云科技的一线收入增长接近历史水平，但利润率在经历了一段时间的加速后，在过去3年中基本持平。随着竞争的加剧，亚马逊云科技的价格可能很快开始下跌。

亚马逊商城（Marketplace）。从亚马逊的角度来看，亚马逊商城就像一个赌场，赢的总是庄家。亚马逊商城的物流费用由FBA支付，剩余成本仅占亚马逊市场佣金的一小部分。这就是为什么亚马逊商城已经成为亚马逊在线帝国的金融救生艇。在2019年亚马逊商城创造了 1 600 亿美元的总销售额、530 亿美元的费用和 178 亿美元的营业收入。2014 年至 2019 年间,亚马逊商城收入增长了 200% 以上,尽管其利润率有所下降,但仍保持了 33% 的较高利润率。

　　为了保持成功,亚马逊商城需要吸引卖家和买家。由于美国市场的竞争对手,如沃尔玛,到目前为止已经证明根本不会给亚马逊带去挑战,因此在美国,亚马逊吸引卖家和买家这两个群体似乎没有什么困难。在买方方面,亚马逊商城可以像亚马逊零售一样依赖亚马逊金牌会员的力量,它为 1.12 亿美国家庭提供服务。在大多数情况下,亚马逊是消费者寻找商品的首选平台。第三至七章描述了亚马逊的客户关系,它将客户拉到了亚马逊的活动范围内。一旦进入亚马逊范围,客户就会发现很难脱离亚马逊。就像亚马逊零售一样,亚马逊商城也受益于这种向心的吸引力。

　　在卖家方面,2019 年亚马逊在美国拥有 170 万个活跃卖家。据亚马逊称,其中许多卖家业绩良好。这些卖家的平均销售额为 14 万美元,比 2018 年增长了 40%[10]。因此,大型卖家正在亚马逊平台上寻找成功运作的方法。

　　从方方面面来说,亚马逊商城有很多可提升利润的空间。如果货运和配送成本上升,亚马逊将向卖家收取更多的亚马逊配送费用。许多卖家可能期望出现一款配送的替代品,许多人也尝试过采用替代的配送服务,但他们最终意识到他们的未来与亚马逊密不可分。即使在与小博发(Shopify)结盟之后,沃尔玛的市场占有率仍远远落后于亚马逊。因此,卖家在自己的平台上面临着亚马逊的垄断力量,亚马逊可以随心所欲地提高价格。比如,亚马逊配送成本通常每年都会增加,2020 年也一样[11]。尽管亚马逊在更广泛的零售市场上不是垄断者,但它在电子商务领域即使不垄断至少也占据主导地位,而它在自己的平台上则是 100% 的垄断。在亚马逊平台上,亚马逊自己设定了条款和费用，卖家只能选择接受这些条款或离开。

因此，亚马逊商城面临的挑战并非来自融资压力，而是来自消费者不稳定的信任。平台上的消费者越来越成熟。他们开始区分亚马逊销售的商品和市场上销售的商品。例如，中国卖家正在大量涌入，目前占美国市场活跃卖家的40%。信任是微妙的，亚马逊进军广告业可能降低了人们对搜索结果的信任。现在搜索结果主要显示赞助产品，而不是原生搜索结果。亚马逊商城也是一个非常残酷的环境、一个真正的弱肉强食的世界。在这个世界里，不仅适者生存，而且是那些最灵活且有时顾忌最少的人才能生存下来。这无助于提高消费者对亚马逊的信任度。

亚马逊零售。亚马逊零售根本不像赌场。相反，在这个领域内，亚马逊确实损失了大量资金，它一直在努力与更灵活的竞争对手竞争，压缩库存成本。但同时亚马逊几乎没有定价能力，一个小小的错误就会让它亏损。简言之，这是一项符合竞争市场规律的零售业务。

人们常常认为，亚马逊能够访问平台上生成的令人难以置信的海量数据，这意味着亚马逊正在玩一副透明牌——它可以很容易地看到哪些产品会成功。而作为零售商，它只需投资于这些产品，就可以凭借其巨大的规模扫除竞争对手。但这些数据并非都是有用的。随着亚马逊零售业务的增长，它的效率越来越低，损失也越来越大。2019年，亚马逊零售业务亏损324亿美元，利润率为-22.9%。每销售1美元就损失23美分，这显然是不合理利用数据的结果。

鉴于亚马逊商城上有170万卖家即使支付了亚马逊的佣金和亚马逊配送费用仍然在赚钱，亚马逊零售为什么会损失这么多钱？这尤其令人不解。部分原因或许在于亚马逊作为万物商店的自我认同意识。过去6年中，亚马逊零售的负利润率翻了一番，同时亚马逊销售的商品数量却呈爆炸式增长。截至2016年，亚马逊零售销售了

1 200 多万种商品,亚马逊商城销售了超过 3 亿种商品。相比之下,一家典型的沃尔玛商店销售 12 万件商品,沃尔玛销售商品品类的数字近年来一再下降。亚马逊的目录中有海量的商品,这使得它很难做到高效。管理数百万件物品的供应链是一个勇敢的也是地狱般痛苦的命题。

亚马逊决心发展高端业务,这使得亚马逊在过去 6 年里将零售额翻了一番,也使得问题更加复杂。BuyBoxer 首席执行官兼亚马逊长期卖家斯哥特·尼德汉姆(Scott Needham)指出,亚马逊经常准备亏本销售以赢得大量订单[12]。而亚马逊长期以来也在亏本销售自己的硬件。《金融时报》估计,在这些产品上,亚马逊负利润率为 10%～20%。由于销售额的增加与利润率的下降直接相关,亚马逊也有可能只是在利润越来越低的业务领域中冒险,走得越来越远。

与此同时,亚马逊平台上的竞争也越来越激烈。所有中国卖家实际上都在将亚马逊作为一条从中国制造商到美国消费者的直接渠道。这使得亚马逊自身产生了非中介化效应。这也压低了价格,而且由于亚马逊仍在与中间商打交道,加之亚马逊零售中,亚马逊本身也是制造商和客户之间的中间商,因此它面临着持续的价格下调压力。如果亚马逊提高价格,销售额将流向别处。这是一个自相残杀的世界,在某些领域,亚马逊置身其中。

面对亚马逊零售的亏损,亚马逊陷入了困境。不断增长的数字让事情变得更糟,但不断增长的数量也是亚马逊成功的标志。简单地放弃亚马逊零售不是一个明智的选择。亚马逊零售是亚马逊的品牌,是亚马逊对万物商店愿景的核心。贝索斯的目标并不是“成为部分领域的万物商店”。亚马逊零售也有助于填补亚马逊庞大的物流渠道。大幅削减零售额将削减物流量,这可能会降低物流运营效率,增加亚马逊零售的单位成本,增加亚马逊商城的收费。

还有其他选择。亚马逊可以通过减少批发商来增加利润。这就解释了过去几年尽管亚马逊自有品牌没有显示出填补零售财务利润缺口的迹象，但亚马逊仍推出数百个自有品牌（见第八章）。亚马逊声称，自有品牌的收入只有约 25 亿美元，而其自有品牌，如亚马逊精选（Amazon Essentials）和亚马逊倍思（Amazon Basics）都是低价值、低利润的品牌，近 90% 的亚马逊自有品牌销售额定价在 30 美元或更低，对亚马逊的盈利能力提升几乎没有帮助[13]。

亚马逊还试图通过与塔尼（Tuft and Needle）等知名品牌签订专属品牌协议，向高端市场进军。但与传统品牌合作的整个前提是与消费者建立情感联系，增加销售额并扩大利润。这在亚马逊根本不起作用，也没有迹象表明这些专属品牌会比亚马逊自己的自营品牌更有吸引力（见第八章）。

亚马逊还试图削减仓库和自身管理的成本。该公司正在通过免提计划（Hands Off the Wheel Initiative）实现供应链的自动化，该计划用算法和在线竞价取代了传统的行业特定采购，尤其是人工采购[14]。这可能会降低管理成本，但近年来，在该计划推出的同时，利润率急剧下降。

亚马逊还大幅增加了广告支出，很可能是为了扩大来自脸书的流量。但这并不能解决利润率不断下降的问题。更多的流量可能意味着更多的销售额，但在目前的情况下，这只意味着亚马逊零售的损失更大。

更有希望的是，亚马逊正在鼓励亚马逊零售供应商成为亚马逊商城卖家，为卖家提供更好的工具，并强调他们对产品和定价的控制权。亚马逊正在理顺其供应商网络，在可行的情况下削减较小的供应商，在某些情况下阻止供应商进入市场。虽然这在短期内取得了成功，但这表明了一个严峻的现实，那就是随着市场变得更具吸引力,那些为亚马逊提供、发现利润最大的产品的公司也最有可能寻求转向亚马逊商城,这使得亚马逊零售的产品组合中少了个盈利产品。

从中期来看,优先考虑亚马逊商城是解决亚马逊零售利润问题的直接办法。十年来,亚马逊在线销售总额中亚马逊商城的份额每年以 2 到 4 个百分点的速度增长。即使亚马逊不能加快这一速度,10 年后亚马逊商城仍可能会占整个平台销售额的 80%~90%。这可能是亚马逊的最后阶段战略——逐渐从亚马逊零售转变为亚马逊商城所有者和管理者的成熟角色。这将消除亚马逊的一些棘手的利益冲突问题,并将使亚马逊更加盈利。

与此同时,亚马逊可能会更加关注哪些产品是盈利的,并淘汰非盈利产品。亚马逊零售中有很大一部分(虽然未知)要么亏损,要么几乎无利可图,因此,消除亏损可能需要大幅削减产品,可能会使亚马逊零售收入减少三分之一。2019 年末,亚马逊似乎调整了其购物车算法,青睐利润更高的产品,甚至超过其自有品牌,这一转变可能已经开始实施[15]。删减失败产品将取悦一向喜欢削减成本的华尔街,但这也将打破亚马逊无敌的神话,它本身是整个品牌的一个重要方面。这将意味着亚马逊的初始愿景(万物商店)已经发生了变化。

亚马逊在其他业务领域的定价能力也有助于填补亚马逊零售的财务亏损。因为亚马逊金牌会员对价格并不特别敏感,它可以将亚马逊金牌会员费的价格提高到每年至少 150 美元(见第三章)。在出现更加可行的替代方案之前,它可能会进一步通过挤压亚马逊商城卖家来抽取利润。亚马逊云科技将产生不断增长的利润。亚马逊正在进入食品杂货等新市场,这是一个巨大的市场。尽管在这些新市场中,盈利能力往往来得较晚,尤其是食品杂货市场,可能更多的是陷阱和错觉,而不是金融解决方案,亚马逊仍认为这是一个可以被颠覆的成熟市场。

这些可用的选择决定了亚马逊可能的战略路径。如果可能的话,它会继续将销售从亚马逊零售转向亚马逊商城,在力所能及的范围内主要针对市场卖家和亚马逊金牌会员提高收费。它将削减亚马逊零售,专注于利润更高的商品。它可能会通过在搜索结果中优先考虑更盈利的项目,并在搜索页面上加载更多付费广告,来降低客户对它的痴迷。它可能会如一些人在过去所宣称的那样,试图调整搜索结果以适应自有品牌产品。[16] 它已经删除了一个客户排序选项——"相关性"。该选项用于让客户绕过算法的默认排序值。它还将加速进入食品杂货和制药等新市场,以弥补亚马逊零售业收入可能持平的局面。总的来说,亚马逊将更好地平衡各细分市场,获得更多的利润,并渗透进如食品杂货和货运等邻近市场,以及它认为已经成熟的其他市场。进入医疗市场是亚马逊的必然选择,如果可能的话,亚马逊也可能会进入金融和保险市场。所有这些都需要时间。目前,亚马逊正在并将继续承受亚马逊零售的亏损。亚马逊可以负担得起这个亏损,而外部股东不会对其有影响。只有对掠夺性定价进行反垄断调查才能改变这一局面。

最后一项是值得关注之处。2020 年的新冠肺炎疫情极大地推动了电子商务的发展。2020 年春天,亚马逊看起来就像一条试图吃掉一头大猪的巨蟒。需求的大幅增长以及将物流转向线上的杂货和必需品的需求造成了巨大变革。有一段时间,亚马逊甚至停止接受卖家的非必需品。疫情严重时,尽管亚马逊当然声称它采取了所有必要的预防措施,但亚马逊没有公布仓库工作的完整情况,一些仓库的工人已经走出去示威抗议危险的工作环境。

不过,总体而言,从商业角度来看,这场新冠病毒疫情对亚马逊来说大体是好消息。这与亚马逊进军食品杂货业的努力是一致的,虽然亚马逊发现很难管理需求的大幅增长,但没有其他公司做得更好。亚马逊在 2020 年第三季度实现了创纪录的利润。观察家称,这场新冠病毒疫情在 6 个月内给美国带来了等价于 10 年的电子商务增长。这种转变势必明显,而且还将继续,而且很可能是今后习惯形成的开始。在美国,只有亚马逊有能力充分利用这一机会。

尾　　注

［ 1 ］Amazon shareholder letter, 1997.

［ 2 ］Amazon Annual Reports.

［ 3 ］2020 Amazon Annual Report.

［ 4 ］Workforce. com, "Labor and Benefits Expenses in Supermarkets," Workforce. com, January 30, 2004.

［ 5 ］Amazon Annual Report 2019.

［ 6 ］This calculation is based on the detailed breakout of platform shares between Amazon Retail and Marketplace, provided in the Amazon shareholder letter, 2019.

［ 7 ］Jasmine Enberg, "Global Digital Ad Spending 2019", *EMarketer*, March 28, 2020.

［ 8 ］Statista.

［ 9 ］Statista.

［10］Amazon State of Small Business 2020.

［11］Amazon. com https：//sellercentral. amazon. com/gp/help/external/ 201411300/ref＝suus_feechange_fba？ ref＝peus_fba_feechange_ fbaemai l_fee4.

［12］Scott Needham, BuyBoxer CEO, interview. August 5, 2020.

［13］ Mehta，"Statement of Dharmesh Mehta Vice President，Worldwide Customer Trust and Partner Support."

［14］ Alex Kantrowitz，"How Amazon Automated Work and Put Its People to Better Use," *Harvard Business Review*，September 16，2020.

［15］ Dana Mattioli，"Amazon Changed Search Algorithm in Ways That Boost Its Own Products," *Wall Street Journal*，September 16，2019，sec. Tech.

［16］ Mattioli，"Amazon Changed Search Algorithm in Ways That Boost Its Own Products."

第十章 |
云科技： 亚马逊的互联网金矿

随着亚马逊云科技平台上的公司数量的增长,他们发现亚马逊总能预测到公司的成长烦恼,并且设计了解决方案。因为他们也曾经历和分享过相似的困苦,所以亚马逊能洞察你的想法。因此,当你到达十字路口的时候,会发现一个哨所写着:"我们走过这条路,这是为你准备的地图和补给。"

——斯外奥·乔(Swell Joe),《黑客新闻》(*Hacker News*),2016 年

今天亚马逊能够势如破竹地进入并主导新产业,很大程度上归功于亚马逊云科技(Amazon Web Services, AWS)的出现和使用。2006 年推出亚马逊云科技时,亚马逊只能算是一家非常成功的在线书商和相对成功的普通零售商,并没有触及在线书籍和零售以外的其他产业。该零售商涵盖部分热门行业,其中最著名的有电子产品和玩具行业,它既没有盈利,也还未建成行业领先的物流网络。虽然当时亚马逊金牌会员的订阅量保持增长,但会员人数尚不到百万。简而言之,亚马逊是一颗行业新星,但远未成为行业巨擘,更遑论行业威胁。

在这种情况下,亚马逊云科技带来了三重影响。它解决了亚马

逊迫在眉睫的 IT 问题，并很快就带来了可观的收入和利润。这有力彰显了一种重要商业模式的出现。亚马逊云科技证明了出售亚马逊自用服务的使用权可以取得巨大成功。这一模式可以应用于亚马逊商城以及亚马逊物流。这表明亚马逊可以把过去的成本中心转化为利润中心。更重要的是，亚马逊的自用服务也能从外部用户的需求中得到启发，通过改进现有服务或开发新的服务等方式从中获益。因此，在一定程度上亚马逊云科技是亚马逊建立无敌光环的创新基础。这更表明，亚马逊不仅仅是一家在线零售商，更是一个举足轻重的创新者，甚至是如贝索斯在亚马逊公司成立之初声称的那样——一家科技公司。

开 发 和 发 布

1995 年开业后不久，亚马逊就开发了自己的操作系统奥比多斯（Obidos）来管理图书的入库和出库。奥比多斯操作系统支持的主要创新包括：一个新的自动推荐系统，记载了客户评论（包含负面评价）的产品页面，以及一键式购物。一键式购物这项技术在 1999 年获得专利授权。在后端，奥比多斯操作系统则为图书发行商和亚马逊的物流网络建立了高效的连接。

到 2000 年，随着越来越多的客户、产品和供应商使用亚马逊平台，奥比多斯操作系统变得越来越笨拙和低效。5 000 万行代码需要花费太长时间、太多精力来编译和维护。某位亚马逊工程师称代码库是"一个闻所未闻、见所未见的垃圾大山，你的工作是在每次你需要修复一些东西的时候，都不得不爬进它的中心"。[1] 之后亚马逊首席技术官也表示，奥比多斯操作系统的代码库是用"管道防漏黑胶布和 WD40 防锈剂工程"黏合在一起的。[2]

亚马逊零售业的成功使得奥比多斯操作系统低效的情况更为恶化。2000 年后,亚马逊先后同意为玩具反斗城、电路城和博德斯(Borders)公司运营电商业务。为此亚马逊必须在多个网站上进行自我复制,而每个网站的要求都有所不同。但是构建统一的代码基础已经成为实现控制一切的核心问题。信息技术部门已然成为亚马逊公司发展的瓶颈。亚马逊首席技术官瑞克·达尔泽尔(Rick Dalzell)承认,奥比多斯操作系统的每一步都要花很长时间,已经无法支持亚马逊所进行的创新,而且已经成为创新的障碍而非助力。更改一段现有操作系统里的代码只会给其他代码的运行带来风险,所以一旦有改写代码就不得不进行痛苦的、缓慢的、复杂的交叉检查,这就使得亚马逊急需的新功能常常被延迟推出。[3]而且每个项目都需要一些独有的资源,但又没有明确的机会来实现资源的规模化和再利用。[4]创新资源匮乏,而且在亚马逊冒险添加任何新功能之前还需要进行详细的测试。所有人都意识到这种情况必须有所改变。

2003 年至 2006 年期间,亚马逊构建了名为古鲁帕(Gurupa)的第二代操作系统,它是一个连接数据库和文件系统并将结果封装进一个网页的网络服务器。但古鲁帕操作系统只可能扬汤止沸,亚马逊还需要一个釜底抽薪的解决办法。

2016 年前,贝索斯面向亚马逊全公司发布了一份备忘录,备忘录坚持所有内部通信都必须通过一个连接不同应用程序的软件中介,也就是应用程序界面(API)来进行管理。应用程序界面宛若一个信使,把信息请求以电子信息的形式自动发送,传递给信息的提供者,无需人工干预。贝索斯希望亚马逊的团队能够更加流畅地交流互动,而 API 就是他的解决方案。贝索斯的备忘录非常简短。据当时的亚马逊员工斯蒂夫·雅吉(Steve Yegge)所说,这份备忘录(被非正

式地称为"API宣言"）有大家公认的六个要点：[5]

　　1. 从此，所有团队将通过服务界面公开他们的数据和功能。

　　2. 团队之间必须通过这些界面进行相互沟通。

　　3. 不允许其他形式的项目进程间的沟通：不允许直接链接、不允许直接读取另一个团队的数据存储、不允许共享内存模型、不允许留任何形式的程序后门。唯一允许的沟通要通过网络上的服务界面进行。

　　4. 使用什么技术并不重要。HTTP、Corba、Pubsub、自定义协议都可以。

　　5. 无一例外，所有服务界面都必须自始至终被设计成可外部化的。也就是说，团队必须进行规划和设计，让自己的数据和功能服务界面能够开放给外部的开发人员。无任何例外。

　　6. 任何不这样做的人都将被解雇。

　　"API宣言"要求亚马逊的内部操作全面转换为面向服务的架构（Service-oriented Architecture，SOA）。这是一个当时对外部人员而言秘而不宣的巨大变革，公司全体人员都需要大量学习。亚马逊的每个内部团队都只能使用网络服务进行交流互动，这从根本上使亚马逊依赖小团队作战的战略布局成为可能。每个团队都必须与其他团队现有的非正式或半正式关系脱钩，准确定义他们拥有的资源，然后通过API调用资源。这迫使每个团队都成为亚马逊所有其他团队的合作伙伴。"API宣言"使得数百个团队能够在不浪费信息的情况下同步运营。

　　"吃自己的狗粮"是一条IT俚语，意指开发人员和外在客户一样使用相同的流程和产品服务。"API宣言"声称："所有服务，无一例外,都必须从头开始设计,使之可外部化。也就是说,团队必须规划和设计所有流程和产品,才能够将界面开放给外部世界的开发人员。"亚马逊的 API 是为内部和外部共同使用而设计的,这极大地支撑了亚马逊云科技的快速成功。

　　向 API 的变革似乎只能让极客(Geek)们感到兴奋,但这对亚马逊云科技和亚马逊来说都至关重要。当时的标准沟通交流方式是通过电子邮件和文件传输,再加上直接读取数据库。从概念上讲,在这种模式下,数据所有者在严格限制的条件下共享他们想要共享的内容,其他一切对接收者来说都是看不见的,因此这个标准模式被默认为是保密的。通过 API 的连接颠覆了此模式。现在每个亚马逊团队都必须发布一个 API 来描述他们的所有功能,每个团队都必须通过网络服务连接到其他团队。例如,如果市场营销需要来自销售的数据,那么销售人员必须提供能直接访问销售数据的 API。每个团队都对自己的资源——一个独立的数据实体负责,并同时成为对其他团队而言拥有完整定义和公开的信息的电子联系的合作伙伴。

　　API 帮助亚马逊摆脱了数据中心化的陷阱。基于 API 的通信从根本上支持快速迭代,贝索斯要求开发团队同时对亚马逊内的其他团队以及亚马逊外的潜在用户开放 API。正如一位观察家所说:"新想法最终以代码的形式飞鸟挽粟般被传递到客户手中⋯⋯在亚马逊云科技,我们没有制定'战略'并说服客户,而是提供我们自己发现的有用的功能,并迅速投资于那些能被客户广泛采用的服务。好的服务很快就会变成伟大的服务。"[6]

　　亚马逊花了几年的时间,经过巨大的努力,终于实现了公司内部的 SOA 完全嵌入。当然基于 API 的模式也面临挑战:每个团队都成为潜在的攻击者,甚至在亚马逊内部也需要新的安全协议。随着 API 数量的增长,亚马逊现在有成千上万的 API,用户需要好的搜索工具来找出哪些 API 存在，是否可用，以及在哪里可以找到它们。多个 API 之间的协调也不是自动的。然而，SOA 仍是亚马逊成为一个有效平台的必要条件。斯蒂夫·雅吉明确表示：

> 当然，这就是贝索斯颁布法令的目的。他甚至一点也不关心团队的福利，也不关心他们使用什么技术，事实上也不关心他们如何开展业务的任何细节，除非他们碰巧搞砸了。但贝索斯比其他亚马逊人更早地意识到，亚马逊需要成为一个平台。[7]

在贝索斯备忘录发表后不久，克里斯·平卡姆(Chris Pinkham)和本杰明·布莱克(Benjamin Black)描述了"亚马逊基础设施的愿景，就是完全标准化的、完全自动化的，并且在存储等方面广泛依赖于网络服务"[8]。平卡姆和布莱克明确指出，亚马逊必须打破现有的企业计算体系。他们拒绝了成立维护专有服务器和软件的专业化的信息技术部门。这些部门好比古代管理生育仪式的祭司：只有在牧师英勇劳动、无数次流产和严格遵守协议的条件下，婴儿(产品)才能定期诞生。

相比于此，平卡姆和布莱克主张模块化，用模块化的功能取代统一的代码库，这些功能可以像许多乐高积木一样搭建在一起。这将允许无限次地重新配置各个部分，通过组合一些基本功能(称为"基元"，见下面方框内的内容)来满足用户需求。而正如乐高逐渐将新的作品引入它的世界，在亚马逊，更多的"基元"正逐渐出现以满足用户的新需求。

基元和新的模块化方法

在《创造和如何创造》(2003)中，史蒂夫·格兰德(Steve Grand)认为现有的信息技术模式已经失败了。最好是退一步，让用户通过重新配置可以组合和重组的功能模块来满足自己的需求。让开发人员随意使用这些"基元",这将让创造力在弱肉强食世界中蓬勃发展,在这个世界里,最好的创新蓬勃发展,其余的则消亡了。

格兰德的作品在亚马逊内部很有影响力。杰夫·贝索斯对"基元"的看法也得到了加强。"他设想过成千上万台廉价的、200美元的机器堆积在货架上,货架爆满了。它必须能够永远扩张",没有停机时间,永远没有。这一更大的愿景为亚马逊云科技在未来十年的扩展提供了框架。

——法里尔(Furrier)(2015),斯通(Stone)(2013),格兰德(Grand)(2003)

平卡姆和布莱克还提出了第二个同样重要的转变:从基于服务器的信息技术向"云计算"的转变。在"云计算"中,计算机的计算、存储、数据管理等功能可以从地面的物理位置转移到"云"上,形成一种无限灵活的功能聚合,通过新软件和互联网与位于土地廉价和电力资源丰富的偏远地区的服务器相连。云计算不可能永远定期下载数百万行代码,它需要亚马逊的模块化计算模式以及广泛的高速互联网接入。在2006年,互联网已经无处不在,至少在美国城市确实如此。这个时机对亚马逊实施亚马逊云科技来说是完美的。

模块化、云和API,这三重创新是对传统发展模式的一次有远见的突破。亚马逊是关键的创新者、先行者和主导供应商。一旦分解成模块并重新部署到云端,容量可能会随着每个业务客户的需求波动而增长或收缩。亚马逊的云技术提供了即时规划、即时部署、全球覆盖的服务而不需要客户的前期投资。API则有助于数据流和信息流的自动化。总之，这与传统的基于服务器的 IT 是相反的。

其应用是革命性的。正如亚马逊云科技首席执行官安迪·杰西（Andy Jassy）所说，亚马逊云科技的意义"实际上是允许任何组织、公司或开发人员在我们的技术基础设施平台上运行他们的技术应用程序"。例如，亚马逊的 S3 存储模块"帮助开发人员远离各种顾虑，比如在哪存储数据，数据是否安全，是否按需可行，维护相关成本几何，或者存储空间是否充足"[9]。通过管理基本节点，亚马逊大幅降低了信息技术成本，数千家原本会被传统信息技术的费用和刚性阻碍的初创公司（其中多数专注于数字服务）受益于此。

从 2003 年到 2006 年期间，亚马逊通过开发三个基于云的核心功能：计算、存储和数据管理，实现了这一愿景。计算团队在南非远离主园区的地方工作，开发了一个名为 EC2 的在线计算应用程序。存储团队在远离西雅图信息技术中心的帕洛阿尔托工作，开发了可以在计算机之间高效共享和远程访问的在线存储方案（称为 S3），为用户提供了无限的存储空间，可以在瞬间进行更改和重新配置。该方案在 2006 年公开上线。

EC2 和 S3 并不是渐进式变化。他们改造了信息技术。这种改造不仅仅是技术或成本（云服务便宜得多）。亚马逊也消除了来自信息技术的摩擦。正如后来成为亚马逊云科技副总裁兼杰出工程师的詹姆斯·汉密尔顿（James Hamilton）所指出的那样：

> 这比我们目前为多数据中心冗余存储支付的费用低了近两个数量级。但更具破坏性的是，提供和享用存储服务，仅需要提供信用卡信息即可。不需要提交财务审批所需的议案，不需要RFP，不需要走流程选择供应商，不需要跟供应商谈判，也不需要有足够大的数据存储中心。我可以直接注册开始工作。[10]

　　亚马逊云科技并不是无中生有。亚马逊开发并投放市场的不仅仅是一项新服务。相反，它最初主要是为了满足亚马逊自身的内部需求而设计的。正如本·汤普森（Ben Thompson）在个人博客Stratechery 中所指出的，亚马逊是"亚马逊云科技的第一个，也是最好的客户"。亚马逊自身的需求立即推动了亚马逊云科技的大规模扩张。在 2006 年财报电话会议上，亚马逊首席财务官汤姆·苏萨克（Tom Szusak）回答了有关成本和规模的问题，他说："我们之所以做网络服务，即云科技，是因为这是我们在过去 11 年中在 Amazon. com 网络化应用中取得的良好经验的集中体现。因此，当我们开始打算公开亚马逊的经验时，我们发现也有其他开发者需要同类型的网络服务……我们所做的就是公开这些解决方案，并逐渐以此为基础创建一个有意义的商业活动。"[11]亚马逊很快发现其他公司对它的新方法有着极大的兴趣。这也表明，"除了亚马逊，没有人有足够的体量和资金去容纳为了全球在线业务运营所需的服务器银行"[12]。

　　亚马逊云科技于 2006 年推出，并立即获得成功。"我们都被亚马逊云科技引起的轰动效应吓了一跳，"杰西回忆道，"我们根本就没有做推广。但是成千上万的开发者蜂拥而至，他们将 API 应用于各种各样的事情，我们从来没有想到他们会这么做。"[13]更多的服务需求在亚马逊云科技发布不久后相继出现，而亚马逊云科技也在后续版本中添加了这些服务。

　　亚马逊云科技让初创公司和小公司受益匪浅。但亚马逊云科技也很快吸引了大公司。亚马逊云科技的许多优势也同样适用于大企业。正如杰西所说："我们的价值主张中最引人注目的部分是促进他人更轻松、更快速地创新。工程团队和业务领导有很多想法，对做新事物有强烈的兴趣。"[14]结果是亚马逊云科技赢得了许多大生意。从网飞（Netfix，其最大客户）到联邦政府部门（包括为美国中央情报局提供基础设施服务），亚马逊有各式各样的大客户。

　　一美元剃刀俱乐部（Dollar Shave Club,DSC）的成功展示了亚马逊云科技和互联网如何引发商业模式创新。[15]宝洁公司（P & G）在2005年斥资570亿美元收购吉列后，剃须刀产业由宝洁公司主导。宝洁通过在研发上投入巨资，加大营销投入，利用多个主要品牌的所有权来控制实体货架空间和店铺布局等方法，就促成吉列的收入每十年翻一番。最终，宝洁公司主导了剃须刀和配件的分销业务。

　　DSC于2006年与亚马逊云科技一起推出。它使用了精彩的介绍性视频，广泛使用了脸书（Facebook）广告、病毒式营销、油管频道和亚马逊云科技的无限可扩展技术基础。十年后，DSC以约为吉列三分之一价格，销售了美国15%的剃须刀套装。DSC的第一个油管频道视频持续了一分半钟，这对于电视来说是不可能的，该视频制作和销售成本几乎为零，有2 000万人观看了DSC的第一个广告视频。基于互联网的电子商务模式，让公司从零开始，但立即获得成功。到2016年，即DSC创立的十年后，DSC以10亿美元的价格被宝洁收购。

亚马逊云科技的增长

　　2019年，亚马逊云科技收入增长了37%，是最近五年来最低的增长率。2020年收入将超过400亿美元，2019年营业收入超过90亿美元。根据一家云监控服务公司Intricately的数据，亚马逊云科技最大的云客户网飞每月在云服务上的支出约为4 000万美元，其中2 360万美元支付给亚马逊云科技。[16]

　　尽管微软Azure云平台的增长速度更快，而且来自其他供应商的竞争也越来越激烈，但亚马逊云科技的营业额和营业收入增长并没

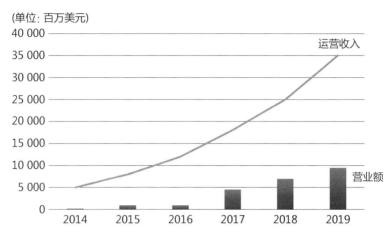

图 19　2014—2019 年亚马逊云科技的营业额和运营收入

来源：亚马逊年报

有放缓多少。如果亚马逊云科技每年以 20% 的速度增长,利润率保持在目前的水平,2024 年的销售额将达到 1 000 亿美元,利润约为 250 亿美元。随着云计算本身的持续扩张,这绝对有可能实现。有报告预计,目前企业信息技术市场约为 3 万亿美元,到 2024 年云计算产值将约占 40% 企业信息技术市场,是 2017 年的 3 倍多。[17]正如亚马逊盈利点从传统零售转向电子商务一样,它也同样得益于从传统信息技术向云技术的转变。亚马逊云科技主导着一个快速增长的市场。但亚马逊对亚马逊云科技也有更大的野心。

更上一层楼：从基础设施到服务

云计算可以设想为系列的层次堆叠。最低级别的层由云计算所需的组件组成：计算、存储和数据库，以及连接性。这个层有时被称为服务型基础设施或基础设施即服务（Infrastructure as a Service，IaaS）。

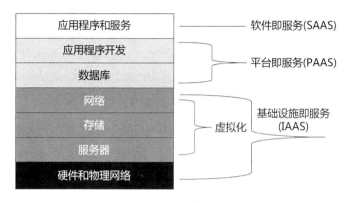

图20　云堆栈层

　　但 IaaS 只是基础层。它通常不能直接满足最终用户的需求。在 IaaS 之上是第二层构建块，统称为服务型平台或平台即服务（Platform as Service，PaaS）。PaaS 本质上是一个工具构建环境，在其中构建和测试用户服务的沙箱。在 PaaS 之上是服务型软件或软件即服务（Software as a Service，SaaS）。SaaS 比堆栈图中显示的要大得多，也更重要。它包括通过云提供的所有终端用户服务，如为从网飞到银行到医疗保健再到办公应用的用户服务。

　　亚马逊仍然主导着 IaaS，并且在 PaaS 中占有很强的地位。但 SaaS 提供了最大的价值和最大的利润，所以它对亚马逊而言是诱人的目标。因此，亚马逊云科技更进一步，进入了价值更高的细分市场，将其对占有主导地位的领域的影响力应用到还未占优的目标领域。这和亚马逊在零售业使用的策略是一样的。只是这一次，亚马逊云科技没有选择要攻击的市场产品，而是针对特定的 SaaS 市场。

　　亚马逊的战略选择是与现有的 SaaS 供应商合作，提供联合产品。亚马逊云科技认证供应商的技术能力,并提供基础设施和平台服务,供应商据此为个人客户构建特定的解决方案。[18]该模式将特定于行业的专业知识添加到亚马逊云科技功能中,为最终用户创建一个全面的服务包。亚马逊云科技正在多个领域复制该模式。亚马逊规避了进入这些高信任度服务领域的自身困难。取而代之的是,它与那些在了解银行、医院或其他行业需求方面具有特殊专长的公司合作。这看起来很像零售业的"独家代理品牌"模式。当然,一旦亚马逊云科技对特定产品、市场和客户有了足够的了解,它最终可能会选择开发自己的 SaaS 产品或自有品牌。

IaaS 可能会为亚马逊提供 SaaS 方面的长期优势,使其能够捆绑服务,或许还可以使用交叉补贴以获得 SaaS 客户,利用亚马逊云科技的能力和利润推动 SaaS 的更快增长。亚马逊在零售业 SaaS 使用中也吸取了其他的经验教训,现在第三方供应商的亚马逊云科技市场正在蓬勃发展。亚马逊云科技市场目前涵盖来自八大类数千家供应商的 6 000 多个类目。如果这是成功的,竞争对手将发现,他们不仅是在与亚马逊抗争,他们是在与整个亚马逊云科技生态系统抗争。

和多渠道零售方式一样,亚马逊云科技提供多种技术和商业模式。有时,来自亚马逊云科技市场的第三方解决方案效果最好。有时,亚马逊会以便捷的形式提供更高级别的服务。亚马逊词法分析程序(Amazon Lex,其核心是 Alexa)、亚马逊波利语音合成程序(Amazon Polly)和亚马逊识别程序(Amazon Rekognition)都使用机器学习来开发用于自然语言理解、语音生成和图像分析的应用程序,但它们都可以通过简单的 API 调用访问。正如亚马逊所说,用户在使用这些应用程序时不需要机器学习专业知识。[19]有时,亚马逊云科技实际上是主承包商,要么使用自己的技术,要么集成其他供应商的技术和能力,提供捆绑解决方案。虽然这可以被视为一个垂直向上移动的堆栈，但它也是一个允许亚马逊横向扩展到不同 SaaS 领域的模式。SaaS 客户会发现在金融领域使用的组件可能，也可以被类似的客户添加或调整部分组件后在医疗保健领域使用。

　　更广泛地说，亚马逊云科技不断找方法，来将自己的业务或亚马逊的业务转变为供他人使用的平台。例如，亚马逊云科技最近推出了亚马逊连接平台，一个基于云的自助平台，供客户联系中心使用，与亚马逊自己的呼叫中心使用的技术相同。[20] 此外，虽然亚马逊云科技希望获得这些额外收入，但来自外部客户的需求也确保了亚马逊不断改进其内部工具，保持在客户需求的最前沿，同时避免了自满。软件首席执行官、前亚马逊销售商扎克·坎特（Zack Kanter）指出，这种市场驱动的方法也为亚马逊提供了衡量解决方案成功与否的无可辩驳的标准，那就是如果它在市场上失败了，这意味着它自己的工具还不够好。[21]

竞争：落后，但迎头赶上

　　与所有其他亚马逊服务一样，亚马逊云科技有两个截然不同的竞争对手：一个是捍卫线下价值的传统商业卫士（例如塔吉特和 IBM），另一个是新的数字竞争对手（例如阿里巴巴和微软 Azure）。与传统商业卫士相比，基于云计算的固有优势让亚马逊云科技拥有巨大的竞争优势。正如亚马逊所指出的，云计算更灵活，更符合精确的用户需求，推出速度更快，允许用户专注于自己的业务，而不是信息技术基础设施，可即时实现全球化和可扩展性，而且成本更低。实际上，通过云计算，资本支出变成了运营支出。

　　与传统的信息技术条款相比，这些优势是压倒性的。例如，与标准的本地设备相比，亚马逊云科技具有巨大的定价优势。亚马逊引用的国际数据公司 IDC 的数据显示,即使由于有云计算需要而备有专属设备,亚马逊云科技服务的成本仍是本地同等设备成本的20%~30%。因此,不管传统操作和工具带来了什么阻力,计算的未来都在云端。

与微软、IBM 等竞争对手相比,亚马逊云科技具有规模优势和先发优势。在竞争对手开始迎头赶上之前,它几乎领先了 10 年。作为第一个和最大的云供应商,它从硬件供应商那里获得了最大的折扣,并结合了自己的私有网络和电信公司的低成本容量,其网络的成本效益全球最优。亚马逊云科技仍然是全球 IaaS 市场的公认领导者,其市场份额为 45%,2019 年的总收入增长率为 29%。所有其他大型供应商的增长速度都较快,但即使它们能赶上也还需要数年的时间。许多大公司都运行微软办公软件,通常还运行其他微软应用程序,因此微软在云技术发展领域具有与大公司建立长期合作关系的优势。微软 Azure 在推出 IaaS 方面可能还是一个追随者,但未来依然充满变数,尤其是在栈堆的更高层。

表 13　IaaS 年收入和增长

单　　位	2019 年收入	2019 年市场份额（%）	2018—2019 年增长率（%）
亚马逊云科技	19 990	45.0	29.0
微软	7 950	17.9	57.8
阿里巴巴	4 060	9.1	62.4
腾讯	1 233	2.8	101.5
其他	8 858	19.9	19.3

资料来源: 高德纳(2020 年 8 月)

亚马逊云科技最近就使用开源技术和对开源公司采取激进姿态方面与开源公司发生了冲突。虽然双方都有争论，开源公司有时确实会将开源代码和专有代码结合起来创建一个商业产品，亚马逊云科技有时会有效地克隆这些代码，以避免为该产品付费，但引人注目的是，亚马逊云科技帮助创建和维护开源世界的努力非常有限。GitHub 的数据显示，亚马逊从事开源项目代码的员工人数为 881 人，远比微软的 4 550 人、IBM 的 1 813 人要少得多。[22]当然，不同的公司有不同的开源策略，但这些数字可能暗示着某些问题。

亚马逊和亚马逊云科技：超越战略协同时代

如今，亚马逊云科技创造了亚马逊一半以上的利润。它主宰着云计算，并在大约 15 年的时间里彻底改变了公司使用互联网的方式。事实上，它改变了互联网的含义。但随着亚马逊的发展，亚马逊云科技与亚马逊其他地区之间的战略联系也在很大程度上萎缩了。对亚马逊来说，亚马逊云科技的所有权在战略上并不重要。显然，亚马逊云科技的利润有助于推动其他地区的增长。但是亚马逊云科技并不像亚马逊的分销网络那样具有战略重要性。

从 2006 年到 2015 年乃至之后的一两年内，亚马逊云科技都是亚马逊的游戏规则改变工具。这是亚马逊云科技的时代。大约在亚马逊开始开发亚马逊云科技的时候，贝索斯重组了亚马逊的组织结构，完全推翻了传统组织结构，强调用小团队取代大公司的标准职能。亚马逊云科技的实施对于这一战略布局至关重要，它打破了 2004 年曾威胁要扼杀亚马逊的 IT 瓶颈，当时亚马逊还没有真正开始运营。

如今任何一人，只要有资金，如信用卡，就可以从亚马逊云科技或 Azure 订购服务。亚马逊的所有团队都可以访问亚马逊云科技，不管它是否真的属于亚马逊。所以早期对亚马逊云科技的战略依赖已经结束。向更松散的联系过渡将是一个挑战。但没有亚马逊云科技的亚马逊将是不方便的，而不是被中断的。亚马逊只会从现在独立的亚马逊云科技或 Azure 等其他供应商那里购买服务。不管怎样，分拆都不会对亚马逊的运营造成太大影响。

反之亦然。亚马逊本身也不再是亚马逊云科技的战略中心。也许直到五年前，亚马逊还是至关重要的亚马逊云科技客户。它是迄今为止最大的亚马逊云科技服务采购商，是"第一个也是最好的客户"。它是第一家迁移到云端的大公司，因此亚马逊的需求在整个亚马逊云科技需求中占有很大份额。亚马逊也是一个开拓者，它确定并定义了任何大公司在使用云计算时都需要的服务。亚马逊总是在竞争开始前几年，率先满足每一个需求和解决每一个问题。亚马逊云科技通常是在竞争开始前几年就解决了这些问题。因此，亚马逊为亚马逊云科技提供了收入，并不断要求提供尖端服务。

但这种战略作用很快就减弱了，也许现在已经结束。亚马逊云科技有很多大客户，因此亚马逊作为主要客户的相对重要性已经降低。如今，亚马逊是一个大客户，但远不是服务的唯一重要买家。在分拆之后，亚马逊云科技将像现在一样满足亚马逊的需求，就像它为其他客户所做的一样。亚马逊不再是亚马逊云科技的专用平台。事实上，考虑到亚马逊云科技比亚马逊增长更快、前景更好，如果有必要，自己筹集扩张资金更容易。

亚马逊云科技仍然是亚马逊的技术推动者，并创造了巨大且不断增长的利润。这也有助于亚马逊在一系列领域寻找机会，与医疗运营和数据管理相关的亚马逊云科技产品和服务是整个行业的重要切入点。亚马逊云科技仍然有很多东西可以提供给亚马逊，亚马逊仍然是它最大的客户。亚马逊云科技也证明了贝索斯是对的。亚马逊确实是一家科技公司，它在商业计算领域占据主导地位，扫除了全球各大公司根深蒂固的信息技术利益。它还显示了其将成本中心转变为收入中心的战略力量和多维效率。

尾　注

［1］Steve，"Tour-de-Babel."

［2］Stone，*The Everything Store: Jeff Bezos and the Age of Amazon.*

［3］Stone，*The Everything Store: Jeff Bezos and the Age of Amazon.*

［4］Ron Miller，"How AWS Came to Be，" *TechCrunch*（blog），2016.

［5］API's define the formats to be used for connecting electronically between systems. By agreeing to use a specific API, data is exchanged in standardized formats, and the extent of the data available is also agreed at the same time. This is much more efficient than seeking to define the format for exchange each time data is needed.

［6］API Evangelist，"The Secret to Amazon's Success Internal APIs，" *API Evangelist*（blog），January 12, 2012.

［7］Steve Yegge，"Stevey's Google Platforms Rant，" *Steve Yegge*（blog），October 11, 2011.

［8］Benjamin Black，"EC2 Origins，" *Benjamin Black*（blog），January 25, 2009.

［9］Quoted in Miller，"How AWS Came to Be."

〔10〕James Hamilton, "A Decade of Innovation," *Perspectives* (blog), ND.

〔11〕"Amazon. com Q3 2006 Earnings Call Transcript," *Seeking Alpha* (blog), October 24, 2006.

〔12〕John Furrier, "The Story of AWS and Andy Jassy's Trillion Dollar Baby," *Medium*, January 30, 2015.

〔13〕Furrier, "The Story of AWS and Andy Jassy's Trillion Dollar Baby."

〔14〕Furrier, "The Story of AWS and Andy Jassy's Trillion Dollar Baby."

〔15〕Analysis of Dollar Shave's success is taken largely from Ben Thompson's excellent post, "Dollar Shave Club and the Disruption of Everything," Stratechery by Ben Thompson, July 20, 2016.

〔16〕Robert Gibb, "How Much Does Netflix Spend on Amazon AWS?," *Quora*, June 8, 2018.

〔17〕Peter Burris, "Wikibon's 2018 Cloud Markets and Trends Report," *Wikibon Research* (blog), November 26, 2018.

〔18〕AWS: AVP APN Partner Solutions. Accessed July 29, 2019.

〔19〕Jeff Bezos, Amazon shareholder letter, 2015.

〔20〕Zack Kanter, "Why Amazon Is Eating the World," *TechCrunch* (blog), May 15, 2017.

〔21〕Kanter, "Why Amazon Is Eating the World." Ibid.

〔22〕Zev Brodsky, "Git Much? The Top 10 Companies Contributing to Open Source," *WhiteSource* (blog), February 20, 2018.

第十一章

工作在亚马逊：蓝领版

> 杰夫·贝索斯的愿景很明确——他希望所有好的工作都实现自动化，无论是在全食超市、亚马逊仓库，还是竞争对手的零售店和杂货店。
>
> ——联合食品及商业工人工会（UFCW）总裁马克·佩洛恩（Marc Perrone）

亚马逊拥有 120 万名员工，这一数字还在不断增加。这还不包括成千上万的季节性工人、40 万名司机，以及胜似雇员的承包人。无论这一规模是否是亚马逊追求的结果，亚马逊的辉煌、成功和庞大的规模已经成为行业典范。它是 21 世纪雇主的典型代表。

数十万人正在亚马逊庞大的仓库、分拣中心和配送中心组成的物流网络中工作。在一些地方，工人主要是承包人。在其他地方，工人主要是兼职人员。在网上，关于亚马逊仓库生活的负面报道数不胜数，博客文章层出不穷，牢骚抱怨不绝于耳，因此，我们有必要揭开亚马逊仓库的面纱。

据亚马逊机器人配送部总监斯科特·安德森（Scott Anderson）说："亚马逊目前的目标是从订购产品到离开仓库的时间为 4 个小时。"[1]也许在 10 年后，亚马逊将使用完全自动化的仓库来实现这一目标。但如今,亚马逊拥有数十万名仓库工人,在美国各地的 100 多家仓库中工作,将货物在仓库之间进行转运,再转交给客户。不管怎样,这个巨大的鲁布·戈德堡机械①必须像奔驰车一样高速运转。这对亚马逊是一个巨大的挑战。

亚马逊仓库实际规模令人震惊。亚马逊巴尔的摩配送中心是一个有 28 个足球场大小的巨大空间,占地 120 万平方英尺(111 483.648 平方米)。和那个让我孩子迷路的宜家相比如何呢?你可以认为这个配送中心有 4 个宜家那么大。此外该中心的物流能力也令人震惊。这是一个分拣和运输货物的工厂,到处都是传送带,以每分钟 600 英尺(182.88 米)的速度运送货物包裹。厂房有四层,商品堆积到天花板。这个中心感觉像是一个更大的家得宝商场(Home Depot),只是在这里所有的货物都在移动。

配送中心的基本流程很简单:来自批发商、制造商、第三方销售商或亚马逊其他分拣中心的货物通过托盘到达这里,然后这些托盘被拆开,货物被运送到积载机上储存,成堆的小木箱被几百个基瓦(Kiva)机器人拖动着。配送中心一旦收到订单,正确的小木箱就被送到拣货员手中,拣货员根据订单将货物放入塑料袋中,交给包装员装箱。标签是自动粘贴的,然后装箱的货物输送到装运区,在那里装载机将它们堆放到等待的卡车上。长途运输司机可以将这些货物运送到另一个配送中心、分拣中心或运送中心,最后由司机将货物运送到家或快递柜中。巴尔的摩物流中心雇用了约 4 000 名员工,能处理约 1 300 万件货物,每天最多运送 70 万件货物。这是一台货运机器,尽管仓库工人是在一个比普通工厂更干净的地方工作,但是他们看

---

① 鲁布·戈德堡机械(Rube Goldberg machine)是一种被设计得过度复杂的机械组合,以迂回曲折的方法去完成一些其实是非常简单的工作。

起来很像工厂工人。

　　虽然亚马逊对其仓库几乎没有任何报道，但从 2011 年开始，McCall 杂志刊登了一系列文章，《卫报》刊登了大量的补充报道，《华盛顿邮报》《纽约时报》、Vox、《商业内幕网》等很多新闻网站也刊登了大量文章。还有无数的个人博客，如 约翰·伯格特（John Burgett）的详细报道和如 FACE 和 Reddit 这些团队博客上的文章，以及招聘网站 GlassDoor 上的评论都透露了亚马逊仓库的信息。

　　亚马逊除了平淡无奇的企业公关之外只字不提仓库情况。亚马逊希望我们相信，报道中的故事似乎都是轶事，所以它们很可能只是特例。也许有少数报道者是心怀不满的人，这点也并非毫无可能。但由于没有来自亚马逊的数据或答案，我们只能看到报道的故事。总体而言，这些故事的描述并不正面。

解雇和人员流动

　　亚马逊给所有员工打分。那些表现最差的人要么被直接解雇，要么被列入个人改进计划（Personal Improvement Plan，PIP）作为被解雇的预警。亚马逊仓库解雇员工的唯一真实数据来自一份诉讼证词，在该诉讼中亚马逊称，在 13 个月的时间里，它以生产效率低为由解雇了巴尔的摩仓库的 341 名工人，另外还有 619 名工人因"生产效率无提升空间"而被解雇，第二种理由被亚马逊称为另一种低效。当时亚马逊巴尔的摩仓库大约有 2 500 名员工。[2] 亚马逊解雇了相当于其 38% 的员工，这个数字令人震惊。这还不包括所有直接辞职的员工。如果加上，这个离职员工数字势必会大得多。总体而言，巴尔的摩仓库的年员工流动率可能超过 100%，当然亚马逊也不会透露这个数字。

谁会被解雇呢？亚马逊每时每刻都在追踪每个员工，数据实时流向管理者，然后由员工发展和绩效跟踪系统（Associate Development and Performance Tracker，ADAPT）进行处理，ADAPT 是一个专门系统，用于监控休息时间、生产率、休假时间、无薪休假时间和其他变量。[3]它能确切地了解每个工人的工作效率。这对一个现代工厂来说并不罕见，但亚马逊可能已经把这个工具利用到了极致，把监控和员工处置结合在一起。亚马逊根本不需要留住员工，也不期望能留住员工。因此，筛选群体的算法在每个工人工作时一直困扰着他们。亚马逊表示："如果一名员工在 12 个月内连续收到两次最终书面警告或累计六次书面警告，系统会自动生成一份解雇通知。"[4]亚马逊声称，管理人员的决策可以推翻算法，只是他们必须确保自己不会违背制度或者频繁修改算法意见，否则算法也会针对他们。

这个算法既不温和也不灵活。举个例子，在俄勒冈州特劳代尔仓库工作的残疾退伍军人帕克·奈特（Parker Knight）在工作中受伤后被允许缩短轮班时间，但时效没有改变，他被要求每小时挑选 385 件小件商品或 350 件中件商品。有一周，他达到了目标的 98.45%。但百分之百的配额是强制性的，这一不达标仍然让他得到了最后的书面警告，他很快就被解雇了。[5]

正如前雇员莎朗·布莱克（Sharon Black）所观察到的，由算法驱动的流程可以是积极的，如在招聘中没有歧视，亚马逊只需要那些能努力工作、满足能够举起 50 磅（约 22.68 千克）的货物等客观要求的人。"我可以肯定，他们是机会均等主义的剥削者，"布莱克女士说，"就算你有三只胳膊，他们也不会在意。"[6]诚信解决方案（Integrity Solutions）发布的一份公告概述了工作的基本要求：

诚信员工：亚马逊的工作要求

1. 你至少年满 18 岁

2. 你必须按要求加班。"给顾客带来微笑并不需要休息。"

3. 无论条件如何，你必须能够举起重达 49 磅（约 22.23 千克）的重物、站立/行走 10～12 小时，并且能够维持高频率的推、拉、蹲、弯和伸等动作。

4. 你可以连续安全地上下楼梯。

5. 你可以用英语阅读和指导。

6. 你可以在高达 40 英尺（12.192 米）的安全夹层上工作。

——来源：诚信员工配置解决方案

强制加班（MOT）

仓库里的每一位小时工都可能被强制加班，也就是说，在 10 小时轮班之后，他们可能被额外要求再工作 1.5～2 小时，而且不止一次。强制加班在两个购物高峰期成为常态：11 月中旬至 1 月和 6 月至 7 月。至于亚马逊到底需要多少强制加班，目前还没有公开的数据。来自工人的消息显示，这些要求可能持续数周。不接受强制加班任务的工人可能会被解雇。

根据法律规定，亚马逊为强制加班支付 1.5 倍费用，但这不是办公室加班。亚马逊仓库的工作很辛苦、很漫长、对体力要求很高。工人们经常为了恢复体力申请无薪休假。在工作中要求额外增加 15%～20% 的时间是非常苛刻的。职业运动员就知道疲劳会促使伤病在比赛临近结束时不断累积，仓库工作也类似。当然亚马逊没有公布伤病时间的数据。虽然工人们很喜欢加班费，但他们并不喜欢加班。

强制加班也打破了工作和生活的平衡。实际上,员工每周都要随叫随到,所以他们的家人和孩子也需要随时待命。错过一个强制加班任务会让员工损失无薪休假机会、个人时间或假期时间。如果上述机会或时间已经清空,工人可能会被解雇。而强制性加班的要求最晚可能会在需要加班的前一天的最后一刻才被提出。[7]这对每一位员工都是困扰的,对有兼职工作的人来说尤其困难。

合同工、兼职人员和季节性工人

亚马逊为全职员工提供略高于平均水平的薪酬和相对较好的福利,但许多,或许是大多数员工并不符合这种模式。他们是季节性工人,是在圣诞节和会员日时段被雇佣的,抑或是由人力资源公司雇佣,然后派遣到亚马逊仓库的合同工。还有兼职者,他们从不被允许通过积累足够的时间来申请福利。在一些如萨克拉门托之类较小的配送中心,工作人员完全由兼职人员组成。

这使亚马逊能够灵活地避开,而不是违反正常的就业法律和惯例。兼职人员和季节工得不到医疗保障;其他一些福利在 90 天后才会生效,而不是立即生效,承包人必须与劳务中介机构打交道,而不是亚马逊。合同是雇主友好型的,而临时工是亚马逊员工的重要组成部分。

季节性工人。2019 年 10 月,亚马逊雇用了 20 万名季节性员工,这本身是一项非凡的物流成就。一共有 85 万申请者,[8]一方面这是因为亚马逊的薪水相对较高,另一方面也是因为员工们知道亚马逊员工中 70% 都是临时工。[9]临时工合同的雇佣时间通常在 1 200 到

1 500 小时之间，[10] 所以许多联邦劳动法都不适用。例如，与全职员工不同，受伤的季节性工人必须在 14 天内提供医生出具的"健康证明"，否则将被解雇，因为亚马逊不允许临时员工带着限制条件重返工作岗位。[11]

承包人。随着招聘速度的加快，亚马逊越来越依赖于像诚信员工解决方案（Integrity staffing Solutions）这样的招聘公司。诚信员工解决方案公司在亚利桑那州、特拉华州、印第安纳州、肯塔基州、内华达州、田纳西州和弗吉尼亚州等多个州为亚马逊提供招聘服务。[12] 诚信公司与亚马逊合作了十年，从一家小公司成长为行业巨头，部分原因是它知道亚马逊仓库的工作需要什么（见前面的亚马逊工作要求）。[13] 仓库工作是体力劳动型，而亚马逊和诚信似乎都不考虑年龄。[14] 亚马逊没有公布使用承包人的数据，但相关信息比比皆是，例如，我们知道 2015 年亚马逊的一家仓库通过诚信公司雇用了 2 000 名全职员工和 1 000 名承包人。[15]

司机。亚马逊的弗莱克（Flex）交付系统也使用合同工。弗莱克司机简直就像亚马逊优步，他们同样面临着零工性质的驾驶工作的严峻现实。正如一位亚马逊弗莱克司机所说：

> 我们的工资也没有因最近的加薪而发生任何变化，没有任何福利、工作保障或任何工时保障。为了得到一个通常是 3 小时的工作区块（亚马逊减少了区块时间，以前每个区块提供的 4 小时），司机们可以花一整天的时间点击弗莱克应用程序。该应用程序需要不断手动刷新来获得工作，通常刷新数小时才能得到一个工作区块。[16]

司机们指出，就像优步一样，整体薪酬比例忽略了运营成本。司机的净收入很可能远低于仓库工人，因为他们不在亚马逊每小时 15

美元的最低工资范围内。工作变得越来越少，工资还被变相降低了，而在剔除开支后司机得到的报酬很可能还低于最低工资。和其他地方一样，亚马逊控制着所有的数据。同一位司机解释说：

> 你的任务路线在完成后会完全从你的记录中删除，因此，除非你不断截图并保存，否则你没有实际完成工作的记录，这使得你很难对收入问题提出异议以及处理任何事故或罚单，恰如本案例所示。[17]

阿拉纳·塞缪尔斯（Alana Semuels）是一名从事灵活驾驶工作的记者，她证实了这一严峻的局面，并发现正如其他人所发现的那样，名义工资不是实际所得，司机们自己处理票据、费用和错过的包裹，如果交付时间比预期长，亚马逊不会支付更多的钱。[18]因此，弗莱克司机面临的实际情况是，亚马逊不想承担责任，似乎根本不关心这些非全职员工。他们今天在这里，明天就走。亚马逊似乎认为未来总会有更多司机。到目前为止确实如此。

司机们还抱怨说，亚马逊正在有效地使用自动化或半自动化系统来管理他们，当他们遇到比如包裹未送达之类的困难时，亚马逊就会让他们自行解决，并寻找更多的司机。[19]转而使用递送服务合作伙伴（Delivery Service Partners, DSP）（见第四章）使亚马逊进一步摆脱了对送货司机或其行为的责任。一位前物流经理指出：“我们制造了这个压力……我们真的是在对 DSP 施加压力，而他们是在对司机施加压力。最后我们可以放手说：‘好吧，他们是你的员工。’”[20]在现实中，亚马逊对司机施加了很大的控制，亚马逊可以而且确实阻止特定的员工在特定的配送中心工作，这实际上是在排挤他们。这样，亚马逊就可以在没有任何正常法律保护的情况下解雇司机。[21]其结果是工人的工作环境远没有受到监管，而且他们在某些情况下受到了严重的影响。据《商业内幕》报道，在严格时间限制的高体力工作环境中，员工受到的虐待包括没有加班费、工资拖欠、恐吓和徇私舞弊，这迫使他们危险驾驶，无视停车标志，在卡车上用瓶子小便。[22]

兼职人员。亚马逊没有公布员工构成的数据（包括性别）。在某些领域，兼职似乎是一个重要因素。在美国加州萨克拉门托中心，所有工人都是兼职人员，管理层的任务似乎是确保没有人有资格成为全职员工，即确保他们每周工作时间不超过 30 小时。[23]

支　付

2018 年 11 月，亚马逊规定旗下机构的最低工资为每小时 15 美元。这震惊了全球仓库行业。考虑到许多大雇主提供的低技能工作的时薪少，这对许多员工来说是一个重大的进步，包括那些已经在亚马逊工作的员工。但是亚马逊通过不再向仓库员工发放限制性股票单位（Restricted Stock Units，RSU）来抵消部分增加的工资。

根据 Indeed 网的数据，除亚马逊以外，位于巴尔的摩的仓库平均基本工资为 14.29 美元/小时。亚马逊在全国范围内给仓库工人的工资最低为 15 美元/小时，在巴尔的摩给仓库助理的工资则“高达 16.40 美元/小时”。[24] 随着时间的推移，加薪似乎会纷至沓来。亚马逊还支付加班费、仓库员工每年 40 小时假期，以及病假工资。然而，加利福尼亚州河滨县和贝纳迪诺县的一项由工会资助的研究发现，当地亚马逊员工在 2017 年的平均年总收入为 20 585 美元。14%的亚马逊员工生活在联邦贫困线以下，另有 31%的员工收入略高于该线，而员工平均获得的公共援助超过 5 000 美元。低工资对住房产生了连锁反应，57%的亚马逊员工居住在拥挤不堪、不合标准的住房中。[25]

亚马逊确实为全职员工提供了良好的医疗和退休福利,包括提供全额医疗保险,以及 401K 退休计划①。亚马逊的"401 计划"项目将工资的 4% 与亚马逊公司提供的 2% 相匹配,但是这项福利只在工作四年后生效,所以对大多数仓库工人可能永远无效。[26]

健 康 与 安 全[27]

虽然亚马逊的安全记录堪称典范,但最近一项由 Reveal 进行的调查发现,来自美国亚马逊 110 个配送中心中的 23 个配送中心的员工直接申请的内伤记录显示,亚马逊的重伤率是全国平均水平的两倍多。2018 年,在亚马逊,每 100 名全职员工中就有 9.6 人重伤,而行业平均水平为 4 人。在加州的伊市(Eastvale)物流中心,重伤率是行业平均水平的 4 倍。[28]

亚马逊声称,受伤率很高是因为它积极记录工人受伤情况,并对允许受伤工人重返工作岗位持谨慎态度。但大量工人的评论和发帖反映了另一种现实,即管理者完全忽视安全规则或医疗指示,例如避免重物搬运。[29]管理者有时需要做出选择:确保指派多人搬运重物或者提高生产率。亚马逊可能会说安全第一,但所有的动机都指向了对更高生产率的无情要求,而伤害往往被归咎于员工,而不是系统。[30]受伤高峰往往出现在工作最繁忙的时候,尽管亚马逊声称这

---

① 译者注:401K 计划始于 20 世纪 80 年代初,是一项由雇员、雇主共同缴费建立起来的完全基金式的养老保险制度,是指美国 1978 年《国内税收法》新增的第 401 条 K 项条款的规定,1979 年得到法律认可,1981 年又追加了实施规则,20 世纪 90 年代迅速发展,逐渐取代了传统的社会保障体系,成为美国诸多雇主主要的社会保障计划。适用于私人盈利性公司。

是因为工人的大量涌入。[31]

据报道，一些仓库还长期存在供暖和避暑问题。《麦考尔》（*McCall*）的系列报道显示，亚马逊仓库外停着等待工人的救护车，仓库内夏季高温而冬季严寒。[32]这些问题并非过去式。一名工人在谈到 2019 年伊利诺伊州的一家仓库时说："那里也太热了。他们无法调节暖气和空调。这真是难以忍受。"[33]总的来说，亚马逊似乎已经从早期的经验以及糟糕的公关中吸取了教训，最近的仓库设计得更好，自动化程度更高，一些问题得到了解决。比如，在仓储基本由机器人完成的情况下，人们不再抱怨每班都要走很远的路程。然而，变化有时会带来新的问题，如机器人会导致更高的重伤率。[34]

仓库工作本身对劳动力的身体素质要求很高，重复性损伤、因用力提起沉重包裹而造成的损伤，以及因单一方向持续运动而造成的不对称损伤都是不可避免的。仅举一个例子，朱莉·迪克森（Julie Dixon）于 2018 年 4 月开始在亚马逊工作。在两个月内，一位获得亚马逊认证的医生在她的脊椎中发现了椎间盘突出和因工作引起的慢性疼痛。她不能再在亚马逊工作了，而且几乎不能爬楼梯。[35]她就是一次性雇工的缩影。

现实情况是，仓库的工作遵循每年一次的周期，而高峰期会带来巨大的额外压力。亚马逊金牌会员日和 12 月假期要求亚马逊雇佣大量季节性员工，如 2019 年为 20 万人，而且几乎所有地方都强制加班，通常一次加班长达数周。因此，标准的每周 40 小时变成了每周 45 或 47 小时，正如前亚马逊员工维基·艾伦（Vickie Allen）所说："就像每周 5 天做 11.5 小时的有氧运动……你要上下楼梯，蹲下来，跪下来，再站起来。"[36]

亚马逊面对新冠肺炎疫情的管理措施也引发了批评。它不公布感染人数或死亡人数。它声称"只要有确诊，我们就会通知现场所有人。对员工的警告是一条直接的短信,记录确诊患者最后一次出现在大楼里的时间。"[37]然而,有关死亡的信息似乎首先流向管理层,然后管理层尽可能地向团队通报。这不可避免地导致信息滞后,有时甚至故意隐藏信息。这是因为当员工认为自己在同事生病时被暴露出来,而不去上班,生产率会受到影响。一名工人指出:"虽然情况很严重,但他们还在对我们撒谎。当然,我们需要保护和沟通——真诚的沟通。这并不难做。"[38]

在 2020 年 5 月底之前的几周里,亚马逊为仓库工人提供了每小时 2 美元的额外补贴,同时为那些被诊断为感染新冠病毒或"疑似感染"的人提供了两周的带薪病假。亚马逊声称,它还将为工人支付自我隔离的费用,但工人们表示,有时很难获得资格,工厂频繁地要求工人开具医生的证明。[39]亚马逊原本允许无限期的无薪休假,但这一做法在 2020 年 5 月底结束。从 2020 年 3 月到 10 月,亚马逊还在疫情期间弱化了生产率指标。然而,像这样地宽限期似乎已经不多了。德里克·帕尔默(Derrick Palmer)是一桩后来被驳回的新冠疫情相关诉讼的原告,他自称和斯塔顿岛仓库的其他员工多次接到通知,生产配额将于 2020 年 10 月恢复。[40]

总的来说,受伤对业务是不利的,亚马逊希望尽力避免。然而,预防受伤并不是首要任务,这远低于加速产出的需要。当这两者发生冲突时,亚马逊的选择不言而喻。

休息和病假

亚马逊的仓库通常采用 10 小时轮班制,有 30 分钟的无薪午休,30 分钟的额外带薪休息时间,通常有两次 15 分钟的休息(加上加班期间一次额外的 20 分钟休息）。亚马逊声称提供无限的卫生间休息时间，从某种意义上说这是真的，员工可以随时使用卫生间。尽管从技术上讲卫生间休息时间是无限的，但是离岗时间（Time Off Task，TOT）却不是。亚马逊允许每个班次有 18 分钟的离岗时间，每次去卫生间时间都计入离岗时间。过度使用离岗时间会记过：30~60 分钟产生第一次警告；60~120 分钟产生最后一次书面警告，超过则自动终止合约。[41] 迟到也会增加离岗时间。

工人们抱怨说，仓库里几乎没有卫生间，仅存的卫生间也基本处于老化和损坏的状态。同时卫生间可能离得很远。约翰·伯格特（John Burgett）测算了他去洗手间的步行时间：两次总共花费了15.38 分钟，几乎耗费了他 10 个小时轮班的所有离岗时间。英国的一项秘密调查发现工人们会用尿壶来避免休息。一项相关调查发现，75％的工人因为害怕错过休息时间而试图避免上厕所。[42] 对于不能快速行走、怀孕或需要更多上厕所的工人，亚马逊似乎没有给予系统的安排。这一切都完全取决于管理层。

这些休息时间也比看上去要短得多。亚马逊测算员工从打卡离开系统到他们打卡回来的休息时间。从工作站走到休息室所需的所有时间都来自休息时间。其他日常工作也是如此，比如回答"链接"（Connections）应用程序提出的强制性管理问题。[43] 打卡下班并不是休息前的最后一项工作，工人们通常还有一些额外的事务要做，比如收拾一个满满的手提包，这也算在他们的休息时间里。

监 视 和 跟 踪

亚马逊追踪一切，包括它的工人。对于巴尔的摩的分拣者和装载者来说,每个工作站的屏幕上都显示一个大时钟,显示从完成最后一项工作到现在经过了多少秒。每小时 300 件物品,或每分钟 5 件,这意味着工人们知道他们必须在平均 12 秒内完成拣货或装载。亚马逊不需要带秒表的老式的动态管理人员,每个仓库工人都是自己的时间管理大师。

亚马逊致力于消除每一分每一秒的浪费。列瓦·凯洛格(LeVar Kellogg)是芝加哥附近亚马逊工厂一位兼职培训任务的分拣员,他说:"我们试图消除任何浪费的行为。如果你完成工作多用了一秒,尽管一秒看起来并不多,但日复千次就会积少成多。"[44]

工人必须通过安全站才能离开大楼,非监管的一线员工不得携带手机进入大楼,尽管这种与外部世界的联系对工人来说非常重要,但他们在轮班期间实际上被直接切断了通信联系。

加 速 生 产 线

在查尔斯·卓别林出演的著名讽刺作品《摩登时代》中,工厂生产线的速度远远超过它的能力,最终失去了控制。在亚马逊,生产线一直在加速,只是没有那么快,也还没失控。[45]亚马逊自己表示,当 75% 的员工能够完成配额时,它会增加生产效率要求。[46]机器人的引入也确实极大地提高了生产力。亚马逊声称,机器人将分拣者的平均生产率从每小时 100 件提高到 300 件甚至 400 件。[47]但这里的目标也是让员工不断地在他们能力的上限或超越上限进行工作。虽然 300 件/小时是曾经的标准,但现在已经不是这样了。前仓库工人朱莉·迪克森(Julie Dixon)说,她每分钟需要处理 5.5 件物品,即每小时 330 件。[48]另一名工人表示管理层的要求是每小时能分拣 400

件。[49]正如亚马逊所说，在同一工厂，同一岗位上的所有工人的生产率是相同的，而且没有津贴。[50]

亚马逊仓库的管理办法主要是"大棒"，但也有一些"胡萝卜"。朱莉·迪克森所在的伊利诺伊州伊斯特维尔工厂加入了"百万件俱乐部"，也就是这些工厂每天发货一百万件。亚马逊分发 T 恤[51]或"大把钞票"（Swagbucks）来购买亚马逊的小玩意儿。[52]亚马逊也在试验更现代的提高生产力的方法。例如，它试图安装屏幕和游戏软件，将仓库工作游戏化，这样工人就可以相互竞争。当然，这种竞争的所有好处都归亚马逊所有，员工有吹嘘的权利，但没有额外的激励。

"离开的报价"

在亚马逊收购的一家在线鞋店美捷步（Zappos），每一位新员工在上班第一周就会收到离职金。首席执行官谢家华托尼·谢（Tony Hsieh）解释说，他只想要有献身精神的员工，这是一种廉价的淘汰其他员工的方法。只有 97% 的员工留下来。贝索斯也在谈论同样的话题。亚马逊的说法是"鼓励人们花点时间思考他们真正想要的东西。从长远来看，员工待在不想待的地方对员工或公司都是不利的"[53]。

但亚马逊的报价与美捷步不同。它每年一月都会向每个员工推销。他们每年可以获得 1 000 美元的现金支付，最高可达 5 000 美元，作为永远离开亚马逊的交换条件。这听起来是一大笔钱，但正如约翰·伯格特（John Burgett）所指出的那样，3 000 美元的出价不到他年收入的 10%。他估计，"报价"为亚马逊省下的钱会远远超过成本，因为公司可以雇佣一个更便宜的、经验更少的员工，而他也会失去累积的假期时间,以及潜在的 401K 储蓄计划等。他以自己为例计算出亚马逊将节省约 6 500 美元。员工也要为离职而拿到的钱交税。也许这就是为什么亚马逊说只有少数员工接受这个提议。[54]

"报价"确实能识别出想要离职的员工。但亚马逊向所有人提供了这一待遇,也表明员工是完全可替代的。它根本不在乎是谁。工人就是工人,总会有更多的工人。

自动化与泰勒主义

弗雷德里克·温斯洛·泰勒(Frederick Winslow Taylor)在 19 世纪末将"科学管理"引入美国。[55]在接下来的 50 年里,它被引入了大多数大规模生产工厂,科学管理有两个核心原则:工厂里一切重要的东西都可以而且应该被衡量;生产复杂产品最有效的方法就是将任务分解成最简单的部分,每个部分基本上都可以由任何人完成。在这种情况下,因为亚马逊除了要求仓库员工手眼协调和愿意长期努力工作,基本上不指望仓库员工具备任何技能,所以"报价"是有意义的。这就是为什么亚马逊能够在年底 6 周时间里成功集合 20 万名临时工。这也是因为他们的任务已经简化到只需几分钟就可以完成"培训"。他们不会像全职工人那样有效率,但他们同样也不必如此高效。人海战术使效率更低的工人足够应付。

简化的任务也适合自动化。基瓦(Kiva)机器人已经改造了仓库。新的纸箱包装机每小时可包装 600 件,每班更换 8 个包装机。[56]卡车装载以及拣选和装载再需几年也能实现自动化。简化也意味着任务可以部分地被机器代替。亚马逊已经在测试分拣中心装载的机械臂。[57]亚马逊的庞大规模使得进军机器人产业的成本低廉,也不需要等待机器人产业来解决其问题。

管 理 不 善

　　亚马逊的仓库管理人员面临着完成配额巨大的压力。无论是亚马逊还是其他地方都没有关于这些管理人员是如何受聘或培训的文件。亚马逊似乎越来越多地雇佣应届大学毕业生担任仓库经理。这反映了亚马逊在实施更多的算法管理时，对经验的重视程度较低。工人们不断地抱怨徇私舞弊，抱怨管理者毫无用处或极其冷酷。对于管理者来说，晋升完全取决于产量。"这会刺激你成为一个没心没肺的混蛋。"一位曾在多个工厂担任领导职务的前亚马逊高级运营经理说。[58]这也会导致工作倦怠。物流顾问凯西·罗伯森（Cathy Roberson）指出，加入亚马逊的美国联合包裹运送服务公司（UPS）前同事"最多能在亚马逊坚持工作两三年"。[59]

　　经理们自己的判断力似乎非常有限。他们对自己的领域负责，并受到与员工一样的密切监督。"无论员工多么努力地试图让管理者参与理性讨论，管理者都不会改变。直到最近，我才让一位经理或人力资源代表承认我们的离职率很高。"这种对指标的强调给想成为"表现最佳"的经理带来了压力。量化的内容已经确定，亚马逊对管理者的衡量标准似乎只有产出，而与创建一个可持续的、快乐的员工队伍无关。[60]

　　和其他地方一样，亚马逊尽其所能实现自动化，人力资源管理也不例外。尽管今年人力资源团队增加了 2 500 人，但美国、哥斯达黎加和印度的员工仍在处理集中化的人力资源业务，这些业务因突然涌入的病假申请和其他与疫情相关的问题而变得不堪重负。[61]彭博社报道了 6 名陷入困境的工人,他们或是等待病假工资,或是被亚马逊有悖自己规则的算法解雇。这背后可能还有更多的工人。正如一位亚马逊人力资源中心的工作人员所观察到的,"过去人力问题可以通过电话与人交流,现在只会自动将你导向网站然后挂断电话"[62]。

沟　　通

工作多年的仓库工人表示情况已经发生了变化。早些时候,仓库的管理是简单粗暴的:用指令和控制完成管理,用解雇确保秩序。但亚马逊想要的是接受,甚至是遵守,而不仅仅是服从。它希望员工能够内化亚马逊的目标,即使是在仓库里。因此,它采用了更多的根植于工业心理学的行为修正的软性工具,旨在创造团队合作的假象。亚马逊的沟通工具也在不断发展。

亚马逊使用多种渠道联系员工。有站立式会议,包括全体员工会议,管理层直接与员工交谈,并回答一些问题。亚马逊有一个名为"链接"(Connections)的应用程序,它可以发布员工必须回答的消息和强制性问题,使用的时间与他们的效率相对应。"同事的心声"(Voice of Associates, VOA)是一个通常在入口处张贴的大屏幕电子公告栏。这一栏目可以用于提问或布告,似乎相当自由。[63]亚马逊现在也广泛使用短信进行场外交流。

像"同事的心声"这样的渠道提供了沟通的方式。它们让人觉得管理层在倾听,工人们在倾听。如果栏目消息可以带来更高的生产力,那么确实会被参考。但更具挑战性的问题可以置之不理,除非改变这样选择性倾听的结果,否则这只会带来言论自由的错觉。一位工人总结了整个信息:

> 我们听到了！我们听到你的担忧了！但是不行，你赚不到更多的钱。是的，为了公司的利益，你必须接受关于工作时间、休息时间、上厕所时间和费用的详细审查，因为你是公司的重要成员。如果你不认同我们的价值观，你可以走。没关系。不是每个人都适合在这里工作。[64]

亚马逊模仿了著名的丰田生产系统的一些功能，但这看起来更像是一场歌舞伎表演：

> 我们被告知要在公司的 Instagram 上发布最激动人心的口号并提及相关账号（@ amazonvestlife）。在一次站立会议上，管理层告诉我们，我们今天要全力以赴，创造新的纪录。我们不想打破纪录吗？管理层拍手叫好。他们说，我们会得到回报，那就是随机抽取的少数同事可能会赢得肯多电子阅读器或爱科智能音箱。[65]

亚马逊提供了外在的形式，但完全忽略了丰田系统的核心。丰田系统核心的其中一部分是需要事前准备的：团队建设和共同的需要、员工在决策中的亲密参与。亚马逊仓库不具备这些。取而代之的是列出 14 条领导力原则的海报。

因此亚马逊公开反对工会的立场受到了影响。它最近因为解雇工会组织者而受到一些负面新闻报道，这也导致亚马逊高管蒂姆·布雷（Tim Bray）辞职。[66]它被指控对试图组织起来的工人进行监视，而且显然正在考虑采用"威胁监控技术"来跟踪仓库外的工人组织。[67]即使是在法律和现实中都强烈鼓励工人组织的德国，亚马逊也设法避免这种情况，比如通过将仓库设在德国东部，并从波兰引进工人工作。亚马逊提供了常见的公关说法："我们尊重员工加入、组建、不加入工会或其他合法组织的权利，无需担心遭到报复、恐吓或骚扰。"尽管亚拉巴马州一家工厂的工人们希望 2020 年底完成工会认证,但从未有任何工会成功地在亚马逊组织过业务。

真实的故事是什么?

尽管亚马逊并没有关于仓库工作环境或员工个人经历的公开数据或声明,但我们仍然得出一些结论。

我们知道什么?

有充分的证据表明以下情况是真实的:

- 亚马逊仓库的员工数量正以惊人的速度增长。
- 亚马逊简化了这项工作,成功地为 20 万季节性工人带来了为期 6 周的工作。
- 工作正在被自动化,并将继续自动化。
- 在大多数情况下,亚马逊的薪酬水平略高于竞争对手,明显提高了仓库员工的薪酬预期,而且往往提高了其薪酬的实际水平,并为全职员工提供了可观的福利。许多仓库的工作没有医疗保障,但亚马逊的全职员工在第一天就得到了医疗保障。
- 工人面临巨大的体力要求。
- 监控无处不在。
- 当员工达到能力要求时,亚马逊会加快生产线的速度。
- 亚马逊通过压缩时长、减少休息时间、恪守规则等方法压榨员工的休息时间。
- 工人在十小时工作结束后需要加班。强制性加班通常在一年中持续好几个星期。

- 无薪休假时间受到严格限制（与新冠肺炎疫情相关的作了一些调整）。除非医生开具的证明，任何原因导致员工假期余额为负数的，都会被解雇。

- 自 2011 年以来，职业选择培训已经提供给全职员工，亚马逊支付 95% 的费用，尽管培训通常针对亚马逊以外的工作。

我们能信什么？

虽然我们没有来自亚马逊或其他渠道的直接、确凿的证据来证明以下情况是真的，但我们有足够的证据来证实以下情况。

- 临时工和承包人所占的比重越来越大。现在，送货司机要么签了合同，要么做了零工；承包人越来越多。兼职工作也很重要。

- 人员流转率极高。亚马逊每年解雇许多员工，而离职的员工远不止这些。

- 亚马逊根据算法解雇员工，即使管理者有一定的自由裁量权推翻算法。

- 对管理者的评价绝大多数基于生产能力。对于亚马逊来说，员工保留率并不是一个有用的指标。

- 物理设施有所改善，但仍然存在重大的健康和安全问题；亚马逊的重伤率远高于行业平均水平。

- 自动化仓库将在大约十年内到来。

- "离职报价"表明，亚马逊认为员工是可替代的。

- "离职报价"还表明，亚马逊乐于用新员工取代有经验的员工，强调工作的非技术性：有经验的员工没有特殊价值。

- 亚马逊公开反对工会。

我们能得出什么结论？

亚马逊以极端资本主义和效率导向最大化的方式经营仓库。这是一个压倒性的指令和控制环境,轻微违规行为会受到记过的惩罚,大量员工经常被解雇。

亚马逊在任何时候将其员工视为完全可替代的。可替代性是亚马逊仓库模式的核心。所有工人都有同等的替代性。一切都源于此。然后亚马逊用简单的数学方法来提高吞吐量,那就是通过解雇表现最差的员工,使平均产量增加,所需产出率和平均产出增长率就会提高。这种模式需要源源不断的新鲜血液,工人们也必须迅速跟上进度。因此,亚马逊在仓库中设置了非技术性工作,新学员只需几分钟就能完成,尽管完全提高效率可能需要更长的时间。这就是为什么亚马逊仅在 2020 年就有可能增加 40 多万名员工。

亚马逊没有公布有关仓库工作的任何重要方面的数据,如员工人数、解雇、运行率、承包工的使用、不同福利的使用情况。保密是它的主要防御措施。亚马逊向员工们大肆宣传亚马逊是一个团队,每个人都受到重视,每个人都应该齐心协力。在内部,这种公关帮助亚马逊管理层控制了工会。从外部来看,亚马逊的公关基本上都没有达到令人信服的目的。毕竟,正如杰夫·贝索斯所说:"我们愿意长期被误解。"[68]

亚马逊的物流体系仍然需要数十万仓库工人,以及几乎同样多的送货司机,还有成千上万的长途运输司机。亚马逊可能想要机器人,但它拥有的是人类,所以它希望人类的行为尽可能像机器人一样。它要求人类像机器人一样行动,并解雇那些不能或不愿这样做的人。因此,员工们报告的规定中包括不准坐着,也不准和同事交谈。[69]现在回想一下，如果你永远不能坐下，永远不和同事聊天（除了休息时间），你的工作将会怎样？

从零散的数据和无穷无尽的轶事中，一幅画面浮现出来：

这家公司不太关心，甚至完全不关心员工，仓库里有很多管理问题，默许，甚至可能期望员工有超高的流转率，最重要的是希望机器人取代人类的时代会到来。这是一家致力于指令和控制管理的公司，一旦它以尽可能低的成本从员工身上吸走了他们必须付出的全部精力，它就会迅速抛弃员工。

尾　声

亚马逊强烈声称，仓库的状况与上面描绘的完全不同。仓库能提供高薪的好工作。亚马逊有可能是对的。感谢亚马逊的工资和可能会有的福利，工人们在仓库里很开心，并接受亚马逊的想法，那就是一天公平的工作可换取一天公平甚至慷慨的工资。这是可能的。毫无疑问，亚马逊的招聘广告吸引了大量的求职者。从文章、法律文件、博客帖子和访问中挑选出来的信息则不然。但这可能是错误的。当然，不同仓库之间，甚至同一仓库的班次之间，情况可能会有很大差异。

如果亚马逊愿意的话，它可以在十分钟内通过公布仓库的相关数据来反驳这些结论。那里有多少工人？有多少是全职的，有多少是承包工，而不是雇员？每个仓库的工资是多少？工人实际的福利是什么？有多少人有资格享受退休福利？每个仓库的员工流转率是多少？这是一个关键指标，因为它是衡量员工满意度的最佳指标。每个仓库的健康和安全记录是什么？哪些仓库好，哪些不好？

　　这些都是亚马逊这家美国大公司不会披露的数据。但亚马逊是世界上最以数据为中心的公司之一,根本不可能不在内部跟踪每一个指标。如果数据与亚马逊的说法一致的话,若亚马逊真的想驳斥它是一个可怕无情雇主的说法,它可以很容易地用数据来说话。但它还没有这样做。

尾　注

[1] Amazon Says Fully Automated Warehouses Are at Least 10 Years Away, *VentureBeat*（blog）, May 2, 2019.

[2] Colin Lecher, "How Amazon Automatically Tracks and Fires Warehouse Workers for 'Productivity,'" *The Verge*, April 25, 2019.

[3] Will Evans, "Behind the Smiles," *Reveal*, November 25, 2019.

[4] Filing from Amazon attorney in NLRB Case No. 05-CA-224856, September 4.

[5] Evans, "Behind the Smiles."

[6] Scott Shane, "Prime Mover: How Amazon Wove Itself Into the Life of an American City," *The New York Times*, November 30, 2019, sec. Business. This is a deeply reported and detailed article.

[7] John Burgett, "Mandatory Overtime, Families," *Amazon Emancipatory* （blog）.

[8] "Amazon Says Fully Automated Warehouses Are at Least 10 Years Away."

[9] Spencer Soper, "Amazon Warehouse Workers Fight for Unemployment

Benefits," *The Morning Call*, December 17, 2012.

[10] Soper, "Amazon Warehouse Workers Fight for Unemployment Benefits."

[11] Soper, "Amazon Warehouse Workers Fight for Unemployment Benefits."

[12] Soper, "Amazon Warehouse Workers Fight for Unemployment Benefits."

[13] Job description for Amazon warehouse packer, posted on Integrity Staffing Solutions web site. Accessed May 16, 2020.

[14] April Glaser, "What's Prime Day Like for Amazon Warehouse Workers? We Asked One," *Slate Magazine*, July 16, 2019.

[15] John Burgett, "February 2016 All Hands," *Amazon Emancipatory* (blog).

[16] Nolan, "'We Are Treated Like Animals,' Say Amazon Flex Drivers."

[17] Nolan, "'We Are Treated Like Animals,' Say Amazon Flex Drivers."

[18] Semuels, "I Delivered Packages for Amazon and It Was a Nightmare."

[19] See this Reddit discussion. https://www. reddit. com/r/ AmazonFlexDrivers/comments/76nk2y/amazon _ flex _ support _ is _ just_an_automated_system/.

[20] Peterson, "'Amazon Has All the Power': How Amazon Controls Legions of Delivery Drivers without Paying Their Wages and Benefits."

[21] Peterson, "'Amazon Has All the Power': How Amazon Controls

Legions of Delivery Drivers without Paying Their Wages and Benefits. "

[22] Hayley Peterson, "Missing Wages, Grueling Shifts, and Bottles of Urine: The Disturbing Accounts of Amazon Delivery Drivers May Reveal the True Human Cost of ' free ' Shipping," *Business Insider*, September 11, 2018.

[23] Josh Dzieza, "Amazon Workers in Sacramento Are Protesting the Company's Strict Time-off Rules," *The Verge*, October 1, 2019.

[24] As of August 14, 2019 (posted on Indeed. com).

[25] Daniel Flaming, and Patrick Burns, "Too Big to Govern," Economic Roundtable, November 2019.

[26] This is relatively low among tech companies. Facebook for example offers a 50% match up to 7 % of salary.

[27] Anonymous, "Hate Lugging Cat Litter? Don't Make Us Amazon Warehouse Workers Do It," *The Guardian*, December 5, 2018, sec. US news.

[28] Evans, "Behind the Smiles. "

[29] Evans, "Behind the Smiles. "

[30] Anonymous, "Hate Lugging Cat Litter? Don't Make Us Amazon Warehouse Workers Do It. "

[31] Evans, "Behind the Smiles. "

[32] Scott Kraus, and Spencer Soper, "Amazon Gets Heat over Warehouse," *McCall's*, September 25, 2011.

[33] Glaser, "What's Prime Day Like for Amazon Warehouse Workers? We Asked One. "

[34] Evans, "Behind the Smiles. "

[35] Evans, "Behind the Smiles."

[36] Isobel Asher Hamilton, "'I Don't Want to Be There, but I Need the Income': Worried Amazon Workers Say the Company's Sick Leave Policy Is Failing to Protect Them," *Business Insider*, April 10, 2020.

[37] Spencer Soper, and Matt Day, "Amazon On Covid-19 Cases: 'It's Not a Particularly Useful Number,'" *Bloomberg. com*, May 12, 2020.

[38] Soper, and Day, "Amazon On Covid-19 Cases: 'It's Not a Particularly Useful Number.'"

[39] Hamilton, "'I Don't Want to Be There, but I Need the Income': Worried Amazon Workers Say the Company's Sick-Leave Policy Is Failing to Protect Them."

[40] Josh Eidelson, and Spencer Soper, "Amazon Workers Say Prime Day Rush Breaks Virus Safety Vows," *Bloomberg. com*, October 14, 2020.

[41] Crystal Carey, "Amazon NLRB Filing for Case No. 05-CA-224856, Baltimore MD September 4 2018," September 4, 2018.

[42] James Bloodworth, *Hired: Six Months Undercover in Low-Wage Britain*, 1 edition, Atlantic Books, 2018.

[43] John Burgett, "Bathroom Breaks," *Amazon Emancipatory* (blog).

[44] Scheiber, "Inside an Amazon Warehouse, Robots' Ways Rub Off on Humans."

[45] Glaser, "What's Prime Day Like for Amazon Warehouse Workers? We Asked One."

[46] Lecher, "How Amazon Automatically Tracks and Fires Warehouse

Workers for 'Productivity.'"

[47] Scheiber, "Inside an Amazon Warehouse, Robots' Ways Rub Off on Humans."

[48] Evans, "Behind the Smiles."

[49] Scheiber, "Inside an Amazon Warehouse, Robots' Ways Rub Off on Humans."

[50] Carey, "Amazon NLRB Filing for Case No. 05-CA-224856, Baltimore MD September 4 2018."

[51] Evans, "Behind the Smiles."

[52] Anonymous, "Hate Lugging Cat Litter? Don't Make Us Amazon Warehouse Workers Do It."

[53] Jeff Bezos, Letter to Amazon shareholders, 2014.

[54] Kim Peterson, "Why Amazon Pays Employees $5,000 to Quit," *CBS News*, April 11, 2014.

[55] Horace Bookwalter Drury, *Scientific Management: A History and Criticism*, Columbia University, 1915.

[56] Jeffrey Heimgartner, "Amazon Continues Moving Toward More Warehouse Automation," *Engineering. com*, May 24, 2019.

[57] Matt Simon, "Your First Look Inside Amazon's Robot Warehouse of Tomorrow," *Wired*, June 5, 2019.

[58] Evans, "Behind the Smiles."

[59] Cathy Roberson, President, Logistics Trends and Insights, interview, June 16, 2020.

[60] John Burgett, "AFE (Amazon Fulfillment Engine)," *Amazon Emancipatory* (blog).

[61] Soper, and Day, "Amazon On Covid-19 Cases: 'It's Not a

Particularly Useful Number.'"

[62] Matt Day, "Amazon's Heavily Automated HR Leaves Workers in Sick-Leave Limbo," *Employee Benefit News*, June 5, 2020.

[63] John Burgett, "Internal Marketing Campaign, Tag Lines," *Amazon Emancipatory* (blog).

[64] John Burgett, "Open Door Policy," *Amazon Emancipatory* (blog).

[65] Anonymous, "'A Sweatshop Firing on All Cylinders': What It's like to Work at Amazon at Christmas," *The Guardian*, December 19, 2018, sec. US news.

[66] Tim Bray, "Bye, Amazon," *Ongoing* (blog), April 29, 2020.

[67] BBC News, "Union-Tracking Software Proposed by Amazon," *BBC News*, October 7, 2020, sec. Technology.

[68] Bezos speech at 2011 shareholder meeting.

[69] Cameron Brady-Turner, "The Relentless Misery of Working. Inside an Amazon Warehouse," *OneZero*, March 11, 2019.

第十二章｜
工作在亚马逊： 白领版

> 在其他公司,你可以选择长时间工作或努力工作或聪明地工作,但在亚马逊公司,你别无选择,必须全力以赴。
>
> ——杰夫·贝索斯

亚马逊工薪阶层的薪资和福利远远高于美国中位数。数十万的白领软件工程师、营销人员、销售代表、中层和高层管理人员使公司运转良好。他们是工薪阶层,他们的工作经验与占亚马逊员工总数大多数的仓库工人和杂工截然不同。

但和亚马逊的许多其他地方一样,工薪阶层的工作也有光明面和黑暗面。对一些人来说,在亚马逊工作是他们经历过的最好的事情。这正是他们一直在寻找却很少找到的东西。对另一些人来说,亚马逊是一场彻头彻尾的灾难,是一个白领的血汗工厂,它像制药公司的实验室对待小白鼠一样榨取白领工人。

2015 年,朱迪·坎特(Jodi Kantor)和大卫·斯特莱特菲尔德(David Streitfield)在《纽约时报》发表了一篇文章《在亚马逊内部:在挫败的工作场所中与大创意角力》,批判了亚马逊工薪阶层文化。基于数十次采访,该文章描绘了一种灌输式的、冷漠的、残酷竞争和蓄意搅局的企业文化。作者认为亚马逊"正在进行一项鲜为人知的实

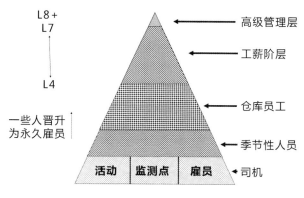

图 21   亚马逊的级别结构

验,看看它可以在多大程度上压迫白领工人,重新划定可接受的底线"[1]。基于数百篇博客帖子和文章、对前员工的采访以及有限的诉讼和其他文件数据,作者发现情况似乎确实如此。这是亚马逊一种以最低成本获得最大产出的尝试,该尝试的规模非常大,几乎完全秘密进行。这项亚马逊试验将成就一家企业,这家企业规模庞大但敏捷、高效且创新,保持创业心态,而且所有员工具有强烈主人翁意识和责任感。这在理论上很棒。

亚马逊试验需要数量庞大的参与试验者。截至 2019 年 10 月 27 日,亚马逊开放了 30 538 个全职职位进行招聘。想象一下,你的任务是创建一个人员管理系统,该系统成功与否是通过员工的产出来衡量的。这个产出不仅包括完成工作的正式产出或每小时的工作完成进度,而且包括创新,改进和个人对项目的投入程度等非正式产出。

也许你会从投入开始思考。当你秉承"节俭"这个亚马逊的领导力原则之一,不想给员工那么高的报酬,并且你决定不提供额外津贴或其他昂贵的"装饰品"时,你如何让最优秀的人来亚马逊工作? 你需要一些强有力的特质来持续吸引非常聪明和忠诚的人,亚马逊有一些这样的人。亚马逊是一家具有实力的大公司,不断致力于前沿项目,因此在那里工作可以真正改变世界。如今,它正在部署一个通过卫星传输的全球互联网,致力于开发自动驾驶汽车,构建自己的人工智能工具,并探索脸部识别、机器人、时尚、广告、食品杂货和医疗保健等领域。未来呢? 我们只能猜测。对最优秀的人来说,这可能是最吸引人的地方。但是亚马逊还能提供更多。

　　亚马逊被有意**设计**成一个灵活的组织。在这里,团队拥有极高的自主权来追求自己的想法。亚马逊试图将大型公司的实力与初创企业的灵活性和创业精神结合起来。在许多其他特性中(见第七章),亚马逊有意鼓励员工将他们的想法从直接的指挥链中解放出来,到其他地方寻找赞助商。这是一家"拥有 100 位首席执行官的公司",而且有很多方法去"获得同意"。它以数据为中心,用事实来说话。这反映的是企业深思熟虑后选择创造一种超级聪明人想要的那种环境的战略目的。这种文化本身对聪明人很有吸引力,因为它是为聪明人设计的。开放、数据驱动、有一定对抗性,不需要说太多次"好的,领导",这一切都极具吸引力。亚马逊致力于改造内部结构以避免大型组织必然发生的熵增现象。亚马逊对"朽木"的容忍度很低,人员变动频繁,非常聪明的人想在那里工作。因为它集合了聪明人,所以亚马逊更吸引聪明人。良好维护的人才池吸引了那些自始至终优秀的人。对于适合的人来说,这听起来像天堂。

雇　　用

　　亚马逊很有吸引力,而且申请者数量也很庞大。那么,如何选择最好的员工呢? 这取决于你所说的"最好"是什么意思。对亚马逊而

言,这不仅仅意味着技术能力。申请人需要一流的正式资格证书和
(或)良好的业绩记录,这几乎是不言而喻的。他们经历了一个广泛
而艰难的技术面试过程。**工作案例**模拟实际场景,要求申请人完成
与特定职位相关的虚拟任务,这很有挑战性。因此亚马逊提供了详
细的指导说明。例如,工程师和编程人员将被告知亚马逊在计算机
语言、数据分析、算法等方面的需求,[2]并且希望申请人尽可能地使
用数据来回答相关问题。[3]申请人还需要有良好的写作能力,因为亚
马逊需要的是"备忘录",而不是"幻灯片的文档"。招聘过程的这一
部分淘汰了那些技术能力不达标的申请人。

至少同样重要的是,申请者必须非常适应团队协作,致力于完成
项目,拥护亚马逊的企业文化。大多数公司只要员工,而亚马逊想要
员工对公司的信念和承诺。平均水平的工资、不错的福利、没有额外
津贴和回购股票期权,这些都是用来淘汰雇用者的;正如这家公司所
说,它需要的是"传教士"。这是一个关键筛选条件。亚马逊不希望
员工在公司只是为钱工作,因为这样他们不会做出有效的承诺,也不
会为公司鞠躬尽瘁。亚马逊想要的是那些"由于自己的创造力和技
术愿景而结出果实,并以积极的方式改变世界,从而获得额外精神回
报的人"[4]。这实际上是招聘和筛选过程的核心。杰夫·贝索斯认
为:"文化之所以在时间上如此稳定,是因为人们的自我选择……在
过去的20年里,我们集合了一大批志同道合的人。"[5]"那些认为我
们的方法充满活力和意义的人。"当然,亚马逊不仅仅是通过自我
选择。

文化筛选始于**工作风格评估**,类似于麦尔斯-布瑞格斯性格类型
评估。这些评估测试申请人是否符合亚马逊的领导力原则,以及是
否有能力在团队合作时优先完成任务并解决问题。一旦通过第一轮
筛选,申请者将面临2到7名职员的45到60分钟的面试。[6]面试官

由相关团队的经理、团队成员和主要利益相关者组成。候选人还必须通过"抬杠者"（Bar Raiser）的审查，这是一个具有否决权的外部声音。抬杠者是领域内经验丰富的人或冉冉升起的新星。这项工作对他们来说是一个额外的负担，但也可能是他们正在上升的内在信号。"抬杠者"确保亚马逊的企业文化得到保护，无论招聘团队的直接需求如何，因为他们可以否决任何招聘。他们关注适合性，关注与领导力原则的一致性。正如前亚马逊的"抬杠者"格雷厄姆·罗迪（Graham Rutty）所说，亚马逊的主要目标是招聘严格遵守公司领导力原则的人。[7] 团队需要雇佣员工，而"抬杠者"可以防止不合格的招聘。[8]

　　所有这些筛选的目的都不仅仅是为了选择简单的能力和勉强遵守公司规范的员工。它们是为承诺而设计的。亚马逊更像是耶稣会或海军陆战队，而不是一家普通的公司。仅仅遵守规章制度是远远不够的。贝索斯本人也雄辩道："我坚信传教士能制造出更好的产品。他们想得更多。对一个传教士来说，这不仅仅是为了生意。生意必须要有，而且生意必须有意义，但这不是你工作的原因。你工作是因为有一些有意义的理念在激励着你。"

留 住 员 工

　　雇用了你能找到的最好的员工后，你现在需要留住他们（至少在一段时间内）。这是一个挑战，因为用杰夫·贝索斯的话说，亚马逊希望员工能够"聪明、努力、长期"地工作。工作和生活的平衡不是亚马逊优先考虑的，长时间工作在亚马逊是常态。亚马逊员工轻蔑地称微软为"休息之家"；亚马逊人更坚强，是一个战士级别的工程师。

但在浮华和改变世界的工作承诺的背后，亚马逊许多工薪阶层的生活是一场无情的磨难。当贝索斯说，亚马逊希望人们长期工作时，他的意思是：你的团队中需要有人"24 小时"地随时待命，如果你没有回复午夜后收到的邮件，你可能会收到措辞严厉的短信。[9] 正如一位前亚马逊云科技的软件工程师在一次采访中所说："基本上，他们会让你疲惫不堪。"一位长期在亚马逊工作的人给出了一个更详细的观点：

> 我比其他公司的同行工作时间更长，但是早年我大约平均每周工作 50 个小时。几年过去了。我一路晋升。但是我连续 10 年错过了与家人一起过感恩节和圣诞节。我把我所有的一切都投入到工作中，陶醉于与聪明人的积极对话中，并深入研究有趣、富有挑战性的问题。我的体重也增加了 100 多磅，并且由于压力而患上了慢性高血压。我每个工作日在办公和会议上所花的时间超过 10 个小时。晚上、周末和节假日，笔记本电脑和手机都不离身，我时刻高度警惕下一个紧急情况。因为害怕不能完成工作，我推迟了出州探亲的行程。蜜月时，我也带着笔记本电脑。我的平均每周工作时间从 50 个小时延长到了 60 个小时，而在第四季度每周工作时间狂涨到 70 个小时。[10]

另一位博主认为：

> 对于任何亚马逊人来说，最重要的事情就是弄清楚什么时候可以离开公司。限制性股票（RSU）的金手铐让大多数人倾向于留在公司。尽管如此，无论亚马逊公关如何解释，在过去 10 多年里，员工的平均工作年限一直维持在 1~2 年左右。在亚马逊，人们必须权衡不断增加的痛苦和不断增加的薪资，就这么简单。[11]

亚马逊以其强硬的文化为荣。它没有提供任何在硅谷，以及在西雅图附近的微软公司很受欢迎的办公室福利和设施。多年来，亚马逊人一直把门当作办公桌，这是从最初的办公室延续下来的。但是，在这一点上隐藏着一条剥削的细线。有些员工显然很讨厌它：

> 工作场所环境糟透了。想象一下，一个足球场上并排摆满了门桌。人体工程学，那是什么鬼东西？我们挤得太紧了，在一栋 36 层的大楼里，我有时不得不跑遍上下三层楼，才能找到一个公共卫生间。如果你打算在那里工作，可以买一些耳罩、隔音耳塞。如果你喜欢咖啡，那就自己带吧。

就像在仓库工作中一样，亚马逊的工作策略会随着时间的推移而变化。虽然贝索斯已经采用了许多策略，来确保员工在亚马逊的每一天都感到是工作的第一天，但他已经软化了他一直以来对福利和工作空间的苛刻观点。门当办公桌用已经不再是强制性的。

最后，亚马逊雇用了很多白领，似乎留住人才和随时换血都是人力资源战略的一部分。白领工作非常努力，但似乎大多数人都会在一年或两年后离开，有时他们会在四年后初始股票授予完全兑现时离开。更多的人被解雇（见下文）。而剩下的，那些在最初被浪潮过滤掉之后留下的，已经完全留下了。他们已经被洗脑。对他们来说，改变世界的责任和与聪明人一起工作已经足够吸引他们了。令人吃惊的是，亚马逊的许多高层管理人员在公司待了很多年。因此，不仅仅是亚马逊剥削其白领劳动力，许多其他科技公司也是如此，只是可能没有那么残酷。但亚马逊这么做还有一个特别的目的。它希望找到并留住那些热爱亚马逊所做的事而不在乎压力的人，甚至是在压力下能更茁壮成长的人。

团　　队[12]

　　亚马逊汇集了许许多多的小而敏捷的团队。团队既是亚马逊向公司及其客户提供服务的方式，也是亚马逊改变内部结构以满足新需求的方式——创新的方式。团队和创新之间的联系请见第七章。

　　服务是亚马逊内部提供功能的独立单元，服务归员工团队所有。但团队也是创新的渠道。如果你有一个新的商业想法或者你想要解决的问题，你可以组建一个团队。队伍通常限制在 8 到 10 人，以免由于人数多了导致交流变得困难。他们有权以任何他们认为合适的方式将问题作为服务来解决。这些就是亚马逊著名的"双比萨团队"。

　　构建服务的团队负责实现和维护服务。每个团队都必须指定一名轮流待命的人员，而且至少有一个人随时待命。如果服务出现故障，或者它触发了警报，或者由于任何原因不能正常运行，待命人员就会被呼叫……即使是在凌晨 3 点也一样。正如一位观察者所指出的那样，当你让程序员负责操作时，他们就会通过编写代码来减少操作负载，或者使操作自动化。[13]

　　　　我在亚马逊时看到的每一次划分都是有机的。一个团队中的两个子团队，除了通过一个应用程序界面（API）调用外，彼此之间的关系越来越少。我们开始进行不同的冲刺，有不同的目标，并给它一个子标签。最终，找到一个人来担任该子团队的经理也是合情合理的，然后（该子团队）在组织架构图上短暂出现。

　　——果壳问答（Quora）①上一位匿名的前亚马逊员工的回答

　　团队之间的人员轮换其实相当容易，但这也不仅仅是纸上谈兵。一般来说，员工只有在加入团队一年以上，通常是两年后才允许更换团队。要成为一个团队中有充分贡献的成员需要六个月到一年的时间，所以限制流动是有必要的。

　　亚马逊有一种通用机制，就是工作人员可能因为项目邀请而更换团队，或者他们找到更感兴趣的其他团队，又或者他们跟随一个联系人/朋友/同事加入另一个团队。而规模越来越大的团队最终可能会分裂。换团队过程本身通常很简单。大部分工作由团队经理来做。即使是在亚马逊这样大的公司，人力资源也是宝贵的，所以吸引一个强大的新选手是经理的一大胜利。两个团队的经理互相联系，与人力资源部核实是否允许调动，然后接收团队进行面试，也许还会邀请其他团队员工参加面试或评议，最后作出团队决定。[14]

解　雇

　　解雇是亚马逊人力资源战略不可或缺的一部分。解雇表现最差的员工被认为可以提高平均生产率。鉴于亚马逊在这个问题上完全保密，有资料表明，无论是因为他们找到了更好的机会，或者无法忍受持续的压力，还是因为他们被解雇了，亚马逊的大多数白领很快就会离开亚马逊。正如一位博主所言："近年来，我很少看到有新员工

_____

① 译者注：果壳问答（Quora）是美国的类似知乎的一个问答平台。

工作能超过两年。所有人都不情愿地被迫离开了。而留下的都是优秀而勤奋的工程师。"[15]

亚马逊仍然使用"末尾淘汰制"来别除表现不佳的团队成员。每个团队中的员工都会根据绩效进行排名，排名最低的员工会被解雇。一些员工推测经理被分配了 5% 的解雇配额。实际解雇之前通常会有一项个人改进计划（Personal Improvement Program, PIP）。PIP 的意思是"你没有达到预期，所以这里是你可以改进的地方"。它也可以是"我们需要摆脱这个家伙，让我们开始正式的文书工作"。正如博客帖子和文章所反映的那样，后者更常见。[16] 在 2015 年《纽约时报》发表了一篇严厉批评 PIP 的文章后，PIP 做出了一些改变。在一项名为中枢（Pivot）的计划中，表现不佳的员工有三种选择：（1）遣散费；（2）一个个人改进计划；（3）在同行评议团面前与经理据理力争。大约70%的选择者选择了（3）。如果申诉失败了，然后必须从其他选择中选择一个。[17]

深入分析在格拉斯多公司（或译为玻璃门公司，Glassdoor）、英迪（Indeed）、领英（LinkedIn）、博德（Blind）或 Quora 等网站上的有关亚马逊公司评论，我们都会发现数十篇来自苦涩或幻灭的亚马逊人的帖子，其中有些人还在那里工作。他们描绘的内容很像《纽约时报》文章中的所描绘的内容，都是关于压力巨大的员工的。在公司评论网站格拉斯多上，软件工程师的总体满意度得分明显低于亚马逊的，后者的满意度得分为 3.9，而微软的得分为 4.3，脸书的得分为 4.5。[18]

在一个高技能白领人才非常宝贵的世界和时代，为什么亚马逊会让员工留下来变得如此没有吸引力？为什么员工很难平衡工作和工作之外的生活？为什么亚马逊如此明显地轻视现有道德规范？在某种程度上，这源于亚马逊的商业模式：新员工更便宜。而且在亚马逊可以自动化现有流程的情况下，经验的价值较低。随着亚马逊不断寻求创新，经验其至可能会成为一种障碍。

　　写关于工薪阶层工作的文章是令人沮丧的，就像在黑暗的房间里摸一头大象并试着去理解它。亚马逊深藏许多秘密，所有员工都签署了保密协议并严格执行。亚马逊现在的规模也非常大，以至于前雇员可能会在某个时候被重新雇用，因此他们通常不愿意公开发表意见。这就导致了潜在的选择偏差：那些记录在案的人可能是那些负面影响最大的人。出于同样的原因，从轶事中概括现状并不令人满意。对于每一个负面案例，都有一个感谢亚马逊卓越的工作文化的正面故事。

　　也就是说，这些主题的争论非常强烈。亚马逊声称已经发展并在积极维护一种独特的企业文化。它将 14 项领导力原则作为主要指导方针，它们确实提供了大量的指导（见第七章的附录 A）。[19] 在许多方面，即使是在同行中，它也似乎是一个局外人。最近，麻省理工学院斯隆学院对在职和离职亚马逊人发布在格拉斯多上的数千份员工帖子进行了分析，证实了一些关于亚马逊文化的传闻。在包括脸书、苹果、微软和 IBM 在内的 11 家同行公司中，亚马逊在创新和客户导向方面排名第一，在灵活性方面排名第二。同时，它在协作方面排名第九，在诚信方面排名第十，在尊重方面排名第十一，只有三星的得分更差。[20] 这些得分反映了本章所描述的内容。

　　区分亚马逊文化的三个不同维度可能会对我们了解亚马逊文化有所帮助。它们分别是：愿景文化——亚马逊渴望什么，它期望如何管理自己和经营公司；运营文化——亚马逊是如何在现实世界中运营的；失败和成本——亚马逊在哪些地方尚有不足甚至不符规范，它又在哪些地方未达到期望。约翰·柏吉特（John Burgett）的话很好地概括了这些观点的重要性：

　　　亚马逊为自己创造了一个操纵和实验劳动力的国际试验场，作为一种技术工具来测试人类的极限。所有关心未来 5~15 年美国劳动力市场前景的人，都应该关注这一点，并积极参与进来。这对私人和公共政策制定者以及整个文化都很重要。亚马逊正在挑战美国文化上可接受的劳动控制方法的极限。[21]

　　被《纽约时报》曝光之后，杰夫·贝索斯向亚马逊员工发布了一份备忘录，鼓励他们阅读这篇文章，将"罕见"的虐待案例上报给人力资源部或他的电子邮件账户，并声称："这篇文章没有描述我认识的亚马逊，也没有描述与我每天一起工作的充满爱心的亚马逊人。"[22] 这条备忘录是对"坏苹果"理论的典型验证，完全忽略了亚马逊所创建系统的系统特征。毫无疑问，亚马逊拥有大量热爱本职工作的优秀员工；同样正确的是，该系统旨在淘汰那些不符合亚马逊形象的人，而这些要求和解雇是该系统的一部分。正如贝索斯所说："我们的文化是友好而激烈的，但如果迫不得已，我们会满足于激烈。"[23]

尾　声

　　与蓝领工人一样，亚马逊几乎没有透露其白领工人的状况。显然，它是一个足够有吸引力的雇主，可以雇用它所需要的大部分团队。一些消息来源称，工薪阶层有了巨大的改善，用尼尔·阿克森（Neil Ackerson）的话来说，"人们在办公桌前哭泣的日子早已结束"[24]。也许确实如此。

　　我在本章所描绘的场景有可能是错的或夸张了。这份场景建立在尽力寻找和如实评估的资源基础上，尽可能引入外部数据，比如格拉斯多网上的评级。招聘和留任流程可能主要不是为了找到亚马逊想要留住的员工而设计的一个复杂过滤器,而且大多数最初聘用的员工都不属于这类群体。

关于白领工人的财务、健康和安全等话题,和仓库工人一样,如果亚马逊选择澄清,它可以快速有效地解决、实现。它可以按级别提供招聘和留任数据,这将告诉我们新员工在一年或两年内离职的比例,这是一个关键指标。它可以披露详细的薪酬和福利数据,包括股票期权和退休福利的接受率。它可以揭示其员工压力指标的数据。它甚至可以反驳关于在改造过的门上工作而不是在普通桌子上工作的故事。它可以放宽保密协议,使之不包括工作条件。

这些数据将为亚马逊对待员工待遇的诸多问题提供明确答案。它们可能会表明,至少对于白领来说,亚马逊是一个很好的工作场所,可以与同行媲美或比同行更好。但这些数据仍属机密。

尾　注

［1］ Jodi Kantor, and David Streitfield, "Inside Amazon：Wrestling Big Ideas in a Bruising Workplace," *The New York Times*, August 15, 2015, sec. Business.

［2］ https：//www. amazon. jobs/en/landing_pages/psoftwaredevelopment-topics.

［3］ https：//www. amazon. jobs/en/landing_pages/phone-interview.

［4］ Ciara Byrne, "What a 19th-Century French Novel Tells Us about Jeff Bezos and Amazon," *Fast Company*, December 10, 2018.

［5］ Jeff Bezos, Amazon shareholder letter, 2015.

[6] https：//www. amazon. jobs/en/landing_pages/in-person-interview.

[7] Ashley Stewart，"Former Amazon 'Bar Raiser' Offers Insight into Hiring Process：What Job Seekers，Companies Can Learn，" *Puget Sound Business Journal*，October 27，2016.

[8] Amazon，"What's It like to Interview at Amazon?，" *Amazon US Day One Blog*（blog）.

[9] Kantor，and Streitfeld，"Inside Amazon：Wrestling Big Ideas in a Bruising Workplace."

[10] Anonymous 10 + year veteran at Amazon. https：//sites. google. com/site/thefaceofamazon/home/10-year-veteran-s-tale.

[11] Former Amazon engineer. Posted on FACE. https：//sites. google. com/site/thefaceofamazon/home/hunger-games.

[12] This section is based on interviews with a number of former and current Amazon staffers who prefer to remain anonymous unless otherwise noted.

[13] Jayesh Lalwani，"Is the Work/Life Balance at Amazon as a Software Engineer Really That Bad?，" *Quora*（blog），May 14，2014.

[14] Andrew McFargue，"Is Changing Teams at Amazon in Seattle Really as Easy as People Make It Sound?，" *Quora*（blog），January 13，2017.

[15] Experienced Amazon engineer posting on FACE. https：// sites. google. com/site/thefaceofamazon/home/an-old timeramazonian-s-view.

[16] Eugene Kim，"Amazon Just Launched a New Training Program to Help Employees in Danger of Being Fired，" *Business Insider*，

January 19, 2017.

[17] Bill Murphy Jr. , "You Don't Just Get Fired at Amazon. What Happens Instead Is Brilliant. (Or Maybe Insane. Your Choice)," *Inc. com*, June 26, 2018.

[18] As of October 14, 2020.

[19] https://www. amazon. jobs/en/principles.

[20] Donald Chamberlain, Charles Sull, and Andrew Chamberlain, "Measuring Culture in Leading Companies," *MIT Sloan Management Review*, June 24, 2019. This analysis is the best quantitative analysis of culture at Big Tech companies; it was based on 17,718 reviews by current and former employees.

[21] John Burgett, "Wrap It Up," *Amazon Emancipatory* (blog).

[22] John Cook, "Full Memo: Jeff Bezos Responds to Brutal NYT Story, Says It Doesn't Represent the Amazon He Leads," *GeekWire*, August 17, 2015.

[23] George Anders, "Jeff Bezos's Top 10 Leadership Lessons," *Forbes*, April 23, 2012.

[24] Neil Ackerson, interview, September 29, 2020.

第三部分

CHAPTER THREE 未　来

第十三章

2031 年的亚马逊： 双 S 曲线的力量

> 对我的家人来说,亚马逊已经不仅仅是一家商店。
>
> 它是我的忏悔者,是我清单的保管者,是食物和文化的提供者,是我孩子们的玩伴、教师和侍仆。
>
> ——法哈德·曼乔 (Farhad Manjoo),纽约时报 (New York Times)

亚马逊才刚刚开始。让我重申一遍:拥有 120 万员工的亚马逊才刚刚起步。亚马逊仅占美国零售总额的 5% 左右,[1] 2019 年线上零售仅占美国零售业的 11%。[2] 但亚马逊正朝着多个方向发展。亚马逊商城变得越来越重要。亚马逊在食品杂货方面已经进行了大额投资,而且还有更大的投资即将到来。亚马逊的非零售收入增长得十分迅猛。显然,它正准备大举进入几个相邻的业务领域,物流、保健、B2B,或许还有金融。但亚马逊的核心仍然是零售业,因此理解为什么亚马逊在电子商务的主导地位不同于以往的购物革命,它的主导地位如何随着电子商务的加速而发展,以及这些转变对未来十年零售业工人可能产生的影响,都是至关重要的。

第四次购物革命（SR^4）：亚马逊的崛起

第四次购物革命（SR^4），网络购物，终将取代商场和连锁店的原因跟最初让商场和连锁店蓬勃发展的重要原因一样，就是更多的便利、更广泛的选择、更好的价格。[3]

电子商务有着众所周知的优势，亚马逊冷酷地利用这些优势赢得了与博德斯有限公司（Borders）和巴诺公司（Barnes & Noble）这两家美国最大图书实体店的战争，随后发展成为在美国和一些欧洲国家占主导地位的线上零售平台。现在，其目标更是企图利用线上不可逾越的地位，在更广泛的零售领域大举扫荡，在此过程中亚马逊给大型实体零售商带去了沉重打击。

电子商务也有其自身的挑战，交付耗费时间和金钱；买后不拆意味着更多的退货；信任对于交易很重要，而本地商店拥有消费者的信任和认可。亚马逊已经解决了所有这些问题，在整个供应链上系统地建立优势，在前端接触消费者（见第三章和第六章）、中端接触其他卖家（第五章）、后端执行物流和交付（第四章），以及公司结构、领导力和战略（第七章）。正如亚马逊已经做出的举措那样，它提供了强大的竞争优势，并将推动其进一步的增长。

亚马逊与双 S 曲线：亚马逊如何走向在线未来

亚马逊零售业的增长速度有多快？总体上亚马逊和线上购物的增长极限在哪里？线上购物是一项典型的创新，它遵循颠覆性技术的标准采用模式。"S 曲线"经常被用于描述创新技术的采用：早期，技术的采用是缓慢的——仅有创新者和早期采用者冒险尝试新技术。随着早期大众和晚期大众的加入，采用速度加快。最后，随着落伍者的消亡或被说服加入，会有一个较长的缓慢增长期。从 20 世纪早期的铁路和汽车到近几十年的无线移动电话和互联网，这种技术采用模型一次又一次地得到验证。

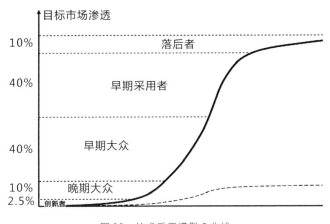

图 22　技术采用模型 S 曲线

从亚马逊的角度来看，它受益于两条 S 曲线，而不是一条。一条 S 曲线是电子商务技术的普遍采用，另一条 S 曲线是描述亚马逊在美国电子商务领域日益占据主导地位的变化。

这两条 S 曲线是亚马逊正在跨越的一条特定（独立的）S 曲线，描述了亚马逊不断增长的电子商务份额。现在全球电子商务行业正处在第一条 S 曲线的加速阶段，而第二条 S 曲线也正跨越至加速阶段。它们共同代表着亚马逊及其竞争对手的阶段性变化。

接下来的内容实际上是一个思维实验，我们期望能够展望未来的十年，为往后亚马逊及电子商务行业本身的增长提供不同的设想。

这些情景预测并不一定准确，它们可能是最终结果的下限。

第一条 S 曲线：电子商务的采用

新技术的采用正在加速。互联网在美国的渗透率从 0 增长至 70% 用了 11 年左右的时间；移动电话和智能手机的发展速度则更快，[4] 固定电话正在遭到历史的遗弃，没有智能功能的手机在美国现在基本上已经绝迹。其他新技术也在被迅速采用。均成立于 2008 年的优步（Uber）、来福车（Lyft），或爱彼迎（air bnb）的发展就说明了这一点。爱彼迎目前已经成为世界上客房数量最多的公司。与之相比，电话的普及率经过 35 年才达到 40%，经过 65 年达到 70%。通常，S 曲线的加速阶段从市场渗透率达到 10% 开始，将持续 8~10 年。美国的电子商务（的市场渗透率）在 2018 年达到 11%，因此美国电子商务开始进入加速阶段。

电子商务的 S 曲线反映了第四次主要的购物革命（SR⁴）。前三次革命历时 150 多年。在这 150 多年期间，小商店被百货商店取代，然后百货公司又被商场和连锁店取代，随后沃尔玛、消费俱乐部以及百思买、博德斯等品类杀手大卖场在 20 世纪末崛起。现在的购物革命是从实体店到在线销售的转变。这场革命早已蓄势待发，并随着新冠肺炎疫情的出现而爆炸性加速（关于前三次革命的详细描述请参阅 www.robingaster.com 网站内容）。

第二条 S 曲线：亚马逊在电子商务领域的主导地位

亚马逊的电子商务收入数据往往令人困惑。有些数据只关注了亚马逊的零售业务。亚马逊的零售业务在 2019 年的销售额为 1 410

亿美元,约占美国电子商务总额的 25%。但这数据忽略了亚马逊商城(亚马逊平台上的另一个体量更大的电子商务载体)的数据。亚马逊商城为亚马逊平台贡献了 1 870 亿美元。因此两者合并,亚马逊平台在全球的总销售额达到 3 280 亿美元。基于亚马逊总收入中的美国区域比例以及美国商务部的在线销售数据,我们发现亚马逊平台上的美国销售额约占美国电子商务总销售额的 37%。[5]而亚马逊得到消费者关注度的比例也在不断增长。

亚马逊在电子商务领域的市场占比以每年约 2.4% 的速度增长。[6]这个增长还会继续吗? 考虑一些边界条件对于回答此问题很有帮助。当亚马逊跨越现有业务,向它仍然是其中一个小参与者的领域,例如食品杂货领域进军时,亚马逊有可能面临越来越激烈和更有效的竞争。有可能现有的杂货店销售将与现有的连锁店共存,即使它们已经转为线上销售。越来越强烈的反亚马逊情绪也有可能导致顾客转而寻求替代品。如果情况恶化,亚马逊在电子商务领域的份额或许已经见顶,甚至可能在未来十年下降。因此,亚马逊最糟糕的设想可能是下降速度与最近的增长速度一样快: 2.4%。

另一种可能是,亚马逊完全有可能继续受益于网络效应、金牌会员的力量以及亚马逊商城的持续增长。它的杂货店创举或许将非常成功,抑或者亚马逊衣柜(Wardrobe)将帮助亚马逊在鞋服领域抢占更高的市场份额,又或许它可以解决品牌相关的问题。因此,亚马逊在电子商务领域的市场份额可能会增长,而不是萎缩。亚马逊已经占据了 37% 的市场份额,因此或许以其历史上每年 2.4 个百分点的速度增长,亚马逊可能还有很大的增长空间,到 2031 年,亚马逊将占据美国电子商务约 60% 的市场份额。第三种设想是,随着整个市场的持续增长,亚马逊将继续保持现有的市场份额。

驾驭双 S 曲线：亚马逊零售业的未来增长

这两条 S 曲线如果结合起来，可能会产生不同的情景。最近的历史发展趋势是，零售总额将以每年 3.4% 左右的速度增长。受新冠肺炎疫情影响，电子商务在零售中占比获得强有力的增长，且这种增长在疫情结束后仍会部分延续。我们可以假设，这一延续的增长约在零售额的 5% 至 10% 之间。此外，一直以来，电子商务的零售市场份额每年增长约 1.75%。未来十年，电子商务将继续从实体市场上抢占市场份额。因此，我们可以设想两种情况。一种情况是，电子商务确实进入了 S 曲线的增长阶段，而且增长率加速到每年 2.5%。或者，我们可以想象，实体零售业市场份额将越来越能够抵御电子商务带来的影响，因此随着时间的推移，电子商务的市场占比增长率将放缓至每年 1%。基于这些假设，我们能够估计出第一条 S 曲线，即电子商务增长的上下限。如果新冠肺炎疫情持续爆发且电子商务年增长率持续增高，那么到 2031 年，电子商务占零售总额的比例将达到 51%，远高于 2019 年的 11%。如果新冠肺炎疫情爆发率较低、电子商务年增长率较低，那么到 2031 年，电子商务占总零售额的比例则为 28%。

近年来，亚马逊自身在电子商务领域的份额也在不断增长。然而，越来越多的竞争对手正在进入这个市场，亚马逊越来越难获得较大的剩下的市场份额，最终其市场占比可能没有那么高。因此，亚马逊的高增长可能意味着其电子商务份额每年增长 2 个百分点。在有更成功的竞争对手进入带来亚马逊电子商务低增长的假设下，亚马逊的份额可能等量地每年下降 2 个百分点。

图 23 表明，如果将这两条 S 曲线结合在一起，在最高增长的假

设下,亚马逊的零售平台将在 2031 年产生 2.6 万亿美元的收入。相反,在最低增长的假设下,亚马逊将产生 5790 亿美元的收入,略高于其零售平台目前总销售额的两倍。

电子商务占比增长	亚马逊份额增长	
	高(+2%/年)	低(+0%/年)
高(+2.5%/年)	2.6	1.1
低(+1%/年)	1.4	0.6

图 23　2031 年亚马逊零售收入(单位:万亿美元)

这些情况发生的可能性有多大? 回顾过去当然总是比预测未来容易,但亚马逊平台失去电子商务市场份额的可能性似乎不大,新冠肺炎疫情的长期影响可能会使在线零售额增加 5% 以上。而且如果失败的实体店在相当大的程度上都被电子商务直接取代,那么转向电子商务的速度也可能加快。我们可以打赌,总体而言,相比于低增长假设,零售电子商务的增长率将更接近于高增长假设。

所以亚马逊可能会继续成长,也许以非常迅猛的速度增长。一家拥有 2.6 万亿美元零售平台收入的公司可能看起来像另一位狂热网络传教士的妄言,大肆宣扬一切都将数字化。但亚马逊自 25 年前成立以来,每年都以相当大的增长幅度超过了高增长假设模型,并且,我们已经进入实体零售,又称"零售恐龙"的成熟后期的崩溃阶段。

以服装购物为例,它在零售业占有相当大的份额。丹尼尔·卡内曼(Daniel Kahneman) 的研究工作表明,我们在很大程度上是无意识习惯的动物[7]，而零售习惯根深蒂固，这就是为什么有些人认为零售的大变动是一种异象，零售存在天生的自我局限性。请考虑一下这么一个现实情况。我(作者)66岁，不是千禧一代，不是"数字原生代"。我是一位挑战时尚的人。但我不在商场里买衣服。为什么呢？我到底需要什么呢？假设你想要一件网球衫，就像我最近的打算一样。商场会把所有的网球衫放在一个店里吗？不会。所有的衬衫都会放在店里的一个地方？不会。按型号分类？没有。按颜色分类？没有。有用户意见和建议？没有。能保证最优惠的价格？不能保证，实际上几乎可以保证不是最好的价格。在商场任何你能碰到的员工中有乐于助人的员工？没有。在找不到停车位的情况下会有员工过来帮助吗？不会。能获得轻松的回报和体验，不需要排又长又慢的队伍以至于气馁？不能。如果我是火星人，有人向我解释了这个叫作"购物中心"的绝妙创新想法，我会改变话题，或者悄悄离开。显然，他们一定是疯子。在亚马逊时代，购物中心在寻找和选择衣服方面效率低下得令人难以置信。

大型零售连锁店像是恐龙，它们与昂贵的房地产结为一体，专注于店内销售。在新冠肺炎疫情之前，它们已经是恐龙，面临灭绝处境。沃尔玛已经将其战略调整到第四次购物革命(SR^4)，但仍不清楚其在房地产留下的巨大脚印究竟是一个枷锁还是一个竞争优势。尽管新冠肺炎疫情下的在线销售增长迅速，沃尔玛仍然严重依赖店内销售，但它认识到了来自亚马逊的威胁，并扩大了自己的在线业务，还收购了其他公司，如 JET 电商公司，并且最近还寻求与小博发(Shopify)和联邦快递(Fedex)结盟。

亚马逊模式已经冲击了众多摇摇欲坠的第二次购物革命(SR^2)和第三次购物革命(SR^3)的幸存者。西尔斯、梅西、凯马特，他们成为行尸走肉的僵尸、连锁的缩影，不得不最终承认属于他们的时代已经结束,就连他们的展厅也对亚马逊有利。麦肯锡最近对数字购物者进行的一项调查发现,在手机上参与调查的消费者有接近一半都是去商店里看实物,进行产品调查。[8][9]

杰夫·贝索斯对亚马逊的未来津津乐道。他认为亚马逊的时代终将结束,就像以前的主流零售商和零售模式一样,零售生活的大循环将发生转变,亚马逊也将化为乌有。这种模因很适合亚马逊,它意味着不需要采取任何行动;最终颠覆零售业的新的永久霸主才可以安全地免于时间的蹂躏。

但正如纳西姆·塔勒布(Nassim Taleb)在《黑天鹅》中雄辩地指出那样,过去并不是通向未来的可靠指南。由于已经100年没有经历大流行病,美国根本就忘记了它们可能会发生,而可悲的是,当新冠肺炎疫情到来时,美国毫无准备。取代过去的零售模式根本不能保证亚马逊最终会垮台。在过去的20年里,亚马逊在零售价值链的每一个环节,从消费者心中第一缕欲望的气味,到将产品送到门廊的砰砰敲门声,都建立了强大的竞争优势。

以前的零售商也尝试过类似的做法,但受到当时技术的限制。亚马逊是现代零售技术的大师,在现代零售的各个方面都建立了主导优势。

支撑这些优势的是第七章中所述的招聘、文化、领导力和创新,以及其不断增长的技术能力,特别是在人工智能/机器学习以及更广泛的机器人技术和自动化方面。如果亚马逊的零售业是一座中世纪的堡垒,那么这座城堡坐落在一条充满蛇和鳄鱼的河流上方的断崖上,拥有自己充足的食物和水供应,并由一排排的弓箭手和骑士以及新一代的技术,如大炮,所保卫着。潜在的征服者不得不到别处寻找目标。

亚马逊的未来

亚马逊的零售业务似乎只有在重大战略错误,如最终引发金牌会员逃离或激进的监管机构(见第十五章)的影响下才能脱轨。亚马逊的网络服务、金牌会员和广告业务的年营业收入均超过 90 亿美元,而亚马逊商城的年营业收入到 2019 年已经接近 180 亿美元。所有的这些情况都还在迅速增长。因此,目前的亚马逊各类业务正以不断增长的速度回报亚马逊在过去 20 年里的投资,一旦亚马逊解决了亚马逊零售业的利润问题,亚马逊将获得更多。

那些尚未起飞的板块呢? 亚马逊下一个 100 亿美元的业务从何而来? 有很多候选板块,其中很多都处于形成阶段。一旦亚马逊的 3 236 颗通信卫星进入低地轨道,它将做什么? 它会将其人工智能功能独立出来营销吗? 它的机器人和自动驾驶又会如何? 亚马逊的面部识别软件 Rekognition 能克服政治上的反对意见,并被全世界广泛使用在安全服务方面吗? 亚马逊在印度新推出的火车订票服务是否会为进军服务业提供一个有用的模式? 其中的任何一个——以及其他的板块——都可能在未来 10 年里成长为重要的风向标。但亚马逊的另外 7 个业务已经在规模上获得了牵引力,或者说显然已经做好了未来 10 年内的行动准备。

亚马逊银行?

亚马逊在金融领域已经是一个重要的参与者。与亚马逊其他项目一样,亚马逊金融项目最初为了满足自身需求: 扩大亚马逊的商户数量,帮助他们销售更多的商品;减少交易中的摩擦,特别是在实体零售业竞争中,亚马逊将无摩擦交易视为主要的竞争优势。

这些问题的解决对亚马逊而言是有意义的。亚马逊不仅了解商户的所有业务,而且在亚马逊物流系统内以库存的形式持有抵押品,因此,不同于其他公司,亚马逊的风险降低了,从而降低了成本或增加利润。亚马逊已经与一些金融科技初创公司合作,并计划将其合作伙伴关系扩展到美国银行和摩根大通等。[10]

图 24　亚马逊的金融计划

亚马逊也完全有能力提供个人信用,这同样是因为除了标准信用评分外,它还拥有大量来自亚马逊采购历史的信息。亚马逊信用还鼓励客户,尤其是金牌会员在亚马逊增加消费。这样,这些客户可以拥有更多的信用,且能够在此获得积分和更好的折扣。

亚马逊支付(Amazon Pay)现在已经发展到既包括面向客户的数字钱包,也包括面向在线和实体商户的支付网络,这是亚马逊旨在减少支付摩擦的多项交易举措之一。亚马逊还与被广泛采用的支付技术提供商环球支付（Worldpay）合作，在亚马逊生态系统以外部署亚马逊支付。[11]这是亚马逊继10年前的投资之后，在支付领域的最新里程碑。亚马逊可以通过向使用亚马逊支付的商户提供更好的交易服务的方式来发展网络。例如，亚马逊凭借自身的规模化向信用卡网络支付更低的费用，并将这些费用转嫁给商户。[12]

当前有很多关于亚马逊银行的猜测，而这些猜测也是大多数金牌会员都会感兴趣的。监管负担可能会让亚马逊对此失去兴趣。取而代之的是，亚马逊正在挑选能够适应的银行系统的部分，并准备通过面向外部人士的新服务，出售其服务。

第二个联邦快递公司？

将亚马逊物流网络的所有非凡发展看作是与联邦快递正面竞争的准备，是一个根本性的错误。亚马逊的野心远不止于此。它正在构建一个网络，该网络主要针对商业包裹交付的特定需求，但不限于此，也不限于其自身使用。亚马逊希望开发技术，让物流系统更便宜、交付更快，并利用这些优势来吸引需要商业运输的公司等用户，以及如货运运营商，弗莱克（Flex）司机以及DSP等物流服务提供者（见第四章）。

随着部分系统的成熟，以及系统整体扩展至能够提供更大的吞吐量。特定服务正向更广泛的用户开放。美国亚马逊航运公司和英国莫里森杂货配送合作伙伴关系的试验为未来指明了方向。亚马逊接力（Relay）也是如此，它为卡车司机和托运人提供了运输卡车货物的匹配平台。亚马逊航空货运可能会提供类似的机会。每一项举措都有助于亚马逊获得更多的业务量，特别是在非高峰时段的业务量，从而提高自己的运营效率。

但亚马逊对成为联邦快递和美国邮政等第三方的通用发货商并不感兴趣。那将需要亚马逊作出它不愿意作出的承诺,花费它并不需要的开支,尤其是当它在零售业务中很难重新获得盈利时,亚马逊更不愿意这么做。亚马逊更喜欢精挑细选属于自己的机会,这也适用于物流。

亚马逊是医生吗?

亚马逊已经拥有了大量的医疗保健业务。这并不奇怪。因为医疗保健行业正从医院、诊所这类地方转向家庭和远程医疗,后者的进入门槛较低,机会也很大。当然,它通过亚马逊零售和亚马逊商城以及十几个自有品牌销售给消费者。2019 年,亚马逊开始允许客户使用健康储蓄账户进行购买,并对一些方案进行了测试,例如通过与 X 大地(Xealth)的合作,寻找医生向患者推荐药品的途径。[13]它推出了自有品牌非处方药的基本护理系列,从布洛芬到生发疗法[14],并在 2020 年与光环公司(Halo)一同进入了个人健康、健康监测和咨询市场,提供的新腕带设备用于健康跟踪[15]服务。亚马逊还通过 2018 年推出的医疗记录自然语言处理系统康普汉德(Comprehend)来实现人工智能功能。

亚马逊还大力推进医疗用品的销售,一般都是通过亚马逊商务(Amazon Business)进行的,也会专门面向医疗保健专家团队,后者只要上传许可证即可打折购买医疗用品。因为亚马逊医疗略过了传统的医疗供应方进行直接的销售,亚马逊商务的销售额也在经历火箭式的增长。这种成就的获得部分依托于其将亚马逊商务整合到医疗保健系统主要使用的数十个电子采购平台中。[16]

2018 年,亚马逊收购了在线药物邮递公司"药包"(Pillpack)。

两年后，它启动了 2014 年就开始构思的亚马逊药房（Amazon Pharmacy）项目。[17]最初，亚马逊药房以具有竞争力的价格将处方药送到用户家中，金牌会员可免费享受 2 天的送药服务，非金牌会员可在 5 天内免费送药，或支付 5.99 美元实现 2 天内送药。此举充分利用了金牌会员和亚马逊的物流的优势。亚马逊药房接受大多数形式的保险，并帮助没有保险的用户取得折扣优惠。亚马逊药房不同于"药包"，后者能连续提供 30 天的处方药供应。[18]

亚马逊药房与亚马逊关怀（Amazon Care）密切协调配合。亚马逊关怀是亚马逊另一个在医疗保健方面的重要举措，为 120 万员工提供在线和个人护理。亚马逊关怀计划是亚马逊与摩根大通和伯克希尔哈撒韦两大雇主合作的一部分内容，正在西雅图进行试点。起初，这项计划的目的似乎是测试鼓励健康和远程医疗保健服务的方案，以改善效果和降低成本。[19]现在这项计划的明确目标是提供"不受盈利性激励和限制"[20]的医疗保健服务。

医疗保健越来越注重信息管理，亚马逊同样活跃于此领域。它最近推出了亚马逊康普汉德医疗（Comprehend Medical）记录人工智能工具，可以从如医生写的病历等非结构化记录中提取和构造数据。这似乎是电子病历领域向前发展的前奏，是一个拥有众多参与者的将会快速发展的领域。

这些都同样适用于亚马逊云科技，有亚马逊云科技的一席之地。伴随着对更高利润率服务的追求（见第十章），亚马逊云科技正在创建一系列解决特定用例的功能。例如，亚马逊云科技提供了跨越不同医疗者的患者护理协调解决方案，并提供了解决《健康保险流通与责任法案》（HIPPA）合规性问题的工具，还很可能会继续推进医疗领域的高价值服务。

亚马逊在医疗领域将走向何方？它有很多潜在的机会，包括：

- 通过艾丽莎(Alexa)进行家庭医疗保健监测。

- 家庭健康测试。正如亚马逊收购"指环"(Ring)智能门铃公司是为了增强艾丽莎中隐含的安全功能一样。亚马逊可能会收购或建立一家家庭健康测试公司,在医疗保健方面提供类似的增强功能。

- 远程医疗很可能是亚马逊医疗试点的一个重要组成部分。如果成功,它将很快进入到更广阔的市场。当然,它将遵循先亚马逊的内部试点,随后建立起一个公共平台的策略。

- 所有这些举措都将刺激"药包"和亚马逊药房服务的需求,从而导致需求的快速增长。

- 亚马逊已经通过艾丽莎组建了一个致力于健康的团队;它将成为家庭必需的医疗方式和即时健康信息来源,这将为亚马逊带来更多的重大机遇。[21]

健康的确与信息有关,亚马逊将拥有大量的信息,可以用来发展健康保险和潜在的人寿保险服务。如果没有监管部门的干预,这些服务——依靠亚马逊更好的信息和技术——也将比其竞争对手所提供的价格更便宜。

与物流业一样,亚马逊甚至在中期内也没有寻求成为分散的医疗保健市场中任何一个细分市场里一应俱全的经营者。相反,它将蚕食它能触及的最大的市场份额,尤其是那些与其现有能力整合得最好的部分,同时亚马逊也会偶尔购买并经常创造一些能够扩大市场触及范围的工具。

亚马逊永保警惕? 将安全作为居家自动化市场的进入通道

"指环"(Ring)和艾丽莎的结合标志着亚马逊决定成为居家物联网的中心。继在 2017 年收购"闪烁"(Blink)(一家安全摄像头公司）后，亚马逊于 2018 年斥资约 10 亿美元收购了"指环"公司。"指环"和"闪烁"技术与艾丽莎产品一起赋能亚马逊的家庭监控系统，通过艾丽莎将视频门铃、安全摄像头和传感器连接到用户身上。用户不仅可以选择捕获哪些数据，还可以选择如何处理这些数据，例如视频可以通过邻居应用程序与邻居和执法部门共享。当然，用户也可以使用摄像头来监视附近街区或他们的邻居。亚马逊"建议"摄像头的使用须以保护他人隐私为前提，但就像亚马逊商城上的品牌一样，这个隐私保护的监管责任并不由亚马逊负责。

艾丽莎产品已经准备好成为多种服务的中心，不仅仅是如今最常用的新闻、天气和娱乐服务。例如，它可以成为一个医疗保健的信息中心，连接其他的配件和工具，如光环（Halo）健身跟踪器，并将家庭与包括亚马逊购物在内的外部资源连接起来，然后它也将可能成为一个健康监测系统。

但这还仅仅是开始。

亚马逊还推出了艾丽莎卫士（Guard），它可以让亚马逊智能音箱（Amazon Echo）检测一氧化碳或烟雾警报、窗户被打破等声音，并连接到"指环"传感器。该系统可以与领先的安防公司，如市场领导者 ADP 的产品集成，作为智能家居自动化安全系统。例如，如果灯没有被打开，那么系统将会模拟无人的家中有人存在。亚马逊正与美国最大的住宅建筑商之一雷纳德（Lennard）合作实施该系统。[22]

亚马逊希望尽可能深入到我们的生活，而进入家庭是实现这一目标的关键一步。它希望艾丽莎在我们提出请求之前便提供建议。亚马逊希望艾丽莎始终处于开机和监测状态。亚马逊认为，附近街区的安全摄像头所造成的任何连带损害都不是它的问题。当受到质疑时，亚马逊基本上会耸耸肩说："相信我们。"数据和隐私是数字时代的核心问题，但亚马逊在很大程度上乐于通过公关来平息这些问题。这种行动至上的领导力原则(在第七章中有所讨论)有助于形成一定的压力,让其"先开枪再瞄准",或者至少先开枪,然后再考虑意料之外的后果。

虽然以艾丽莎为中介的购物应用正在取得一些进展,但是艾丽莎产品仍处于初期,还没有盈利。到 2019 年 9 月,艾丽莎拥有超过 10 万种"技能",但人们实际使用的技能却屈指可数。事实证明,语音交互有很大的不足。另外,亚马逊在 2019 年初宣布,它已经售出了超过 1 亿台设备。但是考虑到它主要以低于成本的价格销售这些设备,这无助于提升亚马逊零售的利润率。基于艾丽莎构建的服务和产品是亚马逊最有可能打开家庭市场的工具,可以提供众多服务。我们尚不清楚哪一个会成功,或者综合结果是否不如预期。但可以肯定的是,如果有可能,亚马逊完全有能力在艾丽莎基础上建立一个巨大的新业务。

B2B：亚马逊隐藏的 180 亿美元业务

亚马逊是世界上最知名的零售商之一,向消费者提供直接的销售。但它也有大量和快速增长的收入来自直接销售给其他企业("B2B")。例如,亚马逊在 2019 年推出了自己的亚马逊商用(Amazon Commercial)品牌系列的清洁和卫生产品。[23] B2B 销售在亚马逊金融账户中没有细分,并且这个市场高度分散,从卫生纸到最先进的安全系统都包含在市场范围内,因此很难获得清晰的 B2B 市场图景。尽管如此,对亚马逊而言,这一市场增长得非常快,也被视为亚马逊的一个独特的细分市场。该市场增长在未来几年可能会加速得更快。

加拿大皇家银行最近对 B2B 市场的一项估计提到,三年内,B2B

将为亚马逊带来 310 亿美元的收入，其目前的收入为 180 亿美元。[24]
当然，B2B 不仅仅针对私营部门。截至 2020 年 11 月，亚马逊失去了
美国国防部 100 亿美元的云服务合同（JEDI），但它正在迅速学习如
何与政府采购办公室合作。2017 年，亚马逊与一家代表 5.5 万个机
构（州和地方）的合作社签署了一份为期 10 年、价值 55 亿美元的采
购协议，[25] 以提供商业和运营物资；2020 年，美国联邦勤务总署
（GSA）宣布，将通过亚马逊和其他电子商务平台试点联邦政府机构
的采购。[26]

杂货

鉴于亚马逊在 2017 年已经斥资 137 亿美元收购了全食超市
（Whole Foods），声称食品杂货是亚马逊的新时代项目或许有些鲁
莽，但这只是其漫漫征程的第一步。2018 年，亚马逊宣布了在 2021
年底前开设 3 000 家无人收银商店（Amazon Go）的计划。2020 年这
种商店有 25 家，因此要实现目标，亚马逊还有很长的路要走。尽管
如此，由于亚马逊认为杂货店是一个可以颠覆的市场，市场规模巨
大，而且由于亚马逊不太想让个人消费的任何部分超出其能力范围，
很明显，亚马逊正在对食品杂货店、实体店进行大量投资，主要举措
有以下几点。

• 全食超市（Whole Foods）。这为亚马逊提供了一个值得引起
重视的食品杂货市场基础，并为覆盖许多金牌会员的交付中心提供
了一个可能的足迹。

• 亚马逊无人收银商店（Amazon Go）。这种 1 200～1 300 平方
英尺（约为 111.48～120.77 平方米）的小型无人收银商店，使用射频
识别技术（RFID）和传感器消除所有购物摩擦，消费者只需拿起一件

物品就可以离开。无收银员也有助于降低成本,提高利润,而无人收银技术本身也可以通过向其他零售商发放许可证来实现盈利。

- 亚马逊无人收银杂货店(Amazon Go Grocery),这是较小的亚马逊无人收银商店(Amazon Go)的大号版本,约有 1 万平方英尺。
- 亚马逊优鲜(Amazon Fresh)超市,将无人收银技术整合到一个大型超市中。第一家亚马逊优鲜超市于 2020 年 8 月在加利福尼亚州的伍德兰山开业,似乎主要在价格上进行竞争,至少最初是这样。[27]
- 亚马逊智能袋栖(Dash)购物篮。这与无收银员的食品杂货店的做法不同。这只需要购物篮和一个特殊的收银通道,因此可以在亚马逊无人收银商店(Amazon Go)网络以外的商店使用,从而为进入购物车的用户创建无收银员通道。购物篮技术方案同样也可以被授权给其他零售商。[28]
- 亚马逊掌纹识别器(Amazon One palm reader),它使用与支付相关的生物识别技术,允许简单的掌纹支付。这项技术也正在迅速被授权许可,且这种许可不仅限于食品杂货市场,还用于安全建筑领域。[29]
- 杂货店的亚马逊弗莱克(Flex)配送。新冠肺炎疫情为亚马逊提供了一个利用现有和新设商店的巨大机会,并对其从最后一英里配送的深刻理解转化为一项新的、强大的杂货配送业务应用提供了很大的启示。[30]

亚马逊决心在食品杂货领域迅速扩张,而新冠肺炎疫情无疑起到了帮助作用。然而,亚马逊似乎仍未解决食品杂货业务带来的根本问题,杰夫·贝索斯在 2006 年写给股东的信中明确指出了这些问题:

　　　　我经常被问道："你们什么时候开实体店?"这是我们一直拒
绝的扩张机会。除了上面列出的一项测试外,它没有通过所有
测试。实体店网络的潜在规模令人兴奋。然而,我们不知道如
何做到低资本投入和高回报;实体零售业是一个谨慎而古老的
行业,已经得到了很好的发展;我们也不知道如何建立一个对顾
客有意义的差异化实体店体验。

亚马逊显然有意实现食品杂货的自动化,并开发实体店与网络
销售相融合的方法。但食品杂货仍然是一个资本密集且低回报的行
业;这个领域的扩张非常困难且资金耗费巨大;大型且竞争激烈的杂
货连锁店涉足于这个领域,利润率通常为 1%~3%。自动化本身不会
提供竞争优势——其他公司已经在这样做了。交付也没有竞争优
势。在亚马逊建立数千家商店时,其他公司同样可以发展配送网络。
而亚马逊的在线杂货配送服务亚马逊优鲜(Amazon Fresh)从 2008 年
开始运营,还没有明显的影响力,也没有明显的竞争优势。[31]

杰夫·贝索斯经常谈到大风险和大失败的必要性。在这一点
上,食品杂货可能将是对这一说法的第一个重大考验。这可能是亚
马逊第一次因为追求一个大创意而损失数十亿美元。

城市

虽然城市并不像 B2B 或食品杂货那样是一个细分市场,但我们
必须看到,亚马逊在特定地理区域的影响力已经变得无处不在。亚
马逊的触角已经遍及许多城市和社区,以至于很难把握全局。《纽约
时报》的一篇报道描述了亚马逊的足迹涉及巴尔的摩:[32]

- 华盛顿巴尔的摩国际机场。亚马逊在该机场发货量超过联

合包裹服务公司 UPS 和联邦快递的总和。

- 两个巨大的亚马逊仓库,分别位于伯利恒钢铁公司和通用汽车公司的旧址。

- 巴尔的摩乌鸦体育场和卡姆登庭院的黄鹂公园,在这两个场地的所有行为都通过亚马逊云科技进行人工智能分析。

- 亚马逊"指环"安全摄像头安装在一个高犯罪率地区的教堂里。

- 巴尔的摩和约翰霍普金斯大学都使用亚马逊商务购买商品。

- 巴尔的摩约占美国亚马逊出货量的 2.5%。

- 亚马逊商城上拥有数百家来自巴尔的摩的小卖家。

- 亚马逊智能家居正与美国最大的房屋建筑商雷纳德合作,在新开发项目中安装亚马逊智能语音爱科和艾丽莎。

- 公共图书馆提供有声读物(由亚马逊所有)、亚马逊出版的书籍,以及从亚马逊购入的书籍。

- 巴尔的摩有两种全食超市,食品杂货可以免费送货给金牌会员。

- 便利店提供亚马逊储物柜(Amazon Lockers),以便于取件和退货。亚马逊此类服务也更便宜。

- 柯尔百货可以让顾客退还他们不想要的亚马逊商品。

- 亚马逊云科技为许多巴尔的摩的组织提供计算基础设施,包括约翰·霍普金斯大学、普信集团和安德玛,以及位于巴尔的摩南部的国家安全局。

- 马里兰人力资源部与亚马逊云科技合作开展了一个名为 MD Think 的项目,旨在精简社会服务。

- 国土安全部向 600 名亚马逊员工(多数是兼职人员)提供食品券。

- 亚马逊运营两个由弗莱克司机（Flex drivers）作为兼职承包商提供服务的中心。每个中心每天从美国邮政管理局和其他交付合作伙伴转移大约 4 万个包裹。

- 巴尔的摩市区约占亚马逊美国平台销售额的 1%。

亚马逊对于巴尔的摩的间接影响甚至更大。亚马逊业务为一些公司提供了机会，比如 AJ 文具公司，该公司目前在巴尔的摩的收入为 200 万美元，高于入驻亚马逊之前的 10 万美元。而它的企业规模也从 50 名员工和两家商店缩减到一个网站和少数员工。对于迈克·塔克（Mike Tucker）这位总部位于巴尔的摩的独立办公产品经销商协会首席执行官来说，"本土企业多年来为居民提供服务并帮助解决问题并不重要，亚马逊会不惜一切代价击败竞争对手"。

这些广泛而深刻的影响在美国大多数城市都有不同程度的体现。例如，在圣贝纳迪诺，亚马逊新仓库的工作已经取代了凯撒钢铁公司、圣达菲铁路站和诺顿空军基地这些工资更高、经常组织工会活动的机构的工作。正如前市长帕特·莫里斯（Pat Morris）所言："这是我们的倒退，但比我们本来的状况要好得多。"亚马逊没有错，以往的经济已经消失，对一些地方而言，例如圣贝纳迪诺，任何工作都是好工作。2013 年至 2019 年间，亚马逊的工作岗位使该地的失业率降低了三分之二。[33]

也就是说，亚马逊无情地利用了城市的绝望。亚马逊纽约第二总部的惨败是由于亚马逊公开向东道主勒索尽可能多的免税和基础设施开支。在芝加哥，WBEZ 电台估计亚马逊在建设 36 个仓库时获得了 7.41 亿美元的补贴。在黑人占多数的萧条的尤尼弗西蒂帕克，亚马逊希望未来引进一个价值 1.5 亿美元建设的仓库，以获得 1 亿美元的税收补贴。城市间的权力不平衡也意味着亚马逊可以从三个以黑人为主的郊区攫取 5.12 亿美元，同时在白人社区建设的至少 7

个仓库根本无法获得任何补贴。[34]这并不是说亚马逊是公开的种族主义者,只是施加同样的压力会导致实力较弱的地方提供大量补贴,而那些更有能力进行谈判的地方则不会提供补贴。好工作优先(Good Job First)这家慈善机构追踪了这些补贴流向,并计算出亚马逊目前在 220 多个独立项目上的收入为 29 亿美元。[35]

亚马逊还要求在签署协议之前完全保密,这使得外界很难驳斥,甚至无法理解所提供的内容。在尤尼弗西蒂帕克,亚马逊还要求草率做出决定,以缩短了公众提出意见的时间。[36]这似乎已经成为亚马逊行动手册的标准部分;《纽约时报》的一篇文章记述了在全球范围内争夺亚马逊下一个总部[37]的过程中,奥斯汀、亚特兰大、印第安纳波利斯和迈阿密戴德发生的类似事件,而弗吉尼亚州的阿灵顿最终同意给亚马逊一个独有的两天时间,通过这个时间窗口,亚马逊可以从《信息自由法》中寻求解脱。[38]从亚马逊的角度来看,这只是通过节俭实现领导力原则,为客户提供更好、更便宜的服务。对社区的影响根本不计入在其核算等式中。但是,正如反对与亚马逊交易的尤尼弗西蒂帕克托管者西奥·布鲁克斯(Theo Brooks)所言:"你回到了一个黑人占多数的小镇,这里没有杂货店,在镇中心和破败的街道上也没有一丝生机。亚马逊不会在街上部署更多的警察。亚马逊没有帮我交税。"[39]

亚马逊也与低工资有关。正如《经济学人》所指出的,亚马逊仓库所在地区的工资比平均水平低约 11%,自 2011 年亚马逊在肯塔基州列克星敦市开设第一家工厂以来,那里的仓库工人工资下降了30%。[40]但仅仅因为亚马逊在土地和劳动力廉价的地方设立仓库而责怪它似乎过于简单。圣贝纳迪诺市新任市长凯里·戴维斯(Carey Davis)说,亚马逊向当地学校和慈善机构捐赠了数十万美元,并让其他雇主关注了圣贝纳迪诺,同时在 20 年前关闭的诺顿基地的空置土地上创造了就业机会。亚马逊目前是圣贝纳迪诺最大的雇主，拥有4 900名员工[41]。另外，亚马逊并没有通过提供仓库工作来帮助提高工资，特别是考虑到其大量报酬较低的兼职和季节性工人之后。

我们很难完全掌握亚马逊触角拓展的范围和规模。即便是这份亚马逊潜在大赢家的短名单也不全面。举一个例子，早在2014年，亚马逊就以11亿美元收购了推奇（Twitch），它已然成为亚马逊进军日益重要的游戏和电子竞技领域的入场券。当然，当前的疫情也加速了这一进程。截至2018年，推奇（Twitch）平均吸引的观众数量几乎是其主要竞争对手的4倍，并且随着网络效应的出现而迅速增加。[42]它会成为一宗价值100亿美元的生意吗？也许会。可以明显看清楚的是，亚马逊毋庸置疑地在VIP包厢里占据了前排座位。

引人注目的是，这些举措的范围之广、规模之大。这是亚马逊以团队作为基础架构的真正好处，这意味着追踪亚马逊的难度与日俱增。我们所知道的是，无论哪项业务最终成为亚马逊的大赢家，它们都将具有深远的颠覆性。

尾　注

[1] I use "retail" in the sense used by the Department of Commerce, excluding gasoline, restaurants, and a few other components that cannot be sold online.

[2] US Census, e-commerce statistics. https://www.census.gov/programs-surveys/e-stats.html.

[3] Briefly, SR^1 created the downtown shopping district, SR^2 saw the eclipse of department stores and the rise of malls and suburban

auto-driven shopping. Walmart, shopping clubs, and category killers like Best Buy and Borders emerged during SR^3.

[4] Michael DeGusta, "Are Smart Phones Spreading Faster than Any Technology in Human History?," *MIT Technology Review*.

[5] Department of Commerce, Quarterly e-Commerce Report, Q2 2020. https://www. census. gov/retail/index. html.

[6] Amazon annual reports and Department of Commerce data.

[7] Daniel Kahneman, *Thinking, Fast and Slow*, Farrar, Straus and Giroux, 2011.

[8] Ian MacKenzie, Chris Meyer, and Steve Noble, "How retailers can keep up with consumers," McKinsey October, 2013.

[9] The retail Armageddon may also be bigger and faster in the US, because the US has dramatically more retail store space than comparable countries — about 25 square feet of retail space per capita, compared with about 7. 5 square feet in Europe. Space costs money of course.

[10] Paul Schaus, "The Risks and Rewards of Partnering with Amazon," *American Banker*, August 24, 2020.

[11] Ingrid Lunden, "Amazon Pay Inks Worldpay Integration as It Branches out in the Wider World of E-Commerce," *TechCrunch*, 20, 2019.

[12] CB Insights Research, "What Amazon Is Doing in Financial Services as Well as Fintech," *CB Insights Research* (blog), ND.

[13] TJI Research, "TJI Amazon Healthcare Overview," TJI Research, June 17, 2019.

[14] Shoshanna Delventhal, "Amazon Launches Its Own Line of OTC

Drugs," *Investopedia*, June 25, 2019.

[15] Darrell Etherington, "Amazon Debuts Halo Smart Health Subscription Service and Halo Band Wearable Activity Tracker," *TechCrunch*, August 27, 20AD.

[16] Larry Dignan, "AWS Launches Comprehend Medical, Applies Natural Language Processing to Medical Records," *ZDNet*, November 27, 2018.

[17] TJI Research, "TJI Amazon Healthcare Overview."

[18] Eugene Kim, "Amazon Pharmacy Internal Document Shows Pfizer Partnership Plan," *Business Insider*, November 17, 2020.

[19] Christina Farr, "Amazon Launches Amazon Care, a Virtual Medical Clinic for Employees," *NBC News*, September 24, 2019.

[20] Christina Farr, "Here's How Amazon Employees Get Health Care through a New App — a Glimpse of the Future of Medicine," *CNBC*, November 10, 2019.

[21] Andrew Tarantola, "Amazon Reportedly Wants Alexa to Be Your New In-Home Physician," *Engadget*, May 10, 2018.

[22] CB Insights Research, "It's Not Just Your Smart Speaker. How Amazon Is Coming For The $50T+ Commercial and Residential Real Estate Industries," *CB Insights Research* (blog), August 29, 2019.

[23] Kirk Enbysk, "Amazon Enters Sanitation & Janitorial Supply Market," *Applico*, September 4, 2019.

[24] Dean Maciuba, interview, July 7, 2002.

[25] Brett Bachman, "The US Government Is the World's Largest Purchaser of Consumer Goods. Amazon Wants a Piece.," *Vox*,

May 1, 2019.

[26] General Services Administration, "GSA Awards Contracts For Commercial E-Marketplace Platform Providers," June 26, 2020.

[27] Rosie Bradbury, "Amazon Fresh Opens to the Public with a Focus on Low Prices," *Grocery Dive*, September 17, 2020.

[28] Jeff Wells, "Amazon's Dash Cart Offers Another Version of Checkout-Free Technology," *Grocery Dive*, July 14, 2020.

[29] James Vincent, "Amazon's Palm Reading Starts at the Grocery Store, but It Could Be so Much Bigger," *The Verge*, October 1, 2020.

[30] Spencer Soper, "Amazon Looks to Use More Contractors for Grocery Delivery," *Transport Topics*, September 15, 2020.

[31] For a more detailed analysis, see Robin Gaster, "Amazon's Coming Groceries Train-wreck," *Incumetrics*, 2020.

[32] Will Oremus, "The Hidden Cost of Amazon's Surveillance Tech," *Medium*, September 26, 2020.

[33] Alana Semuels, "What Amazon Does to Poor Cities," *The Atlantic*, February 1, 2018.

[34] John Lippert, and Natalie Moore, "Amazon's Massive Chicago Area Expansion Was Fueled By $741 Million From Taxpayers," *WBEZ Chicago*, October 26, 2020.

[35] Good Jobs First, Amazon Tracker, accessed December, 2020.

[36] Lippert, and Moore, "Amazon's Massive Chicago-Area Expansion Was Fueled By $741 Million From Taxpayers."

[37] Julie Creswell, "Cities' Offers for Amazon Base Are Secrets Even to Many City Leaders," *The New York Times*, August 5, 2018, sec.

Technology.

[38] Martin Austermuhle, "Public Money, Private Records: Parts Of The Amazon Deal Concern Critics," *WAMU*, November 14, 2018.

[39] Lippert, and Moore, "Amazon's Massive Chicago-Area Expansion Was Fueled By $741 Million From Taxpayers."

[40] "What Amazon Does to Wages," *The Economist*, January 20, 2018.

[41] Alana Semuels, "What Amazon Does to Poor Cities," *The Atlantic*, February 1, 2018.

[42] John Herrman, "With Twitch, Amazon Tightens Grip on Live Streams of Video Games," *The New York Times*, June 17, 2018, sec. Business.

第十四章｜
行动的前奏： 对反垄断和公用事业监管的思考

> 不能对那些为了财富而牺牲一切的有钱人说太多了……这些人对他们压迫的工人和他们威胁到的国家同样漠不关心。
>
> ——西奥多·罗斯福，《论巨额财富的罪魁祸首》，1907 年

亚马逊黑暗的一面最近在美国众议院小组委员会有关反垄断法、商法和行政法的员工报告中得到了广泛反映。报告使用了大量的传闻，通常是明显过时的新闻，主要是亚马逊和其他科技巨头或各种行业调查提供的有限数据。在此基础上，它呼吁对科技巨头公司（脸书、苹果和亚马逊）进行根本性的彻底改革。

这种一刀切的做法是错误的。大型科技公司之间是存在差异的。没有什么明显的理由认为处理亚马逊与其卖家关系的政策，与脸书的言论自由管理问题、苹果应用商店要求支付 30% 的佣金等有共通之处。

这份员工报告对拆分大型科技公司抱有强烈的偏见，似乎假设了未来只有一条道路：反垄断。但正如我们将在下面看到的，这远不是唯一的选择，而且，至少在亚马逊的案例下，这不是最好的，甚至不是摆在桌面上的首选。

反垄断的利弊

　　毫无疑问,过去宽松的反垄断法执法帮助大型科技公司确立了主导地位,收购 Instagram 和油管频道帮助脸书消除了潜在竞争对手,而亚马逊早年也收购了在线尿布(diapers.com)和美捷步(Zappos)等竞争对手。传统的反垄断问题,如掠夺性定价,也有一些价值。例如亚马逊目前在零售业务上的亏损也可能反映出亚马逊的掠夺性定价,此外亚马逊利用定价权打压竞争对手同样不乏具体案例。

　　这份员工报告强调了亚马逊在自己的平台上与卖家竞争所造成的利益冲突、内部交易的机会和可能采取的可疑捷径。该报告的结论是:"无论是通过自我优待、掠夺性定价,还是排他性行为,占据主导地位的平台都在利用自己的权力强化统治地位。"[1]该报告为反垄断法的重大修订奠定了基础。反技术的民主党人和民粹主义的共和党人可能会联合起来推动这项法律的修订。本·汤普森在其博客上发表的一篇出色的文章,将这与 19 世纪 80 年代正式反垄断的起源联系起来,甚至将这种联系追溯至公众国建立伊始时对大企业和垄断的怀疑。[2]

　　批评人士呼吁对亚马逊进行分拆,因为它太大太强了。这是民粹主义攻击强大利益集团的传统,这种思想得到了《谢尔曼法案》,以及后来 20 世纪初的垄断取缔,乃至路易斯·布兰代斯法官等各方支持。但从那时起,反垄断法就不断发展演变。从 20 世纪 60 年代中期开始,芝加哥的法学教授罗伯特·博克和他在法庭和经济部门的盟友说服了监管机构和法官:应该用一个更可衡量的标准——消费者福利——来取代对公共产品定义不清的概念。消费者福利可以通过价格和选择来定义。博克认为,除非企业明显伤害消费者,否则没有理由实施严厉的处罚,而且在大多数情况下,即使评判结果对企业不利,也只需要进行相对适度的罚款和对商业行为进行调整即可,而不是分拆。这一简化模型明显忽略了垄断对其他利益相关者,尤其是工人和社区的任何损害。实际上,现在这些利益相关者完全被排除在反垄断考虑之外了。[3]

这些新的法律学说是判决基础。在此基础上,监管机构制定了判例法,以加强反垄断执法。市场构成的定义开始缩小,对行业集中度的定义要求越来越高,对消费者造成损害的定义更侧重于价格的短期问题,而不是行业的结构性变化。完成一个反垄断大案件所需的大量时间和资源也成为反垄断诉讼的阻碍。例如,对美国电话电报公司垄断的诉讼持续了8年才成功;微软案始于1990年6月,1994年走上法庭,最终在2001年以永久和解,也就是微软获胜但上诉人失败而告终。其他引人注意的失败的垄断诉讼案件使得监管机构更加谨慎,卡特政府、里根政府、克林顿政府和两届布什政府则普遍地转向放松监管。

最终的结果是,越来越少人士认为需要对反垄断执法以及必要时对垄断实施处罚。这就是当今的环境。批评人士声称问题在于这种日益狭隘的观点忽视了这些大公司在美国人的生活中更广泛的作用,以及它们发展出的相应力量[4]。这种说法可能最常适用于脸书。在这一平台上,假新闻和脸书的政策可能决定选举情况。即使是最大的工业公司也没有能这么深层次地影响我们的私人生活,但是所有的大科技公司都拥有这种不同寻常的权力。这些关于大科技公司权力的争论使得反垄断法在政治领域能够找到支持者。但实际情况表明,寻求反垄断法的变革,使其能够解决大型科技公司的问题,充其量是一条漫长而曲折的改革之路。

当然，像伊丽莎白·沃伦[5]、丽娜·卡恩[6]和吴修铭[7]这样的反垄断鹰派人士有可能在新一届民主党政府中获得大量支持，但在奥巴马总统任期内并非如此。尽管民主党传统上反对大企业，但他们没有投入推翻博克及其盟友所需的政治资本。基本上，我们可以说罗伯特·博克赢了。如果没有这场革命，亚马逊实际上不会受到反垄断的影响，原因主要为以下几点。

- **不是垄断者**：亚马逊在电子商务领域占据主导地位，但从法律上讲，如果说这就是相关的市场定义，那就有些牵强了。亚马逊仍然只占零售总额的一小部分，约8%。即使在网上，消费者也拥有许多替代性选择。

- **定价**：亚马逊压低了消费者成本，而不是使其上涨。相关观点可以参阅近期发表的一篇关于通货紧缩的"亚马逊效应"的学术文献[8]。尽管在疫情期间亚马逊有一些哄抬物价行为，[9]但实际上它本身也只是间接地参与其中。然而，亚马逊在商城中卖家定价方面的强硬手段确实是一个潜在的问题。亚马逊目前已正式取消"当量定价"规则，但仍向卖家发出"警报"以刺激卖家在亚马逊上降价或在其他地方提价。这是不公平的，但它的主要影响仍然是推动价格下跌而非上涨。总体而言，亚马逊的举措恰恰是没有系统地对消费者进行掠夺。

- **掠夺性定价**。考虑到亚马逊零售的亏损，加上平台个人卖家面临着亚马逊定价权重压的证据，一个更好的观点是，亚马逊使用了掠夺性定价。亚马逊在过去的策略上也确实使用了掠夺性定价，例如亚马逊为了收购在线尿布网站采取的行为。然而，在消费者没有受到伤害的前提下，法院和监管机构目前似乎不太在意掠夺性定价的影响及其对竞争对手的潜在损害。

- **亚马逊云科技**。现行法律没有提供亚马逊应当分拆亚马逊云科技的明确的理由。这是新布兰代斯主义者的白日梦。亚马逊云科技是亚马逊白手起家打造的大公司，很难理解为什么法院要打断这种联系。即使强制分拆也不会对亚马逊造成太大伤害甚至不会改变其行为。若强拆亚马逊云科技，亚马逊将会收到一大笔现金，这笔钱将成为可以注入其他创举中的弹药，也能够弥补亚马逊今后不再拥有未来亚马逊云科技利润所带来的财务损失。而亚马逊仍将使用亚马逊云科技作为其数字平台，亚马逊云科技也仍将为亚马逊服务，并将像现在一样通过其他用户实现增长。从 2006 年到 2016 年，亚马逊云科技与亚马逊的紧密联结对亚马逊具有重要的战略意义，但现在情况已不再如此。

　　• **自有品牌**。该小组委员会对亚马逊自有品牌的关注基本上是荒谬的。所有零售商都使用自有品牌，例如，沃尔玛的自有品牌占其杂货品类的 30%~35%。确实，作为大型零售商，亚马逊通过获取更详细、更有针对性的销售数据来决定是否在具有潜在盈利的领域创建自有品牌。[10] 也确实如杰森·博伊斯发现的那样，亚马逊有时利用这些数据与卖家进行不公平的竞争。然而，这基本上也是所有其他零售商所做的；而且亚马逊的自有品牌也一直是一个巨大的失败，它只占不到 1% 的销售额，且主要集中在电池、廉价服装和电子产品等低利润行业。如果一定要说有什么区别的话，自有品牌标签是监管机构的诱饵：在此采取的行动对竞争对手的伤害将远远超过对亚马逊的伤害。这就是为什么沃尔玛和塔吉特将会终止对自有品牌的监管。如果这个方面的争论和监管的热度莫名其妙地变得过于激烈，亚马逊可以放弃自有品牌，而不会对其零售业务造成明显损害。

　　• **邻近市场**。反垄断鹰派人士抱怨说，大公司利用对一个市场的控制权进入并控制邻近的市场。这是事实，尤其是对亚马逊来说，确实如此。与其他大型科技公司不同，亚马逊认为自己的增长没有自然的市场边界。但根据定义,相邻市场是指尚未出现的市场。在那个市场,亚马逊是一家资金充足的初创企业而非垄断企业,旨在打破现有的垄断或寡头垄断。如果它成为联邦快递的完全竞争对手,为什么这会有问题？有关邻近市场的争论很容易成为保护这些市场上现有公司的烟幕弹。具有讽刺意味的是,左派的批评者也担心美国经济正变得更加集中,更加垄断。[11] 对监管者而言,像亚马逊这样强大的新竞争对手进入这些集中的行业将是一个产业特性,而不是一个缺陷。如果进步人士和一些小企业右翼人士抱怨许多行业正变得更加集中,那么解决办法并不一定是阻止新进入者,特别是那些财大气粗、有充裕资产可以投入利用的新进入者。如果亚马逊进入医疗保健领域,开始收购医院,那么联邦政府是否应该介入,以保护庞大的连锁医院以及它们那些行为不端的首席执行官和高管人员？如果美国银行突然面临着一家效率高、成本低的亚马逊银行,我们应该为之伤心吗？几乎不会。

● **商城**。亚马逊帝国中可能容易受到反垄断行动影响的一个组成部分就是商城,因为它实际上是在美国需要使用亚马逊平台的卖家的垄断者,而且它利用其地位对卖家而不是消费者进行提价。亚马逊目前从第三方销售中获得的收益率平均为 36%～40%,近年来,随着广告成为有效的强制手段,这一收入数字还大幅度增加。没有顾客,就没有生意,所以无论亚马逊对卖家是好是坏,出于实际目的,卖家都别无选择,卖家都会被困在亚马逊。监管机构最终可能会认定卖家实际上是亚马逊的客户,而在线零售市场是一个可能需要反垄断分析的市场。有了这个框架,他们就会更仔细地观察亚马逊是如何对待卖家的,以及它的收入规模。2019 年,商城含广告的营业收入约为 180 亿美元;营业利润率为 33%(见第九章),这还不包括来自优质产品或广告的相关利润。这是亚马逊商城近乎垄断的有力证据。这是一个可能会被采取反垄断行动的领域。

- **定位的模糊性。** 亚马逊在法律上既将自己定位为一家商店，如同好市多或沃尔玛一般，那么销售自有品牌商品是完全正常的；亚马逊又将自己定位为一个市场，是一个只负责维护卖家友好竞争的平台。这一模棱两可的定位使得反垄断更难坚持实施下去。

- **收购。** 即便是在自由放任的特朗普政府执政时期，收购环境也已经趋紧。精英政治观点的转变浪潮已经要求更严格的审查，因此亚马逊可能会发现收购公司变得更加困难，尤其是收购自己的实际竞争对手。没有一个监管机构愿意像贴橡皮图章一样，不经思索地便批准可能成为下一个 Instagram 或油管频道的公司。多年来，亚马逊已经花费约 250 亿美元的金额收购了约 120 家公司。最初，亚马逊对重点公司进行了收购，以扩大其零售版图，如德国和英国的领先在线书店。有时，亚马逊对直接竞争对手进行收购，例如美捷步和在线尿布。有时，公司被收购是为了获得关键员工或技术，也可能是为了让他们远离竞争对手，比如亚马逊对基瓦（Kiva）的机器人或艾丽莎公司的语音技术的并购。亚马逊其他的收购则是在邻近的市场进行的，例如医药领域的"药包"（PillPack），食品杂货领域的全食超市和图书领域中的爱听宝（Audible）。这些对门户网站的收购为亚马逊在新市场提供了一个重要的立足点和利用现有优势的机会。但在网络零售领域，亚马逊在美国已无竞争对手，它不再收购美国的竞争对手公司。而对于亚马逊云科技来说，微软的收购价格实在是太昂贵了，收购这个主要竞争对手是不可能的。尽管如此，亚马逊云科技有可能收购服务提供商以寻求更高层次的发展，或者收购技术公司以获得集成到其平台中的工具。这类收购可能已经变得更加困难，但也并非绝不可能。如亚马逊在 2020 年 6 月顺利地以 12 亿美元收购一家无人驾驶汽车初创公司 Zoox。

　　在数字世界中，网络效应和先发优势意味着，即使规模较小的竞争对手一直存在，市场也可以很快由单一平台主导。在搜索、社交网络和零售领域，美国只有一家占主导地位的公司。但上面的分析显示，将反垄断法应用于亚马逊将是多么困难。事实上，根据现行法律，它很可能基本上不会受到影响。未来的企业合并肯定会受到更严格的审查，但很难看到像全食超市或"药包"等可能扰乱邻近市场的门户收购将会如何引起反垄断问题，也很难看到企业如何被迫剥离他们从零开始建立的部门，例如亚马逊云科技。

　　因此，假设最终对亚马逊提出垄断指控，那么，在对亚马逊漫长而痛苦的审查结束后，判决结果可能是亚马逊同意进行一些改革，一些温和的改革（见微软反垄断和解协议）。尽管欧盟不受美国竞争政策的约束，欧盟目前的审查可能会更有效，也可能更具破坏性，但总体而言这似乎也不太可能对亚马逊有效。

　　反垄断法和反垄断实践的根本转变是否是可能的，或合理的？多数的员工报告使新布兰代斯主义观点首次在美国国会获得关注，但美国国会当前还有许多其他更紧迫的问题要解决。亚马逊现在是新的五角大楼——它带来了数十万个工作岗位，并将它们战略性地分布在全国各地。因此，最乐观的情况是，这样的转变可能需要 10 年或更长时间。

　　另一个问题是，反垄断根本不是解决亚马逊问题的有效途径。将第三方的亚马逊商城和亚马逊零售分开，对商城的卖家而言解决不了多少问题。亚马逊可能会决定保留商城，放弃亚马逊零售业务。实际上，亚马逊零售确实正在慢慢地被遗弃，这意味着如果亚马逊作出放弃亚马逊零售的决定，对卖家而言根本没有任何改变。抑或者，由于亚马逊的知名度更高，因此对亚马逊公关的关注为亚马逊商城卖家提供了一定保护，而如果成立一家完全独立的商城公司则可能会给卖家带来更大的压力。更广泛地说,反垄断是一个非常生硬的、鲁莽的、用来解决亚马逊以及其他一般大型科技公司所产生的问题的工具。它能解决亚马逊对待卖家的问题吗？能解决仓库工人和白领工薪阶层的问题吗？能解决成千上万临时工的问题吗？能解决亚马逊对社区的社会影响问题吗？它会在保留亚马逊带来的所有好处的同时,一并解决这些问题吗？更为关键的是,它能否提供一个持续存在的平台来解决争议,影响和软化亚马逊的文化,并对亚马逊进行实时的监控？实时是数字巨头们唯一关心的点？

最后,批评者们有时会忘记情境的重要性。在 20 世纪初,人们憎恨和恐惧标准石油公司,它被视为一个掠夺者,压垮了其他企业,随后又强加给消费者以更高的价格。相比之下,亚马逊是美国最受信任的公司,拥有 1.12 亿活跃的金牌会员。它促使合作伙伴和竞争对手为消费者提供更低的价格、更多的选择以及更快的交付。反垄断的宣言呼吁更高的价格、更少的选择、更慢的交付。这也许不符合民粹主义的时代。

公用事业监管和数据开放

幸运的是,管理亚马逊还有另一种方式。亚马逊目前是美国最隐秘的公司之一。它的年度报告算得上是一个使用数据混淆视听的经典案例。除了法律所要求披露的数据以外,该公司只公布了一些精心挑选的业务相关统计数据。它利用保密协议和竞业禁止协议阻止员工和前员工发表意见。尽管亚马逊将很快成为美国最大的雇主,但它几乎没有透露自己的雇佣惯例。亚马逊商城上的卖家必须签署一份业务解决方案协议(BSA),明确声明"你不得基于服务发布新闻稿或发表任何公开声明"，而强制仲裁则确保投诉的卖家必须保留在私立的亚马逊司法系统内。随着亚马逊成长为一大巨头，这种沉默的面纱变得不可接受。平衡这一商业巨擘的力量意味着炸开该公司紧闭着的信息大门。[12]

一个可能的模式是公用事业监管。从历史上看，监管主要集中在定价上，这是垄断企业自然寻求利用其主导地位的方面。但公用事业监管也与信息有关。在请求价格或服务变更时，公用事业公司必须让监管机构确信这些变更是得到保证的。这便意味着需要向监管机构提供决策所需的所有数据和信息。事实证明，这些数据涵盖了整个业务经营范围。

许多公用事业监管起源于电力行业。在 19 世纪末 20 世纪初，随着技术的进步和标准化程度的提高，小公司被收购合并为大型企业，成为像爱迪生联合电气公司这样的区域性垄断企业。这种公司的主导地位及其越来越多地将税收转嫁给消费者的行为，在罗斯福新政期间引发了监管和所有权结构的改革，以使其更加透明和负责任。那时是电力公司和新政拥戴者之间政治斗争的最激烈的时期。简单而言，新政拥戴者取得了胜利，实施了旨在提供安全电力来源、为消费者普及电力及实施价格管控的监管措施。公用事业被视为一种区域性的垄断，但根据 1935 年《公用事业控股公司法》和平行的各州法律法规，它们可以收取的价格是有限的，且其经营方式受到严格的管制。

因此，公用事业公司被强制披露的经营业务远远超过大多数企业。为了获得监管者对价格上涨的许可，他们必须准确地说明成本是如何和为何增加的；为了采取新的举措，他们必须表明，这些举措将造福消费者，而不仅仅是股东。如果他们想进入邻近的市场，他们要么以独立于核心业务的形式筹集资金，要么向监管机构证明新业务将使消费者受益。在这个垄断的世界里,信息和监管取代了竞争:如果不存在竞争对手,那么消费者就会任由公用事业公司摆布,监管者从而必须采取行动。需要披露的关键信息包括:

- 价格——公用事业公司向每位消费者收取的费用是多少?

- 成本——必须事无巨细地报告,包括劳动力和福利成本、工厂维护、运营(如 IT)。

- 投资——每项投资都必须经过批准,因此必须对每项投资进行解释、论证和估算。

- 战略和运营计划必须得到批准,因为它们涉及资金的使用。

再说回亚马逊。亚马逊商城是自然垄断吗? 亚马逊会说不。确实,亚马逊在整体零售业中肯定不是一个主要的参与者,且它在网络零售领域并非垄断者。但从卖家的角度来看,情况却大不相同。尽管截至 2019 年,亚马逊零售平台的交易量仅占美国所有电子商务交易量的 37%,但其余大部分交易量根本没有通过特定市场平台进行销售。沃尔玛、塔吉特和百思买等大型零售商多年来一直在大力进军电子商务领域。也有像 Linenspa 这样的本地数字零售商,既在商城上销售,也直接向客户销售。还有成千上万的拥有自己的网站和直面消费者销售的小商店。基于此,美国电子商务平台包括一家亚马逊巨头,另外一家中等规模的易趣平台(2019 年占电子商务销售额的 6.1%),合计占到电子商务销售额的 16% 的八家大公司(沃尔玛、苹果、百思买、家得宝、好市多、Wayfair、Qurate Group、梅西百货),以及众多的小型零售商[13]。其他相对备受瞩目的市场,如易集(Etsy)和沃尔玛加,只是零头,如易集 2019 年的收入为 6 亿美元,甚至都排不上号。[14]

因此,尽管亚马逊在美国零售总销售额中所占份额很小,但它在美国在线零售平台的销售中所占的份额却非常大,可能高达 90%。

在这部分的市场上，它确实是一个垄断者。在线零售商可能迫切希望有一个可行的替代品来取代亚马逊，但他们确实没有。因此，在这种情况下，公用事业监管似乎是一个具有成功历史的选择。

当然，与公用事业公司相反，亚马逊是一家极具创新性的公司。虽然部分保守为监管机构所强加，但是公用事业公司以其呆板的保守主义而臭名昭著。亚马逊的创新令我们受益匪浅，很少有人想阻止亚马逊引入更多的创新。但是，尽管对亚马逊进行完全的公用事业监管可能是个坏主意，其控制地位的问题可以通过应用公用事业监管的工具和方法进行部分的解决。

自 20 世纪 70 年代初以来，资本和劳动力之间的力量平衡越来越强烈地向资本倾斜。这推动了收入增长和贫富差距。但是，劳资双方之间还有另一种日益严重的不对称，那就是资方掌握着所有的信息。他们拥有数据，这是促进他们业务发展的动力。亚马逊就是这样一个例子：正是亚马逊的信息优势使零售平台向亚马逊倾斜，而亚马逊的逐秒监控工具使当今的仓库和未来的自动化成为可能。亚马逊被允许并鼓励员工保守一切秘密。我们不知道它有多少员工，他们的工资是多少，他们有多安全，他们是否受到歧视，它的团队如何工作，仓库和办公室的人员流动情况如何，有多少人享受着不同的福利（包括大肆宣传的面向仓库工人的教育福利）。我们对亚马逊的货品来源、竞争方式、亚马逊商城的中国公司数量等，一无所知。我们几乎不了解亚马逊在其平台上可能进行的内部交易。我们不知道亚马逊在哪里能够赚钱，在哪里不能够赚钱。我们对亚马逊的内部运作几乎一无所知。

除了金融、健康和安全的监管机构，即证券交易委员会和职业安全与健康管理局，所要求的极为有限的报告外，美国企业通常对公司信息保密。大多数公司的保密性比亚马逊要低一些，也没有执行严格的保密协议,但其基本前提很清楚,那就是公司的信息是私有的。

公用事业监管的核心是一个完全不同的信息生态。因此,公用事业式的监管要求亚马逊大量披露商城运营的信息,而且由于亚马逊零售业务对商城竞争的影响无处不在,因此亚马逊零售业务本身也需要进行信息披露。简言之,这将揭露涉及亚马逊零售的大部分秘密。这将是一场变革,而这意义不仅仅是对亚马逊而言:让它打开一扇大门,而且也让人们更细致地了解数字时代下垄断的构成以及应对措施。如果我们对科技巨头同时又爱又恨,那么也许一个新的信息管理体制可以容纳这两种观点。如果对数据的控制有助于推动数字垄断的形成,那么数据的发布或许可以被用于限制它们的权力。

尾　注

[1] "Investigation of Competition in Digital Markets — Majority Staff Report and Recommendations," Subcommittee on Antitrust, Commercial and Administrative Law of the Committee on the Judiciary, October 6, 2020.

[2] Ben Thompson, "Anti-Monopoly vs. Antitrust," *Stratechery* (blog), October 7, 2020.

[3] This history draws substantially from Tim Wu, *The Curse of Bigness: Antitrust in the New Gilded Age*, Columbia Global Reports, 2018.

[4] Lina M. Kahn, "Amazon's Antitrust Paradox," *Yale Law Journal*, 2016.

［5］Elizabeth Warren，"Here's How We Can Break up Big Tech," *Medium*，March 8，2019.

［6］Kahn，"Amazon's Antitrust Paradox." Op. cit.

［7］Tim Wu，"The Oligopoly Problem," *The New Yorker*，April 15，2013.

［8］Austan D. Goolsbee，and Peter J. Klenow，"Internet Rising, Prices Falling：Measuring Inflation in a World of E-Commerce," *AEA Papers and Proceedings* 108 (May 2018)：488 – 492.

［9］Corrado Rizzi，"Amazon Hit with Class Action Lawsuit Over Alleged Price Gouging During COVID-19 Pandemic," *ClassAction. Org* (blog).

［10］Garofalo，Stoller，and Webb，"Understanding Amazon：Making the 21st Century Gatekeeper Safe for Democracy."

［11］Matt Stoller，*Goliath: The 100-Year War Between Monopoly Power and Democracy*，Simon and Schuster，2020.

［12］Hart，"How Amazon's Business Practices Harm American Consumers：Why Amazon Needs a Competitor and Why Walmart Ain't It."

［13］eMarketer，reported in Riley Grubb，"How Does Selling On Walmart Marketplace Compare to Amazon?," *Digital Marketing Agency*，March 4，2020.

［14］Statista，"Etsy Statistics and Facts," Statista，March 3，2020.

第十五章 |
平衡行业巨擘

> 最重要的一件事就是专注于顾客。我们的目标是成为地球上最以顾客为中心的公司。

> ——杰夫·贝索斯

有数百万美国人从亚马逊中获益。他们获得商品的渠道已经大大拓宽,他们可以很容易地找到与数百万商品的实际用途和效用高度相关的信息,在许多情况下,亚马逊在自己创造的弱肉强食世界中的价格已经下降,消费者已经被训练成期望零售商提供完全不同的服务内容,包括免费快速送货。消费者可以在亚马逊网站上选择超过 3.5 亿件商品;而一家标准的沃尔玛商店大约只有 10 万件商品。

亚马逊还诞生了包括亚马逊云科技、肯多电子阅读器和电子书以及艾丽莎网站流量排名在内的一系列重大创新。它通过提供进入巨大市场的通道,为全新的卖家群体打开了零售之门,同时提供全方位的服务,如广告宣传和订单履行,这些曾经是进入传统实体零售业的重要障碍。在亚马逊这些都是微不足道的事情,它反映了亚马逊在美国经济中巨大且日益增长的影响力。亚马逊还通过构建亚马逊云科技、亚马逊商城和自助出版平台 KDP 等自助服务平台来促进创新。杰夫·贝索斯认为："当一个平台是自助服务的时候，即使是不太可能的想法也可以尝试，因为没有一个专业把关人能够说：'这永远不会成功！'你猜怎么着？许多不可能的想法确实可行，而社会是受益者。"[1]因此，由于代理商和出版商不再代表书店控制着出版的途径，图书已经实现民主化。1995 年，只有大约 50 万册图书出版，而到 2019 年，这个数字约为 1 900 万，而且有 150 万名作者自费出版，因此出版作者的小黄金圈现在已经被彻底扩大了。亚马逊商城和亚马逊云科技也引发了类似的民主化变革。

受益的也不仅仅是消费者。亚马逊是美国最大的雇主之一。它雇用了数十万工人从事非技术性工作，最初的工资至少远远高于行业标准和最低工资标准。它为全职员工提供即时医疗保健和其他福利。在一些社区，如圣贝纳迪诺，亚马逊现在是最大的雇主，如果不提供 40 年前工会工作所提供的那种薪酬和福利，那么，这些工作早就不存在了。对一些人来说，亚马逊的白领工作正是他们一直在寻找的工作，即一个聪明人努力工作以解决大问题的工作。

不太让人注意到的是，亚马逊用时间来馈赠消费者。通过将漫长的购物时间转化为几下鼠标的点击，亚马逊每年都将许多时间回馈给每一位金牌会员。当然，有些喜欢线下购物的人会继续到商店购物，直到剩下的商场和实体零售店化为乌有。但时间的礼物并非微不足道。

可见，亚马逊已经为数百万美国人及全球其他国家的人，和数十万小型零售商带来了巨大的实际利益。因此，对亚马逊进行限制或改变的呼吁应该结合实际情况并仔细审查。仅仅因为亚马逊是家巨头并不意味着它是坏的，仅仅因为它有时会做坏事并不意味着它应当分崩离析。改革既有潜在的成本,也有潜在的收益,这也需要加以考虑。

尽管如此,亚马逊显然还有黑暗的一面。毫无疑问,它利用了自己的市场力量和地位。它在自己的平台上与其他卖家进行自我交易并从中获益,而且是在完全保密的环境下进行的。至少可以说,它的司法系统是有缺陷的;许多方面的附带损害被忽视了,而且这种损害似乎很普遍。亚马逊阻止竞争对手提供更低的价格,并利用其规模和杠杆作用来欺凌供应商。因为亚马逊不会亲口告诉我们,很难说这些问题有多严重。

同样,我们也很难知道,亚马逊仓库里的种种恶劣条件以及有时白领员工所反映的问题是否只是极端情形,或是出于不满的员工之口,抑或是准确反映了现实。第十一章和第十二章中出现的详细情境非常令人不安。因为亚马逊不愿提供相关数据,我们无从得知它们在多大程度上是准确的。我们甚至在一个最基本的问题上产生了矛盾观点,例如一个城市应该将亚马逊的新仓库视为好工作的提供者,还是通往自动化未来道路上的一个临时的低技能中转站? 为了这新仓库,城市需要给多少补贴?

面对这些问题,我们可以简单地接受现状:亚马逊有权充分利用西方企业隐私和保密的传统。这意味着,我们将永远无法监管亚马逊或其他大型科技公司。这是因为如果不进行充分披露,监管机构对它们的管理就如同用宝丽来通过一个小小的钥匙孔对一个巨大的暗室拍摄快照一般。信息可能就像新的石油,但我们不一定要回顾标准石油公司的模式来了解如何管理像亚马逊一样的大型数字化公司。相反,我们应该将目光聚焦于第十四章中所描述的对主导平台公司进行公用事业监管上。

阳光和开放数据的变革力量

传统上，公用事业监管的重点是定价。这是它最初的理由，在没有竞争的情况下，需要监管来限制垄断定价。但我们现在知道，定价只是主导地位的一个方面，在数字时代，定价可能不是最重要的，就像脸书提供的是免费服务，价格通过广告拍卖的竞价方式来体现，但消费者无需支付任何费用。然而，这些服务变得日益重要，在其主导领域也越来越具有垄断性。因此，我们通过公用事业监管模式需要提取的不是定价，而是信息。

基于亚马逊对于美国卖家而言是垄断平台的前提下，让我们首先明确亚马逊在公用事业监管驱动下所需发布的数据。大体上，所需发布的数据信息将分为电子商务平台和劳动力这两个方面。平台对亚马逊而言更为明确，但庞大的员工队伍是亚马逊零售业务不可或缺的一部分，因此，正如公用事业模式所显示的一样，这方面信息也应该充分披露。

数据和平台

数据保密在亚马逊平台上是普遍存在的。亚马逊几乎不提供关于销售、价格、广告、黄金购物车算法、退货、司法和停职、假冒伪劣等知识产权问题以及更普遍的不良行为的公开数据。亚马逊建立了一个反映其完全统治地位的帝国，并像以前的帝国一样统治着它。亚马逊有内部官僚机构，有规则，有很多秘密，有保持自身控制权和特权的决心。

开放数据制度将涵盖哪些亚马逊数据？就零售平台而言,亚马逊将被要求通过应用程序界面 API 发布亚马逊商城运营的各个方面数据。鉴于亚马逊本身是自己平台上的领先卖家,这些要求也将涵盖亚马逊自己的活动。总体而言,开放数据应包括：

- **清单和卖家**。数据应按类别和卖家特征(如原产地、平台使用年限、所列项目数量、年度总销售额)划分。后者应扩展到个别具体类别,如美国笔记本电脑背包中的卖家数量。

- **搜索算法**。亚马逊的显示结果绝大多数是由搜索结果和黄金购物车的算法决定的。这些算法很复杂并且由机器学习驱动,但它们仍然需要被公布并可供外部审查。亚马逊的其他营销项目也是如此,例如亚马逊选择(Amazon Choice)。当然,这是一个与所有数据平台相关的更广泛的问题：凯西·奥尼尔(Cathy O'Neill)解释了算法如何嵌入偏见。[2]唯一的解决方案是让算法透明和阳光,这对亚马逊来说也是如此。

- **销售情况**。在一个细化的但不是在单个卖家的层面上的销售情况。除了亚马逊全面报告的自己的销售额。这些数据应该涵盖该平台上的所有销售,按亚马逊开发的能够反映搜索和销售模式的类别进行划分。公布的数据应显示各类别的售出商品的数量、平均值、中位数、总销售额,以及除亚马逊外的按卖家分类的销售突破额。其目的是在不侵犯卖家隐私的情况下提供详细的销售数据。

- **亚马逊的私人司法系统**。亚马逊应报告所有的纪律处分。这些应该包括首次通告、首次通告的结案率、后续行动,以及暂停及其他为降低卖家知名度而采取的任何行动。下游纪律处分的报告应包括上诉、上诉结果、决议所需时间、仲裁及其结果。亚马逊还应估计并公布因纪律处分造成的卖方经济损失(即因暂停而造成的销售损失估计),并应提供纪律处分原因的详细信息——经济表现、知识产权问题、规则的违反、交付等等，亚马逊还应更全面地报告其司法系统和卖家支持方面的支出。

- **亚马逊的特定数据**。亚马逊自身的零售业务运营要求额外的数据披露，因为这些业务对亚马逊商城的冲击非常大。在所有销售类别中，亚马逊都应该提供显示甲方、自有品牌和第三方销售的比较数据。对于获得了吸引力的亚马逊专属品牌（例如，超过1%的品类销售额），亚马逊应该为这些合作关系提供单独的数据。

- **亚马逊物流（FBA）**。发货运输和订单履行是亚马逊平台不可或缺的一部分，亚马逊显然鼓励更多的卖家使用亚马逊物流来销售更多的商品。利用上文所提及的类别，亚马逊应提供使用亚马逊物流的详细数据，包括占所有销售额和第三方销售额的百分比。亚马逊还应披露与发货运输和订单履行的所有费用，包括仓储和处置费用，以及亚马逊这些服务的实际成本。除了按类别分类的数据外，亚马逊还应按卖家规模披露亚马逊物流使用情况的数据。

- **搜索结果页面上的广告和产品布局**。亚马逊的广告很快就变成了几近强制性的，广告的投放可能是为了让用户的选择更有利于亚马逊。这在很大程度上影响了平台的经营，因此亚马逊应该披露广告的所有价格、自身对广告的使用情况、广告投放的相关数据及其效果。

- **财务报告**。亚马逊显然在从其他业务部门交叉补贴亚马逊零售。所有收入超过50亿美元的业务部门都必须提供美国和其他每个有所涉足的国家市场的详细损益报告。尤其是成本必须准确地分配到特定的业务部门，并对这些分配进行详细解释。

在长期而激进的反垄断调查过程中，或许有可能一览上述数据——或许是其中部分数据——的情况。这似乎是无望的老套做法，是调查人员翻阅堆积如山的文件、难免受到亚马逊律师大军频繁骚扰的最终结果。这既不可取,也不可能支持行动和引发变革。相反,数据应该是实时的、全天候的,通过应用程序界面 API 以电子方式提供,而不只是调查者一次性的要求,正如先前的大型反垄断案件非常清楚地表明的那样,这些要求可能会被拖延或误导,或者干脆完全被阻挠。

这些数据还将与亚马逊司法系统的变革一起迫使亚马逊更好地监管其平台,以避免管制或立法措施。由于卖家现在有数据和工具去进行调查,透明化将帮助卖家成为主要的调查甚至执法力量。由于相关数据已经公开,因此在必要的情况下,这些数据可以顺理成章地成为监管调查的来源,能够快速有效地进行调查。然而,所有的这一切都需要一些有权力和能力的实体来协调,并确保亚马逊确实完全对外开放了。

亚马逊极其复杂。美国众议院数百页的员工报告几乎没有触及其表面。因此,对亚马逊这样的平台实施监管需要引入专业的平台监管机构,负责确保平台符合基本原则、正常运行,并满足上述的数据开放要求。

数字平台监管者(DPR)的实际设计不是本书的主题;行政法和政治方面的专家可以提供更详细的建议。例如,它可以是完全独立的,类似消费品安全委员会,也可以是联邦贸易委员会或证券交易委员会的一部分。新的数字监管机构如同正在英国兴起的一样,可能会提供有用的类似物。这些机构如要监管成功,那么这些机构就必须远离政治和行业压力,因此它的资金来源必须直接通过市场平台收费而不是财政拨款;它需要专业的管理和运行;它必须明确其职权范围、年度报告要求以及适当的结构和资源;它应该捍卫明确规定的原则。

数字平台监管机构的工作要确保该平台的运作符合所有利益相

关者的利益，说易行难。一些关键原则可能包括：

- **非歧视**。在界面布局和销售方面，平台上的所有项目必须得到平等对待。平台必须对所有合理通过注册要求的卖家开放，例如若公司想转而使用亚马逊商城，不得强迫他们继续作为供应商。同样，广告也应该向所有卖家开放，并通过如拍卖等非歧视性流程进行管理，以避免利益向亚马逊倾斜。[3]亚马逊将不被允许免费为其产品做广告。

- **禁止捆绑**。平台可能不要求使用捆绑服务。例如，亚马逊可能不会对不使用亚马逊物流的商品和卖家造成不利影响。

- **定价自由**。必须允许平台上的所有参与者在平台内外随意定价。不允许平台外定价影响平台上的搜索和销售结果，因此不能利用卖家网站或沃尔玛网站上的较低价格迫使卖家在亚马逊网站上降价。

- **算法的公开披露**。所有影响搜索结果的算法，包括直接网页搜索和间接影响选择的算法，如亚马逊精选徽章（Amazon Choice badges），必须完全公布并开放分析。算法不得不公平地使平台所有者销售的项目获利，也不得不公平地对平台用户进行区别对待。

- **公平正义**。平台可以管理自己的市场，前提是它们能够高效（即快速解决问题）和公平地管理自己的市场。后者意味着确保亚马逊向卖家提出的投诉充分描述了具体的个人问题，提供了明确和快速的整治途径，并嵌入了有效和公正的第三方申诉程序。经营协议中的仲裁条款必须通过更独立的仲裁者（可能由数字平台监管机构管理）或其他方式来反映这些要求，必须允许将卖方投诉汇总到不同的类别中。保密协议和竞业禁止协议在很大程度上受到限制，范围也受到限制。

- **集体行动**。一旦平台在其所在领域成为垄断者，其他参与者需要获得反垄断豁免，以便与亚马逊进行集体谈判。美国作家协会提出的说法很有说服力："出版商和自行出版的作者应该能够与亚马逊、脸书进行集体谈判，以平衡谈判能力。国会应该颁布一项反托拉斯法的豁免来允许这种行为。"[4]这种豁免可以扩展到任何自我组织的卖方群体。

- **激励**。为了激励平台更好地管理其司法系统，如果最终卖家胜诉，应允许卖家将由于司法行动而造成的损失数据作为向平台提出索赔的依据。换句话说，亚马逊对卖家所犯下的错误或由不公平行为所造成的损失应属于亚马逊的经济责任。这可能类似于亚马逊对在其平台销售的不安全产品所承担的新责任。

- **禁止自我交易**。如果像亚马逊这样的公司一直都是市场的积极参与者和平台管理者，就不能允许它们将市场向自己有利的方向倾斜。这项禁令涵盖了各种各样的潜在行动，包括对搜索和布局算法、司法行动、自有品牌运营和定价的可能的调整。

- **非掠夺性定价**。一般而言，除了非常有限的销售活动（由数字监管机构监察），亚马逊不应该被允许以低于成本的价格在线销售。由此产生的市场扭曲对于资金不多的卖家而言是不公平的，从长远来看这对用户也没有好处。包括收入和成本的按业务线进行的全面报告将需要提供品类层面的对掠夺性定价的初步洞察，但禁止细分到单件产品的层面。

- **沟通**。必须允许卖家合理接触其客户。卖家目前被禁止与自己的客户沟通。亚马逊的卖家指南明确指出："一般而言，您只能联系买家完成订单或回答客户的服务问题。您不能通过电子邮件、实体邮件、电话或其他方式，出于营销或促销目的联系买家。"所有信息目前都必须通过亚马逊自己的买卖平台信息系统发送。[5]卖家至少应当被允许要求客户决定未来选择他们与自己进行的通信方式，包括亚马逊平台以外的联系沟通。

根据上述方法，监管机构可以通过 API 即时访问数据，否则需要数月或数年的仔细挖掘和重复的数据请求才能找到这些数据。正是出于这个目的，杰夫·贝索斯提出了一个著名的规定，即团队之间的所有内部沟通联系都应该通过一个 API 结构：用一个基本实现自动化的电子数据流取代通过电子邮件的碎片化沟通。同样的逻辑也适用于此。事实上，贝索斯还要求所有的 API 也对外开放。

坚持数据透明，赋予数字平台监管机构执行开放性和基本原则的权力，同时仍然保留反垄断的核心选择，这些将在不摧毁亚马逊的情况下改变亚马逊。几乎所有围绕亚马逊平台运营方式的投诉和质疑都将通过相关数据的披露而迅速得到解决。亚马逊正在扭转局势吗？我们马上就知晓答案了。亚马逊物流是否与赢得黄金购物车有关？数据将对此进行证明。最关键的核心点在于：与断断续续的反垄断调查不同，公用事业监管式的强制披露将对亚马逊平台进行永久和实时的监控。

> 注：2020 年 12 月，欧盟公布了《数字市场法》（*Digital Markets Act*）的草案，旨在为定义广泛的数字市场引入新的原则和机制；同时也公布了《数字服务法》（*Digital Services Act*）草案，这主要涉及的是实际上成为垄断者的大型科技公司，在企业和消费者之间，有充分的证据证明他们滥用了守门人的角色。这些仍处于起始阶段的草案在非常有限的程度上反映了本书中对透明度的呼吁，特别是对算法以及其他一系列想法的呼吁。其中一些想法可能是有效的，而另一些可能只会进一步巩固垄断者的地位。我的博客（www. incumetrics. com/blog）详细介绍了这些草案及其他可能稍后会在英国等其他地方出现，或是涉及美

国最近起诉脸书违反反垄断法的建议书。

数据和劳动力

亚马逊的爆炸式就业增长简直令人惊讶。仅在 2020 年，它就雇用了 40 多万名工人，并计划在今年晚些时候再雇佣 10 万人从事季节性工作。总体而言，截至 2020 年 11 月，它有大约 120 万名固定雇员，再加上成百上千的合同工。因此，亚马逊如何对待员工非常重要。目前来说，亚马逊的雇佣情况还不够好，这引发了大量的劳工问题。如第十一章和第十二章所述，现有的证据将亚马逊世界描述成一个工人可替代和可支配的世界，而他们的工作，至少在仓库，完全不需要太多技能，因此非常适合下一轮自动化浪潮。这是一个合同工和临时工取代雇员的世界，许多雇员都是兼职的。亚马逊大肆宣传的福利是留给员工的，而且通常是留给全职员工的。而亚马逊也在极力压榨白领员工，他们中的许多人发现自己和仓库、快递工作人员一样是被随意支配的。

目前仍无法确定亚马逊是否同时在其仓库和对待司机方面均符合法律和社区标准。亚马逊用公司保密来回避数据空开的情况。我们对亚马逊具体的仓库运作一无所知。它没有报告包裹处理量、仓库间差异、员工流失、解雇和受伤的数据，也没有报告性别、种族或年龄是否存在显著差异。我们对薪酬了解不多，对福利的实际占比情况了解也少得多。我们无法判断亚马逊仓库的员工是否会受到长期的健康侵害，因为亚马逊并没有发布任何数据。

公开和透明是数字平台的合适的消毒剂，也是仓库的合适的消毒剂。需要更好的数据来充分理解劳动力成本作为亚马逊零售商业模式的投入，就像它们被用来评估公用事业一样。随着亚马逊的提速,它很可能在未来几年超越沃尔玛,成为美国最大的雇主,也将成为一个越来越重要的商业模式。透明度有助于塑造这一新兴的模式,避免它成为亚马逊在竞争中条件(如果不是在薪酬方面的话)垫底的一种简单方式。详细的数据提供了必要的透明度。关键领域包括:

- **全职工人。**亚马逊应该按单个仓库发布详细数据,包括招聘、解雇、任期、流失、受伤和晋升情况。只有这样,我们才能回答关于仓库的核心问题：这是好工作吗?

- **兼职、季节工和合同工。**亚马逊应该提供其他种类员工的类似信息。合同工应包括直接与亚马逊签约的员工,如弗莱克(Flex)司机和长途司机,以及通过人力资源服务公司,或快递中亚马逊需求方平台(DSP - 2)联系的工人。囊括需求方平台上的数据特别重要,因为这将有助于我们认识到一个现实,即亚马逊即使没有直接雇用这些工人,也在控制他们的工作。

- **支付。**目前,亚马逊没有发布任何关于支付的数据。这是管理层和工人之间的主要信息不对称。这也是劳动力市场效率低下的一个主要原因,那些通常维护企业权益的人可能会考虑到这一点：经济学家知道,市场在披露充分信息的情况下运行得最好。披露的内容还应包括加班费、福利发放以及亚马逊引以为豪的教育培训项目的实际使用情况等细节。

- **吞吐量。**亚马逊还应该发布仓库吞吐量数据,以及第十一章中描述的五种主要工人生产目标的详细信息。这些目标经常变化,因此实时数据在这里尤其重要。

- **纪律。**亚马逊应按仓库和地理区域(如县或州)发布员工离职的详细汇总信息,包括按人口统计学特征、雇佣状况、任期和原因进行离职情况的统计。

- **监督。**亚马逊以秒为单位对员工进行监视。他们被追踪的方式和地点应该是公开信息。例如,为什么亚马逊最近购买了1 500台热成像摄像机来监测工人的体温?

亚马逊以期望白领员工聪明、勤奋、持久地进行工作而闻名。难以实现工作与生活的平衡也是众所周知(见第十二章)的。然而,它同样被认为是一家极具创新性和灵活性的公司,它赋能员工进行创新和解决问题。因此,亚马逊到底是一个好的还是坏的白领雇主尚不清楚。白领员工有更多的职业选择也是事实,因此相关管理相对不那么迫切。尽管如此,我们生活在一个以白领工作为主的经济体中,亚马逊对待白领的方式正成为对于其他公司而言越来越重要的模式。负面报道比比皆是,例如,格拉斯多公司上由员工发布的总体得分显示,对于软件工程师而言,亚马逊的得分低于其他科技公司。[6]

一些针对蓝领工人的数据披露也同样适用于白领。按员工类别公布雇佣、解雇、离职、薪酬和福利的汇总数据(对于白领员工,可能根据职位和级别的某种组合进行汇总)将有所帮助,并将快速引起人们对问题领域的关注。例如,潜在员工可能会避开离职率异常高的团队或部门。调整将由市场所驱动。

要衡量白领员工被要求的工作量和努力程度则更为困难,而且大多数人都会对强制加班感到不满。因此,某些蓝领衡量指标(例如吞吐量和生产率)难以被应用于白领。但亚马逊自己会衡量每个员工的生产率,这些指标可能成为制定合适的指标的基础。依靠亚马逊自己的追踪将是解决这个测量问题的一种方法。

亚马逊时代

尽管亚马逊零售存在财务问题,以及市场上存在的自我招致的信任问题，特别是微软云服务给亚马逊云科技带来的挑战，但亚马逊的状况目前仍非常好。新冠肺炎疫情极大地推动了美国的电子商务发展，亚马逊恰恰迎合了这种市场需求。它在物流方面的巨大投资正在得到回报，它创造了一条与竞争对手抗衡的强大护城河和首屈一指的运输系统。在美国，亚马逊商城仍然是平台卖家唯一的出路。正如杰夫·贝索斯20年前指出的那样："相对于传统零售业而言，在线销售是一项规模庞大的业务，其特点是固定成本较高，可变成本相对较低。这使得成为中型的电子商务公司尤为困难。"事实证明，这是完全正确的。当然，金牌会员是亚马逊的终极武器，是其他美国公司无法匹敌的客户群。[7]

因此，尽管存在一些问题，但没有迹象表明亚马逊的增长会放缓。尽管它现在规模巨大，但增长正在加速。借助于电子商务普遍采用的双S曲线，亚马逊在未来十年将成长得更为庞大，即使是在其他企业都取得成功的情况下。它以团队为导向的组织结构、独特的企业文化以及通过API强制执行的电子信息流都意味着它可能不会成为大型组织不可避免的混乱的牺牲品。这个商业巨擘正在成长。

亚马逊已经涉足多个零售领域，其在线零售业务远远超出了最初的图书以及随后的玩具和电子产品领域。现在，它的竞争对手不仅仅是其他零售商——它们是与零售业相邻的所有市场，还有许多超越零售业的市场。亚马逊已经踏足食品杂货和医药领域，踏足货运和海运，踏足云基础设施领域，同样稳步踏入更接近终端用户的邻近市场。亚马逊没有边界，它现有的和潜在的竞争对手正在慢慢接受这一现实。正如杰夫·贝索斯的名言："你的利润就是我的机会。"美国每一家盈利的公司都有自己的目标。

对于员工而言，亚马逊每年都会提供成千上万的新工作岗位，通常都是高薪的工作，但正如我们所看到的，这只是故事的一部分。员工流失率似乎很高,受伤人数高于平均水平,仓库内部的情况往往很糟糕。亚马逊正在成为低技能工人最重要的单一雇主。因此,亚马逊,不仅作为雇主而且作为一个榜样,它如何对待工人变得愈发重要;亚马逊每天都在证明,保密和数据的缺乏意味着员工和监管机构失去影响力。亚马逊对合同工、兼职工人和季节性工人的雇佣提供了非常适合一些工人的工作,但也为亚马逊提供了进一步的灵活性,同时削弱了美国的标准就业模式。

对于亚马逊商城上的卖家而言,亚马逊是不可避免的。它是美国电子商务市场的垄断提供商。卖家迫切需要新的方法来对抗亚马逊在自身平台上完全不受限制的权力,在这里,他们始终受到缺乏替代选择的束缚。我们只是简单地接受分成制是未来的零售模式吗?

那我们这些亚马逊帝国赖以建立的消费者呢?我们在每次使用亚马逊的服务时都是同谋。这就是我们的挑战。亚马逊用过往难以企及的奢侈诱惑了我们:鼠标一点,我们订购的产品在一天左右就会到达家门口。在一些地方,它到达的速度更快——麦克·布什(Maik Busch)描述说,在长途旅行之前忘记带耳机去柏林工作,所以他在亚马逊订购了一副耳机,45 分钟后就拿到货了,从而有足够的时间赶上他的航班。[8] 世界历史上没有一个皇帝拥有这样的权力。

亚马逊想为我们提供更多。它的"指环"(Ring)安全技术教会我们要多疑。在你家里用的遥控可以发射无人机?用于家庭安全、"保护邻里安全",还可以向警方提供视频片段的外部摄像头?Rekognition 人工智能可以驱动的面部识别技术?这只是亚马逊坚决无视附带损害的又一个例子。[9]

在亚马逊的束缚下,我们受益于亚马逊对客户的痴迷:我们从更多的电影、更多的娱乐、更快的交付、更好的服务、更严密的个人安全中得到回报。"万物商店"（Everything Store）的概念很强大，但我们把太多的注意力放在了"商店"（Store）上，而对"万物"（Everything）关注不够。是的，亚马逊会向我们销售任何产品，并成为我们购买一切的值得信赖的必选。通过它，我们实现了美国梦。作为消费者的美国人。"一切"的意味愈发不仅限于商品。亚马逊将出现在医疗保健领域，在我们家里，它正在成为我们的安全监视器。它想成为吉夫斯，一个不费吹灰之力就让一切发生的管家，常常不顾主人的意愿。因为，毕竟，吉夫斯最清楚。亚马逊也是如此。

　　但我们不仅仅是消费者。我们的生活没有那么局限。我们也是许多其他行业的工人，亚马逊对法律和实践中每一个漏洞和机会的无情利用也影响着我们。亚马逊足够大，它的仓库已经成为新常态。沃尔玛最近推出了第二版的"优越的工作场所（Great Workplace）计划"（多么奥威尔式的说法！），据那里的工人说，这将再次削减工人的工作时间，实行广泛的减薪，增加工作量，同时提高大约 15% 的工人的工资。[10] 亚马逊现在计划将其工人监测技术出售给其他公司。白领也不能幸免。斯科特·亚当斯（Scott Adams）的《迪尔伯特》（Dilbert）系列漫画滑稽地捕捉了办公室工作的低效；然而，亚马逊表明，在现实中，效率并不是一个笑柄：新员工面临的巨大压力、残酷的达尔文式竞争，以及朝向低效员工的斧头。它造就了令人印象深刻的久经沙场的战士的和创新的幸存者，以及一个非常富有成效的公司。这就是我们想要的未来工作吗？[11]

　　如同以前的帝国一样，我们确实是同谋。我们已经完全被亚马逊引诱到作为消费者的角色中来。我们可以忽略亚马逊初期带来的变化——对实体零售的破坏，对整个生产和分销系统的抹杀（就像大多数书店一样，也许很快轮到出版商）。我们还没有被要求投票表决,甚至没有被要求讨论这个问题;它就这么发生了,因为它直接反映了数字资本主义的逻辑。以消费者为中心的观念已经根深蒂固地渗透到我们的日常行为中;当我们作为消费者的需求受到某种程度的侵犯时,我们会感到被冒犯。我们甚至可能认为"亚马逊贬低了事物的价值",认为书店"从根本上说是为了养活和熏陶人们的灵魂而存在的",但很少有人愿意支付当地书店收取的更高价格。[12]

作为一个消费者,我爱亚马逊。它是非凡的、变革的、创新的。它让数百万人的生活变得更好。我每天都在用我的肯多阅读器,我看亚马逊金牌会员的节目,我从亚马逊和全食订购产品。如果亚马逊涉足医疗保健或银行业,并利用其影响力建立服务于消费者而非提供商的系统,这会是一件坏事吗?

这不是亚马逊的错,它就像耶稣会或海军陆战队。这就是事实,这就是为什么它的员工真的完全盲目相信它。如果他们想长期坚持下去,他们必须做出承诺,而不仅仅是遵守。他们必须接受将客户至上作为首要原则。这意味着,正如本尼迪克特·埃文斯所说,亚马逊首先是一台制造更多亚马逊的机器——一个只知道如何加速的高速飞轮,因为在更多的经济领域中,总是有更多的客户要去取悦。

如果亚马逊是一个人的话,它最像的是几十年前不因循守旧的IBM高管、脸书兄弟,或者死板的完美主义者苹果潮人。不,它最像是那种最可怕的夜行生物,像吸血鬼。敏捷、不朽、聪明、高效、拥有超乎人的强壮和智慧、不可否认的诱惑。但它又无情,极不道德、自私、剥削、冷漠。这一切都在亚马逊身上展现得淋漓尽致,在这里,对顾客的痴迷为此提供了充分的道德理由。在亚马逊的世界里,顾客至上为不择手段提供了正当的证明。

不过,让我们不要忘记,吸血鬼的交易为受害者提供了全部价值。那就是不朽。亚马逊也为我们提供了全部价值:如同皇帝一般

地购买权力，以及契合国王身份的一切娱乐。当然，我们每个人都需
要回答的问题是，这个价格是否值得，以及谁来为此买单。

尾　注

［1］Jeff Bezos, Amazon shareholder letter, 2011.

［2］Cathy O'Neill, *Weapons of Math Destruction: How Big Data Increases Inequality and Threatens Democracy*, Crown, 2016.

［3］Dana Mattioli, Patience Haggin, and Shane Shifflett, "Amazon Restricts How Rival Device Makers Buy Ads on Its Site," *Wall Street Journal*, September 22, 2020, sec. Tech.

［4］Anderson, "New, Larger Authors Guild Survey：Falling Incomes for Writers."

［5］Amazon. com Seller Central Help, https：//sellercentral. amazon. com/gp/help/external/200389080? language = en_US&ref = efph_ 200389080_cont_1701.

［6］Accessed June 14, 2020.

［7］Jeff Bezos, Amazon letter to shareholders, 2000.

［8］Maik Busch, interview. September 24, 2020.

［9］Richard Waters, "The Gadgets That Test Consumer Privacy Limits," *Financial Times*, October 2, 2020.

［10］Michael Saitano, "Walmart Cuts Workers' Hours but Increases Workload as Sales Rise amid Pandemic," *The Guardian*, September 24, 2020, sec. Business.

［11］Dave Lee, "Amazon to Roll out Tools to Monitor Factory Workers and Machines," *Financial Times*, December 1, 2020.

[12] Emily Snyder, owner of the Ivy Bookshop in Baltimore. Quoted in Shane, "Prime Mover: How Amazon Wove Itself Into the Life of an American City."

后　记 |

　　亚马逊实际上有一个或多个持续移动的目标。它以惊人的速度提出了多项创举,它是这样一个行业巨擘,仅用一本书全面了解它几乎是不可能的。

　　我承认这本书实际上只是冰山一角,仍有一个巨大的未知的亚马逊隐藏在水下,直到它突然出现,在一些已经成熟转型的行业中挖掘出另一番新天地。在第十三章中,我已经提到了一些可能的方向,但是在我们能看到之前,我们不会真正知道亚马逊在做什么。

　　出于不同的原因,亚马逊的一些重要部分我还没有提及。它的国际活动非常重要,特别是在印度,在那里正涌现出全新的电子商务形式,并且那个巨大的市场正在召唤着它。亚马逊现在正认真致力于可持续发展,但它仍然没有真正弄清楚如何处理那些没完没了的纸板和塑料包装。和其他科技行业一样,我预计亚马逊也会考虑到多样性。高层管理团队现在慢慢开放了,但剩下的管理层呢?和往常一样,亚马逊没有提供任何数据。我希望在其他地方谈及包括这些在内的每个关注的问题。

　　感谢你阅读此书。如需订阅我的邮件简报,阅读我的博客(目前亚马逊非常关注博客),或者直接与我联系,请访问 www. robingaster. com。你也可以在这个网站上找到这本书的完整参考书目,以及更广泛的参考来源列表。

如果你喜欢这本书，请在亚马逊（Amazon. com）、"读好书"（Goodreads）等平台以及任何你认为有用的地方发表评论。这是新出版模式的流行之举。

致　谢 |

在此类书中，人们习惯于感谢每一位给予帮助的人，并为所有不可避免的错误和疏漏承担责任。尽管我很想打破传统，但这些错误确实都是出自我手。

亚马逊太大了，有太多不同的业务，太隐秘。最重要的是，它太活跃了，任何作者都无法写出一个明确的描述。亚马逊的发展很快，所以今天为真的事情明天可能不是真的。尽管如此，到了某个时刻，也还是该放下笔，关上电脑，说一句"够了"。我试着为亚马逊写一个公正而平衡的描述，一个截至2021年初涵盖最重要的要素和进展的描述，一个又不会让读者无聊得哈欠连天的描述。那就只能这样了。

在这次漫长的旅程中，我有幸遇到了许多乐于助人的朋友。很多人，包括我最重要的一些信息来源，都想保持匿名。但我仍特别要感谢埃文·施尼特曼和迈克·沙兹金在图书业务一章中的帮助，感谢迪恩·马西乌巴协助物流部分，感谢杰森·博伊斯和辛西娅·斯汀协助商城部分，感谢尼尔·阿克曼协助创新部分，感谢大卫·泰普曼协助资金部分，而布列塔因·拉德对食品杂货的洞察则贯穿了好几章。在任何情况下，他们的专业知识都远远超过我自己的，因此我很感激他们花时间来纠正我的错误。我还要感谢记者和其他研究人员，他们已经为亚马逊做了大量的工作。没有他们，这本书不可能完成,我已经尽力确保他们都在注释中得到了充分的肯定。

我与安德鲁·罗伯逊有过一场很好的谈话,他在很多方面都给予了我所需要的关键性支持,他对创新和商业的理解对本书尤其有帮助。那些在职业上获得他这样技能的人一定是幸运的。

这本书需要大量的详细评论,而我有幸拥有一支杰出的编辑团队,包括我的堂兄保罗·塔斯基尔、英国的格雷厄姆·科斯特和我的儿子丹尼尔·加斯特。他们中的每一位不仅精心编辑本书以使其最终得以出版,而且还特别叮嘱我该删减的文章。尽管很遗憾,但不幸的是,这确实太有必要了。同样,其他朋友也为本书作者提供了如同命脉般的鼓励。

最后,我想谈一下家人对我的支持。我成年的儿子丹尼尔和米哈伊尔都能够提供重要的见解、提出关键问题,我很感激他们在必要时愿意进行阅读。然而,这本书只能献给我的妻子戴安娜·托卡吉,我和她共度了一生,更具体地说,我们在银泉市、意大利的某座山顶、某个游人稀少的希腊岛屿、温哥华、波兰、米苏拉、英国,以及许多其他地方经历了成百上千个小时的共同写作。不知何故,我们总会设法住在一起,通常是在一个房间里,然后开始工作。她也刚刚出版了一本书,一本伟大而重要的书,比我的要好得多。戴安娜提出了这本书的副标题。她总能设法激起我的动力并鼓励我,让我们两个都做得更好。我无法想象在事业中还能有一个更好的合作伙伴。